Giorgio Vasari

*Das Leben des Sansovino und des Sanmicheli mit Ammannati, Palladio und Veronese*

*Veronese: Hochzeit zu Kana. Paris, Musée du Louvre*

# GIORGIO VASARI

# DAS LEBEN DES SANSOVINO UND DES SANMICHELI MIT AMMANNATI, PALLADIO UND VERONESE

Neu übersetzt von Katja Lemelsen (Sansovino mit Palladio und Ammannati) und Sabine Feser (Sanmicheli mit Veronese)

herausgegeben, eingeleitet und kommentiert von Katja Lemelsen (Sansovino mit Palladio und Ammannati) und Jessica Witan (Sanmicheli mit Veronese)

Verlag Klaus Wagenbach Berlin

# Zu dieser Neuausgabe

Kaum ein anderes literarisches Werk hat auf die Kunstgeschichtsschreibung folgender Generationen einen so nachhaltigen Einfluß ausgeübt wie die von Giorgio Vasari (1511–1574) verfaßten und erstmals 1550 im Druck erschienenen *Lebensbeschreibungen der berühmtesten Maler, Bildhauer und Architekten,* die achtzehn Jahre später in einer revidierten und erweiterten Fassung noch einmal herausgegeben wurden. Heute ist das Hauptwerk Vasaris vor allem unter dem Titel *Le vite* bekannt.

Vasaris Text wurde in der Fassung von 1568 (nach der kritischen Ausgabe von Rosanna Bettarini und Paola Barocchi) neu übersetzt – textgetreu, ungekürzt und vollständig auch da, wo Vasari sich zu wiederholen scheint.

Eine Einführung stellt die jeweilige Künstlervita vor. Der Anmerkungsapparat behandelt nicht nur die jeweiligen kunsthistorischen, literarischen und zeitgeschichtlichen Aspekte auf neuestem wissenschaftlichem Stand, sondern benennt auch die heutigen Standorte (und Zustände) der Kunstwerke, die wichtigsten Abweichungen gegenüber der ersten Ausgabe der *Vite* sowie die uns heute bekannten Lebensdaten des Künstlers. Jeder Band enthält außerdem Abbildungen der wichtigsten Kunstwerke, die von Vasari erwähnt wurden.

Herausgegeben von Alessandro Nova
mit Sabine Feser, Matteo Burioni und Katja Lemelsen

Charles Davis sei für die kritische Durchsicht der Vita des Sansovino sowie einige wertvolle Anregungen und Hinweise sehr herzlich gedankt.

*KL*

Der Verlag dankt Constanze Korb und Christoph Baron für die Durchsicht des Manuskripts.

# Inhalt

# Einleitung zur Beschreibung der Werke des Jacopo Sansovino

Als Vasari mit der Niederschrift der Vita des Florentiner Bildhauers und Architekten Jacopo Sansovino begann, war sein Protagonist, wie nur wenige andere der *Vite*, noch am Leben. Analog zu den Lebens- und Werkbeschreibungen seiner Zeitgenossen Primaticcio und Tizian erschien die Vita des Jacopo Sansovino erstmals in der zweiten Ausgabe der *Vite de' più eccellenti pittori, scultori e architettori* von 1568. Über die heikle Frage der Plazierung und Titelgebung dieser drei Viten beriet Vasari sich mit seinem Freund Vincenzo Borghini, der ihm den Rat gab, die *Vite* mit Michelangelo abzuschließen und die Lebens- und Werkbeschreibungen der drei genannten Künstler mit der Bezeichnung ›Memoria‹ dahinter zu setzen.[1] Sie sollten keinesfalls mit ›Vita‹ betitelt werden, um andere lebende Künstler nicht zu benachteiligen, die am Ende der *Vite* in Sammeltexten abgehandelt werden und für die eine eigene Vita gar nicht erst vorgesehen war. Vasari bezeichnete die drei Viten schließlich als ›Werkbeschreibungen‹ und begründete die Sonderstellung der drei Künstler damit, daß es sich bei ihnen unter allen in seiner Zeit lebenden um die bedeutendsten handele, sie zudem schon recht betagt seien und bereits auf ein Lebenswerk zurückblicken könnten.[2]

Die Tatsache, daß Sansovino bei Abfassung der Vita noch am Leben war, prägt spürbar den Charakter von Vasaris Text. Die sonst für ihn so typischen und nahezu unerläßlichen literarischen Kompositionselemente der Genealogie, der mythischen Anekdote und der Lobpreisung werden in der Beschreibung von Leben und Werk Sansovinos nur äußerst sparsam verwandt. Der Text zeichnet sich durch einen flüssigen Erzählstil und eine weitgehend chronologische Schilderung von Sansovinos Werdegang aus. Obwohl dies im Titel nicht anklingt, ist fast die gesamte zweite Hälfte der Vita Sansovinos Schülern sowie weiteren Künstlern gewidmet, die aus der Region Venedig stammen.

Sansovino wird als ein aus der Florentiner Tradition hervorgegangener Bildhauer geschildert, der bereits in frühen Jahren die Aufmerksamkeit Bramantes und Raffaels erregt und sich gegen etablierte Bildhauer wie Baccio da Montelupo oder Baccio Bandinelli erfolgreich behauptet. Während Sansovinos zweitem Romaufenthalt in der Zeit der Medici-Pontifikate wird ihm der prestigeträchtige Auftrag des Neubaus der Florentiner Nationalkirche San Giovanni dei Fiorentini zuteil. Dabei ist sein Entwurf den hochrangigen Konkurrenzentwürfen Raffaels, Baldassarre Peruzzis und Giuliano da Sangallos überlegen.

In dem Venedig gewidmeten Teil der Vita erscheint Sansovino als visionärer und alleiniger Erneuerer der Lagunenstadt. Er versetzt die Venezianer in Staunen, indem er technische Meisterleistungen vollbringt und einen neuen, römisch geprägten Architekturstil einführt, der auf den Errungenschaften des in Rom tätigen Florentiners Michelangelo aufbaut, womit Vasaris Auffassung vom Primat der Florentiner Kunst einmal mehr bestätigt wird. Seit seiner Ankunft in Venedig 1527 bis zu seinem Tod im Jahr 1570 beherrschte Sansovino in der Tat die architektonische Szene der Lagunenstadt. Seine Führungsrolle wurde ihm allenfalls in seinen letzten Lebensjahren von Palladio streitig gemacht, über den Vasari im zweiten Teil der Vita berichtet. Sansovinos venezianische Bauten handelt der Autor der *Vite* als separate Kunstwerke ab, seine städtebaulichen Leistungen, die sich am prägnantesten an den räumlichen und inhaltlichen Beziehungen der Neubauten um San Marco aufzeigen ließen, registriert er gar nicht. Wiederholt verweist er allerdings auf den wirtschaftlichen und repräsentativen Nutzen, welcher Venedig aus Sansovinos Architektur erwachsen sei.

Vasari empfand gegenüber seinem Zeitgenossen größte Wertschätzung, was sich abgesehen von der durchweg lobenden Beschreibung seiner Werke nicht zuletzt auch daran ablesen läßt, was er verschweigt. Der wahre Grund für den Entzug des Auftrags für die florentinische Nationalkirche in Rom ist noch heute nicht geklärt, und vom Einsturz des Gewölbes der Libreria Marciana im Dezember 1545 sowie der darauffolgenden Festnahme und Bestrafung Sansovinos berichtet Vasari erst gar nicht, obwohl das Ereignis in den venezianischen Quellen in aller Ausführlichkeit behandelt wird.[3]

Unter Sansovinos Schülern würdigt Vasari unter anderen die Bildhauer Jacopo Colonna, Tiziano Minio, Pietro da Salò, Tommaso Lombardo und Jacopo Medici, indem er jeweils kurz auf ihre bedeutendsten Werke verweist. Deutlich ausführlicher geht er auf Sansovinos Schüler Alessandro Vittoria, Bartolomeo Ammannati – mit dem er selbst in Rom zusammengearbeitet hatte und dem er freundschaftlich verbunden war – und Danese Cattaneo ein. Letzterer scheint Vasari mit besonders umfangreichen Informationen zu seinem Grabmal für die Familie Fregoso in der Veroneser Kirche Sant'Anastasia versorgt zu haben, so daß die Beschreibung des Monuments auffällig detailliert ausfällt und jegliche Würdigung eines sansovinianischen Werks um Längen übertrifft.

Nach den Schülern Sansovinos kommt Vasari auf einige weitere Künstler aus dem Veneto zu sprechen, allen voran den Vicentiner Architekten Andrea Palladio, der nach Sansovino die prominenteste Stellung innerhalb der Vita einnimmt. Palladios bis zum damaligen Zeitpunkt realisierte Bauten erwähnt der Autor knapp, doch nahezu vollständig, ebenso einige geplante und niemals realisierte Bauwerke, so daß die Passage wie ein Werkkatalog anmutet, den Vasari höchstwahrscheinlich von Palladio selbst erhalten hat. Durch die Positionierung dieses ›Werkkatalogs‹ als Anhang an die Vita Sansovinos wird Palladios Architektur implizit ebenfalls auf Florentiner Wurzeln zurückgeführt.[4]

Informationen über Sansovino und alle anderen in die Vita aufgenommenen Künstler sammelte Vasari während seines über achtmonatigen Aufenthalts in Venedig von 1541 bis 1542 sowie während eines erneuten sechstägigen Venedigbesuchs im Mai 1566. Als Informanten dienten ihm neben Jacopo Sansovino und Danese Cattaneo seine beiden venezianischen Gastgeber Pietro

Aretino und Cosimo Bartoli. Letzterer war in den 1560er Jahren Florentiner Botschafter in Venedig und stand überdies mit ihm in Briefkontakt. Unter anderem ist ein Brief Bartolis an Vasari vom 23. August 1566 erhalten, in dem er über einige Modelle Alessandro Vittorias berichtet.[5]

Als einziger Text aus dem Gesamtwerk der *Vite* erschien die Beschreibung von Leben und Werk Sansovinos erneut in den 1570er Jahren.[6] In der in kleiner Auflage gedruckten Neuausgabe steht die Änderung des Titels von *Beschreibung der Werke des Florentiner Bildhauers Jacopo Sansovino* in *Leben Messer Jacopo Sansovinos, Bildhauer & Architekt der durchlauchten Republik Venedig* programmatisch für die inhaltliche Neugewichtung des Textes. Die umfangreiche Passage über Sansovinos Schüler und Nachfolger sowie andere Künstler aus dem Veneto wurde restlos gestrichen, die Vita dafür an mehreren Stellen »erweitert, aktualisiert und korrigiert«[7]. Vasaris im Untertitel behauptete Autorschaft der ohne Widmung, Angabe zu Verleger, Publikationsort oder -zeitpunkt erschienenen Neuedition ist inzwischen allerdings mehr als umstritten.[8]

Die Neuedition spannt einen Bogen von der Geburt Jacopo Sansovinos bis zu seinem Tod und rundet das in der Edition von 1568 bereits in groben Zügen umrissene Bild des Künstlers durch eine ausführliche und durchweg lobende Beschreibung seines äußeren Erscheinungsbildes und Charakters, seiner Lebens- und Umgangsweise ab: Sansovino wird als aufrichtiger Mann von verbindlichem Wort und integrem Charakter beschrieben, der großzügig gegenüber jedermann gewesen sei. Die Charakterisierung des Künstlers steht dabei in auffälligem Kontrast zu einer Passage in Cellinis Autobiographie, in welcher dieser von einem Besuch bei Sansovino in Venedig berichtet und ein von Arroganz und Überheblichkeit charakterisiertes Bild des Künstlers entwirft, denn dieser habe »[…] während der Mahlzeit unaufhörlich von den großen Beweisen für sein Talent geschwatzt und schlecht über Michelangelo und alle anderen in dieser Kunst, aber voller Bewunderung von sich selbst gesprochen […]«.[9]

Was Sansovinos bildhauerische Fähigkeiten anbelangt, so ist vor allem eine Stelle der Neuausgabe bemerkenswert, an der die unübertreffliche Perfektion Michelangelos in allen Bereichen der Kunst relativiert wird: Sansovino habe zwar insgesamt nicht an Michelangelo herangereicht, Kenner seien jedoch der Auffassung, er habe den Meister in der Steinbearbeitung in drei Fertigkeiten übertroffen: in der Bearbeitung von Stoffen, im Meißeln von Putti und bei der Gestaltung von weiblichen Gesichtern.

Sansovinos venezianische Schaffensphase wird in der Neuedition um einige bedeutende Passagen ergänzt, in denen zum einen in der ersten Ausgabe seiner Vita nicht genannte Bauten Erwähnung finden, zum anderen aber auch Sansovinos Eigenschaft als Stadtplaner Venedigs in den Vordergrund gerückt und mit Details belegt wird. Stärker noch als in der ersten Ausgabe der Vita wird der inzwischen verstorbene Künstler ob seiner einzigartigen künstlerischen Fähigkeiten gepriesen und seine lebenslange Loyalität zur Republik Venedig ausdrücklich unterstrichen. Allein der Tenor der Neuedition läßt klar erkennen, daß diese vornehmlich an eine venezianische Leserschaft gerichtet war.

Diejenigen Passagen, die von Sansovinos Verhältnis zur Serenissima und den Prokuratoren von San Marco handeln, bieten indes einen Interpretationsschlüssel für das Motiv und den Urheber der Neuedition:[10] Jacopo Sansovinos Sohn Francesco führte nach dem Tod seines Vaters in den Jahren 1572 bis 1575 zwei Prozesse gegen die Prokuratoren von San Marco mit dem Ziel, die noch ausstehende Bezahlung zweier Skulpturen zu erwirken, die sein Vater für die Kirche von San Marco geschaffen hatte. Wie der Leser in der Neuedition der Vita erfährt, hatte der auf himmlische Seligkeit bedachte Jacopo Sansovino nämlich zum »erheblichen Schaden seiner Nachkommen« sein Eigentum anderen vererbt. Die Neuedition sollte offenbar Francescos Forderungen Nachdruck verleihen, indem die Verdienste seines Vaters gegenüber der Lagunenstadt noch deutlicher als in der ersten Ausgabe herausgestellt wurden. In dieser Hinsicht sind die akribisch wirkende Aufzählung der Einnahmen, die Sansovino den Prokuratoren durch verschiedene städtebauliche Maßnahmen verschafft habe, zu verstehen, wie auch die wiederholten Verweise auf Sansovinos selbstlose Aufopferung für seine Vorgesetzten. Als Essenz von Francescos Forderungen, als dessen Sprachrohr die Neuedition fungiert, kann demnach ein Passus gelesen werden, in dem es heißt, daß außer Sansovino »auch seine Nachkommen und Abkömmlinge es verdienten, auf ewig Nutzen aus seinem einzigartigen Talent zu ziehen«.

*KL*

# Giorgio Vasari

## Beschreibung der Werke des florentiner Bildhauers Jacopo Sansovino

*Descrizione dell'opere di Iacopo Sansavino. Scultore fiorentino (1568)*

Als seinerzeit der aus Monte San Savino[1] stammende Bildhauer Andrea Contucci,[2] der in Italien und Spanien bereits den Ruf erworben hatte, nach Buonarroti[3] der hervorragendste Bildhauer und Architekt in der Kunst zu sein, in Florenz weilte, um die beiden Marmorfiguren zu gestalten, die oberhalb des zur Misericordia[-Bruderschaft] zeigenden Portals der Kirche San Giovanni aufgestellt werden sollten,[4] vertraute man ihm den Sohn von Antonio di Jacopo Tatti[5] an, damit dieser die Kunst der Bildhauerei erlerne. Diesen Jüngling hatte die Natur mit großem Talent und viel Anmut im plastischen Arbeiten beschenkt, und da Andrea erkannte, wie ausgezeichnet er die Bildhauerei zu beherrschen versprach, versäumte er nicht, ihn äußerst gewissenhaft alles zu lehren, was ihn als seinen Schüler bekannt machen könnte. Und da er ihm von ganzem Herzen zugetan war, ihn mit Liebe unterrichtete und von dem Jüngling gleichermaßen geliebt wurde, kamen die Leute zu der Überzeugung, daß jener nicht nur ebenso hervorragend wie sein Meister werden, sondern ihn bei weitem übertreffen würde.[6] Die Liebe und das Wohlwollen, das sich beide gewissermaßen wie Vater und Sohn entgegenbrachten, waren so groß, daß man in jenen frühen Jahren begann, Jacopo nicht mehr Tatti, sondern Sansovino zu nennen, und so war es und wird es immer sein.

Als Jacopo nun also begann, dieses Metier auszuüben, half ihm die Natur so sehr, daß man trotz seines bisweilen nur geringen Eifers und seiner mitunter mangelnden Sorgfalt beim Arbeiten dennoch Leichtigkeit, Zartheit, Anmut und einen gewissen Liebreiz in seinen Werken erkannte, die von den Künstlern sehr wohlwollend betrachtet wurden,[7] vor allem weil alle seine Skizzen, Zeichnungen oder Bossen stets von einer Bewegung und Kühnheit zeugten, die die Natur nur wenigen Bildhauern zu verleihen pflegt. Die praktische Übung und Freundschaft, die Andrea del Sarto[8] und Jacopo Sansovino in ihrer Kindheit und später in ihrer Jugend miteinander verband, waren sowohl dem einen als auch dem anderen von großem Nutzen: Beide verfolgten im *disegno* denselben Stil, und in der Ausführung war beiden – dem einen in der Malerei und dem anderen in der Bildhauerei – dieselbe Anmut eigen. Indem sie gemeinsam über die Probleme der Kunst diskutierten und Jacopo für Andrea Figurenmodelle schuf, halfen sie sich gegenseitig über die Maßen.[9] Und daß dies wahr ist, davon zeugt eine Figur des Evangelisten Johannes auf der Tafel des Heiligen Franziskus bei den Nonnen in der Via Pentolini.[10] Diese wurde nach einem wunderschönen Tonmodell gemalt, das Sansovino in jenen Tagen im Wettstreit mit Baccio da Montelupo[11] schuf, weil die Zunft von Por Santa Maria eine vier Ellen hohe Bronzestatue für eine Nische an der Ecke von Orsanmichele gegenüber der Tuchschererzunft anfertigen lassen wollte.[12] Obwohl Jacopo ein schöneres Tonmodell als Baccio schuf, gab man den Auftrag doch lieber einem alten Meister wie Montelupo statt Sansovino, auch wenn dessen Arbeit trotz seines jugendlichen Alters besser war. Dieses wunderschöne Modell befindet sich heute im Besitz der Erben von Nanni Unghero,[13] der damals mit Sansovino befreundet war und von diesem einige Tonmodelle großer Putti und einer Figur eines Heiligen Nikolaus von Tolentino modelliert bekam.[14] Diese wurden dann mit Sansovinos Hilfe allesamt lebensgroß in Holz ausgeführt und in der Kirche von Santo Spirito in der Kapelle des besagten Heiligen aufgestellt.[15]

Aus diesen Gründen war Jacopo bei allen Florentiner Künstlern als Jüngling von schönem Talent und ausgezeichneten Umgangsformen bekannt und wurde deshalb zu seiner größten Genugtuung von Giuliano da Sangallo,[16] dem Architekten von Papst Julius II.,[17] nach Rom geholt.[18] Da ihm die antiken Statuen im Hof des Belvedere[19] überaus gefielen, begann er sie zu zeichnen. So kam es, daß Bramante,[20] ebenfalls Architekt von Papst Julius, der damals den ersten Rang einnahm und im Belvedere wohnte, angesichts der Zeichnungen dieses Jünglings sowie einer von ihm geschaffenen tönernen Plastik eines liegenden Aktes, der ein Gefäß für Tinte in der Hand hielt,[21] einen solchen Gefallen an ihm fand, daß er sich seiner annahm in der Absicht, ihn zu fördern. Und er ließ ihn eine große Wachskopie des Laokoon[22] anfertigen, womit er auch andere, namentlich Zaccaria Zacchi da Volterra,[23] den Spanier Alonso Berruguete[24] sowie Vecchio aus Bologna[25] beauftragte, um später eine davon in Bronze gießen zu lassen. Als alle vollendet waren, ließ Bramante sie von Raffael Sanzio aus Urbino[26] begutachten, um herauszufinden, welcher von den vieren sich am besten angestellt habe. Dabei kam Raffael zu dem Urteil, daß Sansovino, obwohl jung an Jahren, alle anderen bei weitem übertroffen habe.[27] Deshalb verfügte man dann auf Anraten Kardinal Domenico Grimanis,[28] daß Bramante jene Kopie Jacopos in Bronze gießen lassen sollte, und so stellte man die Form her und goß sie in Metall, was bestens gelang. Gesäubert überreichte man sie dem Kardinal, der sie zeitlebens nicht weniger schätzte als das antike Vorbild. Und als er starb, überließ er sie als einzigartiges Werk der durchlauchten Signoria von Venedig, die sie für viele Jahre im Schrank des Saals des Rats der Zehn aufbewahrte, bis sie sie schließlich im Jahr 1534 dem Kardinal von Lothringen[29] schenkte, der sie mit nach Frankreich nahm.[30]

Während Sansovino durch seine künstlerischen Studien in Rom tagtäglich Ruhm erwarb und sehr geschätzt wurde, erkrankte Giuliano da Sangallo, der ihn in seinem Haus im Borgo Vecchio beherbergte. Als sich dieser für eine Luftveränderung von Rom in einer Sänfte nach Florenz bringen ließ,[31] fand Bramante für Jacopo ebenfalls im Borgo Vecchio ein Zimmer im Palast des Domenico della Rovere, Kardinal von San Clemente,[32] wo auch Pietro Perugino[33] wohnte, der in jener Zeit für Papst Julius das Gewölbe des Gemachs in der Torre Borgia ausmalte.[34] Da Pietro den schönen Stil Sansovinos gesehen hatte, ließ er sich von ihm zahlreiche Wachsmodelle anfertigen, unter anderem einen wunderschönen, vom Kreuz abgenommenen rundplastischen Christus mit vielen Leitern und Figuren [siehe rechts]. Dieser wurde später zusammen mit anderen Werken jener Art sowie Modellen unterschiedlicher Einfälle von Messer Giovanni Gaddi[35] gesammelt; heute befinden sie sich in seinem Haus in Florenz an der Piazza di Madonna.[36] Diese Werke, so sage ich, hatten zur Folge, daß Sansovino durch den Umgang mit Meister Luca Signorelli, dem Maler aus Cortona,[37] mit Bramantino aus Mailand,[38] mit Bernardino Pinturicchio,[39] mit Cesare Cesariano,[40] der damals aufgrund seiner Vitruv-Kommentierung geschätzt wurde, und mit vielen anderen berühmten und schönen Geistern jener Zeit größte Fertigkeit erwarb.

Da Bramante wollte, daß Papst Julius auf Sansovino aufmerksam würde, ließ er diesen einige Antiken ausbessern. Jener legte also Hand an und zeigte bei ihrer Instandsetzung so viel Anmut und Sorgfalt, daß der Papst und jeder, der sie sah, zu dem Urteil kam, daß man es nicht besser machen könne.[41] Diese anerkennenden Worte, die die Absicht hatten, Sansovino voranzubringen, spornten ihn derart an, daß er sich über die Maßen dem Studium widmete, und da er von zarter Konstitution war und nach Art junger Leute ein unregelmäßiges Leben führte, wurde er so krank, daß er nach Florenz zurückkehren mußte, um sein Leben zu retten. Dank des heimischen Klimas, seines jugendlichen Alters und der Sorgfalt und Pflege der Ärzte wurde er dort innerhalb kurzer Zeit wieder vollkommen gesund.[42]

Messer Piero Pitti[43] hatte damals die Aufgabe, für die Fassade des Mercato Nuovo in Florenz, wo die Uhr angebracht ist, eine Madonna in Marmor gestalten zu lassen, und da es in Florenz viele junge Talente wie auch alte Meister gab, schien ihm, daß man jene Arbeit dem übertragen sollte, der das beste Modell anfertigte. Man ließ daher eines von Baccio da Montelupo, ein anderes von Zaccaria Zacchi da Volterra, der ebenfalls im selben Jahr nach Florenz zurückgekehrt war, sowie weitere von Baccio Bandinelli[44] und Sansovino anfertigen.[45] Und nachdem sie sich dem Urteil gestellt hatten, vergab Lorenzo Credi,[46] ein ausgezeichneter Maler und eine Person von Urteilskraft und Güte, die

*Kreuzabnahme. London, The Victoria & Albert Museum*

Auszeichnung und den Auftrag mit Übereinstimmung der anderen Preisrichter, Künstler und Kenner an Sansovino. Obwohl ihm daher jene Arbeit übertragen worden war, kam es durch das Einwirken und den Neid von Averardo da Filicaia,[47] der Bandinelli bevorzugte und Sansovino haßte, beim Gewinnen und Transport des Marmors derart zu Behinderungen, daß andere Bürger angesichts dieser Verzögerung anordneten, Sansovino solle einen der großen Marmorapostel für die Kirche Santa Maria del Fiore ausführen. Er schuf daher das Modell eines Heiligen Jakobus – das nach der Vollendung des Werks Messer Bindo Altoviti[48] erhielt[49]

– und begann mit der Ausführung jener Figur, und da er fortfuhr, sie mit aller Sorgfalt und voller Eifer auszuarbeiten, vollendete er sie in solcher Vollkommenheit, daß sie ganz wunderbar gelang [siehe rechts]. Sie zeugt in allen Einzelteilen von unglaublichem Studium und Sorgfalt in den Stoffen, Armen und Händen, die mit so viel Kunstfertigkeit und Anmut hinterbohrt und ausgeführt sind, daß man in Marmor nichts Besseres zu sehen bekommt. Sansovino zeigte hier, wie man durchbrochene Stoffe arbeitet, indem er diese so dünn und naturgetreu ausführte, daß er den Marmor an einigen Stellen auf eine Stärke reduzierte, wie sie echte Falten, Säume und Stoffränder aufweisen, eine schwierige Prozedur, die viel Zeit und Geduld erfordert, wenn am Ende die Perfektion der Kunst zum Ausdruck kommen soll.[50] Jene Figur stand seit ihrer Vollendung durch Sansovino bis 1565 in der Dombauhütte. Im Dezember jenes Jahres wurde sie in der Kirche Santa Maria del Fiore aufgestellt, um damit das Eintreffen der Königin Johanna von Österreich[51] zu würdigen, der Gemahlin Don Francesco de' Medicis, des Fürsten von Florenz und Siena.[52] Zusammen mit den anderen Apostelfiguren, die ebenfalls in Marmor im Wettstreit von anderen Künstlern geschaffen wurden, wovon in ihren Viten berichtet wurde, wird sie dort als außerordentliches Werk aufbewahrt.

Zur selben Zeit schuf er für Messer Giovanni Gaddi in Marmor eine Venus auf einer Muschel,[53] die ebenso wunderschön war wie das Modell, das sich im Haus von Messer Francesco Montevarchi,[54] einem Freund dieser Künste, befand und im Zuge der Arnoüberschwemmung im Jahr 1558 zerstört wurde. Auch schuf er für denselben Messer Giovanni Gaddi einen Putto aus Werg und einen Schwan aus Marmor, so wunderschön als irgend möglich, dazu eine Menge anderer Werke, die sich in seinem Haus befinden.[55] Und für Messer Bindo Altoviti ließ er einen sehr kostspieligen Kamin ganz aus *macigno*[56] von Benedetto da Rovezzano[57] meißeln, der in seinem Haus in Florenz eingebaut wurde.[58] Für den Fries genannten Kamins ließ er Sansovino eine kleinfigurige Szene mit Vulkan und anderen Göttern anfertigen, ein höchst erlesenes Werk.[59] Viel schöner aber

*Der Heilige Jakobus. Florenz, Dom*

noch sind zwei marmorne Putti, die sich auf dem Gesims dieses Kamins befanden und ein paar Wappen der Altoviti in den Händen hielten: Sie wurden von Herrn Don Luigi aus Toledo, der das Haus von besagtem Messer Bindo bewohnt, entfernt und um einen Brunnen in seinem Garten hinter den Servitenbrüdern in Florenz aufgestellt.[60] Zwei weitere, ebenfalls marmorne Putti von außergewöhnlicher Schönheit, die ebenfalls ein Wappen halten und von der Hand desselben stammen, befinden sich im Haus von Giovanfrancesco Ridolfi.[61] Alle diese Werke bewirkten, daß Sansovino in ganz Florenz und unter den Künstlern als überaus vortrefflicher und anmutiger Meister galt. Darum wollte Giovanni Bartolini,[62] der in seinem Garten in Gualfonda ein Casino hatte errichten lassen, daß Sansovino ihm aus Marmor einen jugendlichen Bacchus in Lebensgröße gestalte. Das dafür von Sansovino geschaffene Modell gefiel Giovanni so sehr, daß er ihm den Marmor aushändigen ließ, woraufhin Jacopo sich mit einer solchen Lust an die Arbeit begab, daß seine Hände und sein Geist dabei beflügelt zu sein schienen.[63] Seine Studien für dieses Werk, sage ich, waren so gründlich, daß er in der Absicht, es vollkommen auszuführen, begann, einen seiner Lehrlinge namens Pippo del Fabbro[64] nach dem Leben zu porträtieren, und obwohl es Winter war, ließ er ihn die meiste Zeit des Tages nackt posieren. Aus jenem Pippo hätte ein tüchtiger Mann werden können, denn er gab sich alle Mühe, dem Meister nachzueifern. Doch sei es, weil er in jener Jahreszeit nackt und ohne Kopfbedeckung Modell stand oder weil er zuviel studierte und Ungemach erduldete, jedenfalls verlor er noch vor Vollendung des Bacchus beim Nachstellen von Haltungen den Verstand. Dies offenbarte sich, als es eines Tages ununterbrochen regnete und Sansovino, der nach Pippo gerufen, aber keine Antwort von ihm erhalten hatte, sah, wie dieser nackt über ein Dach auf die Spitze eines Schornsteins geklettert war und die Haltung seines Bacchus einnahm. Andere Male nahm er Bettlaken oder auch große Stoffbahnen, die er naß machte und um seinen nackten Körper hüllte, als sei er ein Modell aus Ton oder Tüchern. Und nachdem er die Falten zurechtgelegt hatte, erklomm er sonder-

*Bacchus. Florenz, Museo Nazionale del Bargello*

bare Orte und nahm die eine oder andere Pose ein, wie die des Propheten, des Apostels, des Soldaten oder eine andere. So ließ er sich porträtieren und stand, ohne zu sprechen, für die Dauer von zwei Stunden da, als sei er eine unbewegliche Statue. Der arme Pippo vollführte einige weitere, ähnlich amüsante Verrücktheiten, doch vergaß er über alledem niemals den Bacchus, den Sansovino geschaffen hatte, bis er nur wenige Jahre darauf starb.[65]

Doch kehren wir zu der Statue zurück: Als sie vollendet war [siehe oben], wurde sie für das schönste Werk gehalten, das jemals von einem modernen Meister geschaffen worden war, denn Sansovino meisterte in ihr eine nicht mehr angewandte Schwierigkeit, indem er einen in die Luft ragenden Arm von allen Seiten freilegte und ihn eine Schale aus demselben Marmor halten ließ, wobei sie so filigran hinterbohrt ist, daß sie zwischen den Fingern kaum Halt hat. Darüber hinaus ist jene Haltung in jeder Hinsicht so gut getroffen und angemessen, noch dazu sind die an jenen Rumpf angefügten Beine und Arme so wohlproportioniert und schön, daß er, wenn man ihn sieht und berührt, [lebendigem] Fleisch über alle Maßen zu ähneln scheint. Daher verdient er bei denen, die ihn zu Gesicht bekamen und Gefallen an ihm fanden, sein Ansehen und noch viel mehr. Nach seiner Vollendung, so sage ich, wurde dieses Werk zu Giovannis Lebzeiten in jenem Hof von Gualfonda von allen Einheimischen und Fremden besucht und sehr gelobt. Als Giovanni dann aber gestorben war, schenkte es sein Bruder Gherardo Bartolini[66] Herzog Cosimo,[67] der es als einzigartiges Werk mit anderen wunderschönen Marmorstatuen aus seinem Besitz in seinen Gemächern aufbewahrt.[68] Für besagten Giovanni schuf Sansovino auch ein sehr schönes hölzernes Kruzifix, das sich mit vielen Antiken und Werken von der Hand Michelangelos in ihrem Haus befindet.[69]

Als man daraufhin im Jahr 1514 in Florenz einen überaus prächtigen Festapparat anläßlich des Besuchs von Papst Leo X.[70] herzustellen hatte, ordneten die Signoria und Giuliano de' Medici[71] die Errichtung zahlreicher hölzerner Triumphbögen an verschiedenen Stellen der Stadt an.[72] Daher entwarf Sansovino nicht nur viele von ihnen,[73] sondern übernahm auch selbst in Zusammenarbeit mit Andrea del Sarto die Gestaltung der Fassade von Santa Maria del Fiore ganz aus Holz, mit Statuen, Szenen und einer architektonischen Ordnung, wie sie genau richtig gewesen wäre und hätte bestehen bleiben sollen, damit man das, was dort an deutscher Gliederung und Ordnung vorhanden ist, hätte entfernen können.[74] (Ich werde nun nichts über das Tuch aus Leinen sagen, das am Johannistag und an anderen hohen Festen gewöhnlich über die Piazza von Santa Maria del Fiore und San

Giovanni gespannt wurde, weil davon andernorts zur Genüge die Rede war.) Ich erwähne nur, daß Sansovino, nachdem er Hand angelegt hatte, besagter Fassade unter diesem Tuch eine korinthische Ordnung verlieh und sie in der Art eines Triumphbogens gestaltete, wobei er über einem riesigen Sockelgeschoß zu beiden Seiten Säulenpaare und dazwischen ein paar große Nischen voll rundplastischer Figuren plazierte, die die Apostel darstellten. Darüber befanden sich einige große, Bronze vortäuschende Szenen in Halbrelief mit Motiven aus dem Alten Testament: Einige davon kann man noch im Hause der Lanfredini[75] am Arnoufer sehen. Darüber folgten hervorspringende Architrave, Friese und Gesimse und darauf verschiedenartige und wunderschöne Giebel. In den breiten Partien der Bogenzwickel und darunter waren von der Hand Andrea del Sartos wunderschöne Szenen in *chiaroscuro* gemalt. Kurzum, dieses Werk Sansovinos war so beschaffen, daß Papst Leo bei seinem Anblick äußerte, es sei schade, daß die eigentliche Fassade jener Kirche, die der Deutsche Arnolfo[76] zu bauen begonnen hatte, nicht so beschaffen sei.[77]

Außer der erwähnten Fassade für besagten Festapparat anläßlich des Besuchs von Leo X. schuf derselbe Sansovino ganz aus Ton und Schurwolle ein rundplastisches Pferd auf einem gemauerten Sockel, das zum Sprung anhebt, und darunter eine neun Ellen große Figur.[78] Dieses Werk war derart meisterhaft und kühn ausgeführt, daß Papst Leo Gefallen daran fand und es über die Maßen lobte.[79] Sansovino wurde deshalb von Jacopo Salviati[80] zum Papst geführt, um ihm die Füße zu küssen, und dieser machte ihm viele Komplimente.

Nachdem der Papst Florenz verlassen und sich in Bologna mit König Franz I. getroffen hatte, beschloß er, nach Florenz zurückzukehren. Deshalb erteilte man Sansovino den Auftrag, an der Porta San Gallo einen Triumphbogen zu errichten, und weil er sich selbst in nichts nachstand, führte er ihn ähnlich wie die anderen von ihm geschaffenen Werke aus, das heißt wunderschön und ganz mit Statuen und gemalten Bildern übersät, die bestens ausgeführt waren.[81] Als Seine Heiligkeit dann beschlossen hatte, die Fassade von San Lorenzo mit Marmor verkleiden zu lassen, und man aus diesem Grund aus Rom Raffael von Urbino und Buonarroti[82] erwartete, fertigte Sansovino einstweilen auf Anweisung des Papstes einen Entwurf dafür an.[83] Dieser fand so großen Anklang, daß man von Baccio d'Agnolo[84] ein wunderschönes Holzmodell danach bauen ließ. Und da Buonarroti unterdessen ebenfalls eines geschaffen hatte, wurden er und Sansovino nach Pietrasanta geschickt. Sie fanden dort viele Marmorblöcke vor, die jedoch schwer zu transportieren waren, so daß sie viel Zeit verloren und bei ihrer Rückkehr nach Florenz erfuhren, daß der Papst nach Rom abgereist war. Deshalb reisten sie ihm beide, ein jeder für sich, mit ihren Modellen nach, und Jacopo kam gerade in dem Augenblick an, als man Buonarrotis Modell Seiner Heiligkeit in der Torre Borgia vorführte. Doch man begegnete ihm anders als gedacht, und wo er geglaubt hatte, unter Michelangelo wenigstens einen Teil jener Statuen, die für besagtes Werk vorgesehen waren, gestalten zu können, so wie es der Papst mit ihm besprochen und Michelangelo ihm in Aussicht gestellt hatte, begriff er nun nach seiner Ankunft in Rom, daß Buonarroti ganz allein sein wollte.[85]

Da er nun schon nach Rom gekommen war und nicht vergebens nach Florenz zurückkehren wollte, beschloß er, in Rom zu bleiben und sich dort der Bildhauerei und Architektur zu widmen. Und so übernahm er im Auftrag des Florentiners Giovanfrancesco Martelli[86] die Gestaltung einer überlebensgroßen Madonna in Marmor [siehe rechts], die er mit dem Kind im Arm wunderschön ausführte und die man auf einem Altar rechter Hand des Haupteingangs von Sant'Agostino aufstellte.[87] Das Tonmodell jener Statue schenkte er dem Prior von Rom aus der Familie Salviati,[88] der es in einer Kapelle seines Palastes an der Ecke des Petersplatzes am Anfang des Borgo Nuovo plazierte.[89] Kurz darauf schuf er dann für die Kapelle, die der hochwürdige Kardinal Albornoz[90] in der Kirche der Spanier in Rom hatte errichten lassen, über dem Altar eine vier Ellen hohe Marmorstatue des Heiligen Jakobus [siehe Seite 28], die in höchstem Grad lobenswert ist. Sie zeigt eine sehr anmutige Bewegung

*Madonna mit dem Kind. Rom, Sant'Agostino, Martelli-Altar*

und ist von solcher Vollendung und mit derartigem Sachverstand ausgeführt, daß sie ihm größten Ruhm einbrachte.[91] Und während er diese Statuen schuf, machte er den Plan und das Modell von San Marcello, der Kirche der Servitenbrüder, die er

*Der Heilige Jakobus. Rom, Santa Maria di Monserrato*

daraufhin zu errichten begann und die zweifellos ein wunderschönes Bauwerk ist.[92] Fortwährend mit architektonischen Belangen beschäftigt, schuf er für Messer Marco Coscia eine wunderschöne Loggia an der Via Appia, der Straße, die von Rom zum Ponte Milvio führt.[93] Für die Crocifisso-Bruderschaft der Kirche San Marcello schuf er ein sehr anmutiges Kruzifix aus Holz, das man bei Prozessionen trägt.[94] Und für Kardinal Antonio del Monte[95] begann er ein großes Bauwerk auf seiner *vigna* außerhalb von Rom an der Acqua Vergine.[96] Und vielleicht stammt ein sehr schönes Marmorporträt des erwähnten Kardinal del Monte des Älteren von Jacopos Hand, das heute im Palast von Herrn Fabiano[97] in Monte San Savino über der Tür des Hauptsaals angebracht ist.[98] Außerdem ließ Jacopo das recht komfortable Haus Messer Luigi Leonis bauen[99] und einen Palast an den Banchi für die Familie Gaddi, der später von Filippo Strozzi[100] gekauft wurde und in der Tat komfortabel, wunderschön und reich verziert ist.[101]

Zu jener Zeit war die florentinische Gemeinde mit der Unterstützung Papst Leos mit den Deutschen, Spaniern und Franzosen in einen Wettstreit getreten: die einen hatten ihre Nationalkirchen in Rom[102] bereits vollendet, diese dann ausgeschmückt und mit dem Zelebrieren von Gottesdiensten begonnen, die anderen den Grundstein gelegt, und nun hatte die florentinische Gemeinde ihrerseits darum gebeten, eine Kirche bauen zu dürfen.[103] Nachdem der Papst den damaligen Konsul der Gemeinde, Lodovico Capponi,[104] mit dieser Angelegenheit beauftragt hatte, wurde beschlossen, hinter den Banchi am Anfang der Via Giulia eine mächtige Kirche am Tiberufer zu errichten, die Johannes dem Täufer geweiht und an Pracht, Größe, Aufwand, Verzierungen und im Entwurf die Kirchen aller anderen Nationen übertreffen sollte. Deshalb wetteiferten Raffael aus Urbino, Antonio da Sangallo,[105] Baldassare aus Siena[106] und Sansovino darin, für diesen Bau Entwürfe zu machen, und nachdem der Papst die Pläne aller gesehen hatte, rühmte er jenen Sansovinos als den besten. Denn dieser hatte unter anderem an allen vier Ecken jener Kirche eine Kuppel plaziert und in der Mitte eine größere, ähnlich jenem Plan, den Sebastiano Serlio[107] in seinem zweiten Buch über die Architektur darlegte. Nachdem in Übereinstimmung mit dem Willen des Papstes alle führenden Persönlichkeiten der Florentiner Gemeinde Sansovino viel Beifall gezollt hatten, begann man, ein zweiundzwanzig Ruten messendes Teil des Fundaments dieser Kirche zu legen. Weil es aber an Platz mangelte und man die Fassade der genannten Kirche in gerader Linie mit den Häusern der Via Giulia anlegen wollte, war man gezwungen, dem Flußbett des Tiber mindestens fünfzehn Ruten abzugewinnen. Viele fanden Gefallen daran, da dies mit höheren Ausgaben verbunden und es überdies prachtvoller war, die Fundamente im Fluß zu errichten. So begann man mit deren Bau und gab mehr als vierzigtausend Scudi aus, die ausgereicht hätten, um die Hälfte der Kirchenmauern hochzuziehen. Unterdessen war Sansovino, der die Bauaufsicht führte, während man nach und nach die Fundamente goß, gestürzt und hatte sich dabei ernstlich verletzt, so daß er sich ein paar Tage darauf zur Genesung nach Florenz bringen ließ und, wie gesagt, die Aufsicht über die restlichen Fundamentierungen Antonio da Sangallo übertrug. Doch es dauerte nicht lange, bis man den Bau aufgrund von Leos Tod, durch den die Nation eine so große Unterstützung und einen so großzügigen Fürsten verloren hatte, einstellte und so lange ruhen ließ, wie Papst Hadrian VI.[108] lebte. Um dann nach der Wahl von Clemens[109] dieselbe Ordnung und denselben Entwurf weiterzuverfolgen, verfügte man, daß Sansovino zurückkehren und den Bau in derselben Weise fortsetzen solle, wie man ihn anfangs in Auftrag gegeben hatte: Und so wurden die Arbeiten wieder aufgenommen.[110] Mittlerweile hatte er die Gestaltung des Grabmals für den Kardinal von Aragon[111] sowie desjenigen für den Kardinal von Agen übernommen.[112] Und er war bereits dabei, den Marmor für die Verzierungen zu bearbeiten, und er hatte viele Figurenmodelle angefertigt[113] – außerdem lag ihm Rom damals zu Füßen, und er schuf für all jene Herren viele außerordentlich bedeutende Werke[114] –, als Gott in der Absicht, jene Stadt zu bestrafen und den Stolz ihrer Einwohner zu mäßigen, es zuließ, daß der Bourbone mitsamt seinem Heer am 6. Mai 1527 einfiel, die gesamte Stadt plünderte und durch Schwert und Feuer verwüstete.[115] Aufgrund dieser Zerstörung sah sich Sansovino neben vielen anderen bedeutenden, vom Unglück heimgesuchten Talenten gezwungen, Rom zu seinem großen Nachteil zu verlassen und nach Venedig zu flüchten, um sich dann von dort aus nach Frankreich in die Dienste des Königs[116] zu begeben, der bereits nach ihm verlangt hatte. Als er aber in dieser Stadt weilte, um sich mit vielerlei Dingen zu versorgen, derer er beraubt worden war, und sich neu zu ordnen, unterrichtete man Fürst Andrea Gritti,[117] der ein großer Freund von Talenten war, von der Anwesenheit Jacopo Sansovinos, und daher wünschte dieser ihn zu sprechen. Denn gerade in jenen Tagen hatte Kardinal Domenico Grimani ihm erklärt, daß Sansovino der Richtige für die Kuppeln ihrer Hauptkirche San Marco wäre, die ein schwaches Fundament besaßen und durch ihr Alter und ihre schlechte Verankerung allesamt gerissen und deshalb vom Einsturz bedroht waren. Also ließ er ihn rufen, und nach zahlreichen Audienzen und langen Unterredungen teilte er ihm den Wunsch mit, ja er bat ihn darum, die Schäden dieser Kuppeln zu reparieren: Sansovino versprach, dies zu tun und Abhilfe zu schaffen. Nachdem er also diesen Auftrag angenommen hatte, ließ er Hand anlegen, und als er im Inneren sämtliche Gerüste errichtet und mit Balken sternförmig verstärkt hatte, stützte er all jene, die das Gewölbe der Kuppel trugen, gegen die Aussparung des mittleren Balkens. Dann umgab er sie von innen mit hölzernen Kurtinen und umgürtete sie von außen mit Eisenketten und stützte sie durch weitere Mauern. Und indem er unterhalb der Pfeiler, auf denen sie lasten, neue Fundamente errichten ließ, stabilisierte und sicherte er sie auf ewig.[118] Durch diese Tat brachte er Venedig zum Staunen und stellte nicht nur Gritti zufrieden. Viel bedeutender war, daß er gegenüber jenem durchlauchten Senat seine Tüchtigkeit so klar bewiesen hatte, daß man ihm bald nachdem das Werk vollendet und der *protomaestro* der Herren Prokuratoren von San Marco gestorben war, dieses Amt übertrug, das jene Herren ihren Ingenieuren und Architekten als

*'Münze. Venedig, San Marco*

höchste Auszeichnung verleihen, dazu das übliche Haus und ein recht angemessenes Gehalt. Nachdem Sansovino dem überaus gerne zugestimmt und sich innerlich dafür entschieden hatte, erhielt er zu seiner Ehre und seinem Nutzen die Oberaufsicht über all ihre Bauwerke.[119]

Daraufhin schuf er zunächst das Gebäude der staatlichen Münze [siehe oben], das er im Inneren mit so viel Ordnung und Annehmlichkeiten zum Dienst und Nutzen der zahlreichen Handwerker plante und aufteilte, daß es nirgendwo ein staatliches Schatzhaus gibt, das besser angeordnet oder stärker befestigt ist als jenes. Da er es vollständig mit einer sehr schönen Rustika-Ordnung versah, die zuvor in jener Stadt nicht angewandt worden war, rief sie bei den Menschen jenes Ortes großes Staunen hervor.[120] Da sie erkannt hatten, daß sich Sansovinos Talent im Dienste ihrer Stadt für all ihre Bedürfnisse eignete, übertrugen sie ihm für viele Jahre die Sorge um die Befestigungen ihres Staates. Nur wenig später errichtete er auf Anordnung des Rats der Zehn gegenüber dem Palazzo della Signoria das wunderschöne und prunkvolle Gebäude der Bibliothek von San Marco [siehe rechts], mit einer solchen Ordnung bezüglich des Profils, der Gesimse, der Säulen, Kapitelle und Halbfiguren am gesamten Bau, daß es einem Wunder gleichkommt.[121] Und all dies wurde ohne jegliche Kosteneinsparung geschaffen, weshalb sich die Ausgaben

*Libreria Marciana. Venedig, San Marco*

bis heute auf hundertfünfzigtausend Dukaten belaufen. Dieses Gebäude wird von jener Stadt sehr in Ehren gehalten, weil seine Säle voll prächtiger Fußböden, Stukkaturen und Szenen sind und es überdies eine Menge öffentlicher Treppen besitzt, die mit verschiedenartigen Malereien verziert sind, wovon schon in der Vita des Battista Franco[122] die Rede war, abgesehen von den vielen weiteren schönen Annehmlichkeiten und dem reichen Schmuck im Eingangsbereich des Hauptportals, die diesem sowohl Erhabenheit als auch Größe verleihen und Sansovinos Talent offenbaren.[123] Diese Bauweise war die Ursache dafür, daß in jener Stadt, in die bis zu jenem Zeitpunkt keine andere Methode Einzug gehalten hatte als jene, Häuser und Paläste stets nach derselben Ordnung zu errichten, indem jeder stets die gleichen Dinge nach demselben Maßstab und bewährtem Brauch weiterführte, ohne je nach Standort oder Zweckmäßigkeit zu variieren, dies also, so sage ich, war der Grund dafür, daß man begann, öffentliche und private Bauten nach neuen Plänen und mit besserer Ordnung[124] zu errichten.[125] Und der erste von ihm erbaute Palast[126] war jener von Messer Giorgio Corner, ein wunderschönes Gebäude [siehe Seite 34 oben], das mit Komfort und angemessener Verzierung für die Summe von siebzigtausend Scudi ausgeführt wurde.[127] Dies veranlaßte einen anderen Edelmann aus dem Hause Dolfin, sich von Sansovino einen weiteren kleineren Palast errichten zu

*Palazzo Corner. Venedig, San Marco*

*Palazzo Dolfin. Venedig, San Marco bei Rialto*

*Loggetta am Fuß des Campanile von San Marco. Venedig*

lassen [siehe links unten], der ihn dreißigtausend Scudi kostete und über alle Maßen lobenswert und wunderschön ist.[128]

Danach schuf er jenen für Moro zum Preis von zwanzigtausend Scudi, der gleichermaßen gelobt wurde,[129] und daraufhin viele weitere in der Stadt und im Umland zu geringeren Kosten, so daß man sagen kann, daß diese herrliche Stadt in bezug auf Menge und Qualität ihrer prächtigen und wohldurchdachten Gebäude heutzutage das widerspiegelt und in dieser Gegend das darstellt, was Jacopo Sansovinos Verstand, Fleiß und Tugend aus ihr gemacht haben, wofür er höchstes Lob verdient. Diese Werke veranlaßten die venezianischen Edelmänner, die moderne Architektur in ihrer Stadt einzuführen, daher wurde dort nicht nur das geschaffen, was durch seine Hände ging, sondern vieles andere, ja sogar unzähliges, was von anderen Meistern ausgeführt wurde, die sich dort angesiedelt hatten und wunderschöne Dinge schufen.

Jacopo erbaute auch die Loggetta [siehe oben] auf der Piazza San Marco am Fuß des Campanile besagter [Kirche] von San Marco in korinthischer Ordnung mit prächtigem Säulenschmuck

*Johannes der Täufer. Venedig, Santa Maria Gloriosa dei Frari*

und vier Nischen, in denen sich vier lebensgroße Bronzestatuen von vollendeter Schönheit befinden.[130] Dieses Werk bildet sozusagen einen wunderschönen Sokkel für besagten Campanile,[131] der an den Seiten jeweils fünfunddreißig Fuß breit ist, was in etwa den Ornamenten Sansovinos entspricht, und vom Boden bis zu dem Gesims, wo sich die Glockenfenster befinden, ist er hundertsechzig Fuß hoch. Von besagtem Gesims bis zu dem darüberliegenden mit dem umlaufenden Gang sind es fünfundzwanzig Fuß, während der darüberliegende Würfel weitere achtundzwanzigeinhalb Fuß hoch ist. Und von diesem Geschoß, also von dem umlaufenden Gang bis zur Pyramide, dem Zapfen oder der Spitze, wie immer sie es auch nennen mögen, sind es sechzig Fuß. Oben auf der Spitze befindet sich der sechs Fuß hohe quadratische Sockel, über dem sich der drehbare Engel erhebt, der selbst zehn Fuß hoch ist, so daß sich die Gesamthöhe auf zweihundertzweiundneunzig Fuß beläuft.[132] Außerdem entwarf und errichtete er für die Scuola oder auch Bruderschaft und Compagnia der Misericordia das Gebäude jenes mächtigen Ortes zum Preis von hundertfünfzigtausend Scudi.[133] Ebenso erneuerte er die Kirche von San Francesco della Vigna, den Sitz der Zoccolibrüder, ein riesiges und bedeutendes Bauwerk.[134]

Auch während er mit zahlreichen Bauprojekten beschäftigt war, hörte er niemals auf, jeden Tag zu seinem Vergnügen großartige und schöne skulptierte Werke aus Marmor oder Bronze zu schaffen. Über dem Weihwasserbecken der Brüder der Ca' Grande befindet sich eine sehr schöne und hochgelobte Mar-

*Die Erweckung des Mädchens Carilla durch den Heiligen Antonius. Padua, Sant'Antonio, Cappella del Santo*

morstatue von seiner Hand, die Johannes den Täufer darstellt [siehe links].[135] In Padua in der Cappella del Santo befindet sich von der Hand desselben eine großformatige Marmorszene mit wunderschönen Figuren im Halbrelief, die ein Wunder des Heiligen Antonius von Padua darstellt und an diesem Ort sehr verehrt wird [siehe oben].[136] Am Treppenaufgang des Palastes von San Marco fertigt er gerade in Gestalt zweier wunderschöner Kolosse einen Neptun und einen Mars aus Marmor [siehe Seite 38], die jeweils sieben Ellen messen. Sie verkörpern die Stärke dieser durchlauchten Republik zu Land und auf dem Meer.[137] Für den Herzog von Ferrara[138] schuf er eine wunderschöne Herkulesstatue,[139] und in der Kirche von San Marco gestaltete er vier jeweils eine Elle hohe und anderthalb Ellen breite Halbreliefs in Bronze mit Szenen aus dem Leben jenes Evangelisten, die an einer Kanzel angebracht werden sollen und die man auf-

*Mars & Neptun. Venedig, Dogenpalast, Scala dei Giganti*

grund ihrer Vielfalt in großen Ehren hält.[140] Und über dem Portal derselben [Kirche von] San Marco schuf er eine lebensgroße Madonna aus Marmor, die als wunderschön gilt.[141] Am Eingang zur Sakristei besagten Ortes befindet sich eine wunderschöne, in zwei Flügel unterteilte Bronzetür von seiner Hand mit Szenen aus dem Leben Jesu Christi, allesamt in Halbrelief und höchst vortrefflich ausgeführt [siehe rechts].[142] Und über dem Portal des Arsenals schuf er eine wunderschöne Madonna aus

*Sakristeitür mit Grablegung und Auferstehung Christi. Venedig, San Marco*

*Madonna mit dem Kind (Arsenal-Madonna). Venedig, Arsenal, Vestibül*

Marmor, die den kleinen Sohn im Arm hält [siehe links].[143] All diese Werke haben nicht nur jener Republik Glanz verliehen und sie geschmückt, sondern auch Sansovino als äußerst hervorragenden Künstler tagtäglich bekannter gemacht und ihn durch den Großmut und die Freigebigkeit jener Herren Liebe und Ehre erfahren lassen, wie auch durch die anderen Künstler, die sich in allem, was seinerzeit hinsichtlich Bildhauerei und Architektur in jener Stadt auszuführen war, auf ihn bezogen. Und in der Tat verdient es Jacopos Meisterschaft, unter den Künstlern des *disegno* in jener Stadt den ersten Rang einzunehmen, und sein Talent wird bei Adel und Volk zu Recht geliebt und allgemein beachtet.[144] Denn abgesehen von den anderen Werken, die er, wie berichtet, aufgrund seines Könnens und seiner Urteilskraft schuf, hat er bewirkt, daß sich diese Stadt fast vollkommen erneuert und die wahre und gute Art des Bauens erlernt hat.

Doch während sie von ihm Schönheit und Schmuck empfing, wurde er im Gegenzug von ihr mit vielen Wohltaten bedacht. So hat er in ihr seit seiner ersten Ankunft bis zum Alter von achtundsiebzig Jahren vollkommen gesund und rüstig gelebt, und die Luft und dieser Himmel haben ihm so gut getan, daß er in gewisser Weise nicht älter als vierzig aussieht. Und von seinem äußerst tüchtigen Sohn, einem Gelehrten,[145] hat er zwei Enkelkinder, einen Jungen und ein Mädchen, die zu seiner größten Zufriedenheit vollkommen gesund und hübsch sind. Und obendrein lebt er noch immer sehr glücklich, mit dem größten Komfort und Wohlstand, den jemand seinesgleichen nur haben kann.[146] Er war den Künstlern stets sehr zugetan und besonders mit dem hervorragenden und berühmten Tizian[147] befreundet, ebenso mit Messer Pietro Aretino,[148] als dieser noch lebte. Aus diesen Gründen habe ich es für gut befunden, ihm dieses ehrenvolle Andenken zu setzen, obwohl er noch unter den Lebenden weilt, vor allem aber, weil er heutzutage in der Bildhauerei nur noch wenig hervorbringt.

Sansovino hatte viele Schüler in Florenz: Niccolò, genannt Tribolo,[149] wie berichtet wurde, Solosmeo da Settignano,[150] der abgesehen von den großen Figuren das gesamte Marmorgrab in

Montecassino vollendete, in dem der Leichnam des im Fluß Garigliano ertrunkenen Piero de' Medici[151] ruht.[152] Des weiteren war Girolamo aus Ferrara, genannt Lombardo,[153] sein Schüler, von dem in der Vita des Ferraresers Benvenuto Garofalo[154] die Rede war. Er hat sowohl von erstgenanntem Sansovino als auch vom Letztgenannten die Kunst erlernt, so daß er außer den Marmor- und Bronzearbeiten in Loreto, von denen berichtet wurde, in Venedig eine Menge Werke schuf. Zwar kam er erst im Alter von dreißig Jahren zu Sansovino, ohne viel Erfahrung im *disegno*, wenngleich er zuvor ein paar Skulpturen geschaffen hatte, und obwohl er doch eher Gelehrter und Hofmann als Bildhauer war, legte er einen derartigen Fleiß an den Tag, daß er in wenigen Jahren jenen Fortschritt erzielte, den man an seinen Halbreliefarbeiten für die Bauten der Bibliothek und der Loggetta des Campanile von San Marco sieht.[155] Darin stellte er sich so geschickt an, daß er später die Marmorstatuen und Propheten, die er, wie berichtet, für die Madonna di Loreto schuf, ganz alleine ausführen konnte.[156]

Ein weiterer Schüler Sansovinos war Jacopo Colonna,[157] der bereits vor dreißig Jahren in Bologna starb, als er an einem bedeutenden Werk arbeitete. In Venedig schuf er in der Kirche von San Salvador einen nackten Heiligen Hieronymus in Marmor, eine schöne und vielgelobte Figur, die noch heute in einer Nische an der Orgel zu sehen ist.[158] Und in Santa Croce della Giudecca schuf er in schöner Kunstfertigkeit einen ebenfalls nackten Christus aus Marmor, der seine Wunden zeigt.[159] Desgleichen schuf er drei Figuren für San Giovanni Novo: die Heiligen Dorothea, Lucia und Katharina.[160] Und in Santa Marina ist ein Pferd von seiner Hand zu sehen, auf dem ein bewaffneter Feldherr sitzt.[161] Diese Werke sind all jenen, die sich in Venedig finden, ebenbürtig. In der Kirche von Sant'Antonio in Padua schuf er besagten Heiligen und einen bekleideten Heiligen Bernhardin in Stuck.[162] Aus demselben Material schuf er für Messer Luigi Corner[163] eine Minerva, eine Venus und eine Diana in Überlebensgröße und rundplastisch, dazu einen Merkur aus Marmor und einen nackten jugendlichen Mars aus Terrakotta, der sich einen Dorn aus dem Fuß zieht oder vielmehr zeigt, daß er ihn herausgezogen hat, indem er mit einer Hand den Fuß hält und die Verletzung betrachtet und mit der anderen die Wunde mit einem Tuch zu reinigen scheint.[164] Da dieses Werk das beste war, das er je geschaffen hatte, plant besagter Messer Luigi, es in Bronze gießen zu lassen. Für denselben schuf er einen weiteren Merkur aus Stein, der später dem Herzog Federico von Mantua[165] geschenkt wurde.[166]

Der Bildhauer Tiziano aus Padua,[167] der in der Loggetta des Campanile von San Marco in Venedig einige kleine Marmorfiguren skulptierte, war ebenso ein Schüler Sansovinos.[168] Und in der Kirche desselben Heiligen Markus sieht man in der Kapelle des Heiligen Johannes einen von ihm modellierten und in Bronze gegossenen schönen Deckel für ein bronzenes Becken. Er hatte die Statue eines Heiligen Johannes, an dem sich die vier Evangelisten und vier Szenen aus dem Leben des Johannes befinden, mit schöner Kunstfertigkeit modelliert, um sie in Bronze zu gießen.[169] Da er aber im Alter von fünfunddreißig Jahren starb, entbehrt die Welt einen hervorragenden und tüchtigen Künstler. Von seiner Hand ist das Gewölbe der Kapelle des Heiligen Antonius in Padua mit einer üppigen Unterteilung aus Stuck. Für dieselbe hatte er eine Absperrung aus fünf Bronzebögen begonnen, voller Szenen aus dem Leben jenes Heiligen und mit anderen Figuren in Halb- und Flachrelief. Doch auch diese blieb aufgrund seines Todes und wegen der Uneinigkeit jener unvollendet, die für ihre Ausführung zuständig waren. Viele Teile waren schon gegossen worden und wunderschön gelungen, und für viele weitere hatte man die Wachsmodelle angefertigt, als jener starb und aus den genannten Gründen alles liegenblieb.[170] Als Vasari den schon erwähnten Festapparat für die Herren von der Compagnia della Calza in Cannaregio gestaltete, schuf derselbe Tiziano ein paar Statuen aus Ton dafür und viele Hermen.[171] Häufig beauftragte man ihn mit der Ausschmückung von Szenen, Theatern, Bögen und anderen ähnlichen Dingen, was ihm großen Ruhm einbrachte, da er alles mit großem Einfallsreichtum, voll Phantasie und Vielfalt und darüber hinaus in großer Schnelligkeit[172] ausführte.

*Alessandro Vittoria: Feminone. Venedig, Libreria Marciana, Haupteingang*

Pietro da Salò[173] war ebenfalls ein Schüler Sansovinos. Bis zum Alter von dreißig Jahren hatte er nur Laubwerk geschnitzt, bis er schließlich dank Sansovinos Unterweisung begann, Marmorfiguren zu skulptieren. Dies gefiel ihm so gut und er bemühte sich in einer Weise, daß er nach zwei Jahren eigenständig arbeitete, wovon ein paar sehr gute Werke von seiner Hand im Chor von San Marco[174] und die überlebensgroße Marsstatue an der Fassade des Palazzo Pubblico zeugen:[175] Diese Statue befindet sich in Gesellschaft von drei weiteren, die von der Hand guter Künstler stammen.[176] Auch schuf er in den Räumen des Rats der Zehn zwei Figuren, eine männliche und eine weibliche, als Pendant zu zwei anderen, die der hochgerühmte Bildhauer Danese Cattaneo[177] gestaltete, der, wie noch berichtet werden wird, ebenfalls ein Schüler Sansovinos war: Diese Figuren dienen als Kaminschmuck.[178] Außerdem schuf Pietro drei überlebensgroße rundplastische Figuren, die sich in Sant'Antonio befinden: die eine die Gerechtigkeit, die andere die Stärke personifizierend, und außerdem die Statue eines Generalkapitäns der venezianischen Flotte, die allesamt mit großer Routine ausgeführt sind.[179]

Ebenso skulptierte er die Statue einer Gerechtigkeit in schöner Haltung und von gutem *disegno*, die auf einer Säule auf der Piazza von Murano steht,[180] und eine weitere auf der Piazza am Rialto von Venedig, die den Stein trägt, von dem aus die öffentlichen Bekanntmachungen verkündet werden und der ›Gobbo di Rialto‹ genannt wird.[181] Diese Werke haben ihn als ausgezeichneten Bildhauer bekannt gemacht. Im Santo in Padua schuf er eine sehr schöne Thetis und einen Bacchus, der Weintrauben in einer Schale ausdrückt. Und diese Figur – die schwierigste und beste, die er jemals schuf – hinterließ er bei seinem Tod seinen Kindern, die sie noch immer in ihrem Haus aufbewahren, um sie dem zu verkaufen, der die von ihrem Vater darin verwandten Mühen am höchsten anerkennt und den besten Preis dafür zahlt.[182]

Alessandro Vittoria aus Trient,[183] ein überaus hervorragender Bildhauer und ein großer Freund des Studiums, war ebenso ein Schüler Jacopos. In den zahlreichen von ihm geschaffenen Werken aus Stuck wie aus Marmor zeigte dieser auf wunderschöne Weise Lebendigkeit des Geistes und schönen Stil, so daß seine Werke in Ehren zu halten sind. Von seiner Hand sind in Venedig am Hauptportal der Bibliothek von San Marco zwei kolossale Frauenfiguren aus Stein [siehe links], jeweils zehn Spannen groß, wunderschön, anmutig und äußerst lobenswert.[184] Im Santo in Padua schuf er vier Figuren am Grab der Contarini: zwei Sklaven oder vielmehr Gefangene zusammen mit einer Fama und einer Thetis,[185] allesamt aus Stein, sowie eine wunderschöne zehn Fuß große Engelsstatue, die auf dem Campanile des Veroneser Doms Aufstellung fand.[186] Nach Dalmatien sandte er vier ebenfalls steinerne und jeweils fünf Fuß hohe Apostel für den Dom von Trogir.[187] Auch schuf er für die Scuola di San Giovanni Evangelista in Venedig einige sehr anmutige rundplastische Silberfiguren sowie einen zwei Fuß großen vollplastischen Heiligen Theodor aus Silber.[188] In der Grimani-Kapelle in San Sebastiano führte er zwei jeweils drei Fuß hohe Figuren in Marmor aus,[189] und danach schuf er eine Pietà mit zwei Steinfiguren, die für gut gehalten werden und sich in San Salvador in Venedig be-

*Alessandro Vittoria: Montefeltro-Altar.*
*Venedig, San Francesco della Vigna*

finden.[190] Für den Balkon des Palasts von San Marco schuf er einen Merkur, der auf die Piazza zeigt und für eine gute Figur gehalten wird.[191] In San Francesco della Vigna schuf er drei lebensgroße Figuren, allesamt aus Stein, sehr schön, anmutig und gut ausgeführt: die Heiligen Antonius, Sebastian und Rochus

*Jacopo Sansovino und Alessandro Vittoria: Treppenaufgang. Venedig, Libreria Marciana*

[siehe links].[192] Und für die Crociferi-Kirche fertigte er zwei jeweils sechs Fuß hohe Figuren in Stuck, die auf den Hochaltar gestellt wurden und sehr schön sind.[193] Aus demselben Material schuf er, wie bereits berichtet, alle Verzierungen im Gewölbe der neuen Treppen im Palast von San Marco mit unterschiedlichen Stuckfeldern, in deren Zwischenräume Battista Franco dann die Figuren und Grotesken malte, die sich dort befinden.[194] Ebenso fertigte Alessandro jene Werke im Treppenhaus der Bibliothek von San Marco, die alle von aufwendiger Machart sind [siehe Seite 47].[195] Für die Minoritenbrüder gestaltete er eine Kapelle aus und schuf auf der wunderschönen Marmortafel von enormem Ausmaß die Himmelfahrt der Madonna in Halbrelief und darunter fünf große und in schönem Stil gearbeitete Figuren von erhabener Wirkung, die einen würdigen und schönen Faltenwurf zeigen und sorgfältig ausgeführt sind. Diese jeweils sechs Fuß großen Marmorfiguren stellen die Heiligen Hieronymus, Johannes den Täufer, Petrus, Andreas und Leonhard dar und sind unter allen seinen bis heute geschaffenen Werken die besten. Im Abschluß dieser Kapelle sieht man auf dem Giebelfeld zwei ebenfalls marmorne und sehr anmutige Figuren, deren Höhe jeweils acht Fuß beträgt.[196] Derselbe Vittoria schuf zahlreiche Marmorporträts und wunderschöne naturnahe Büsten, und zwar jene von Herrn Giovanni Battista Ferretti, die in der Kirche von Santo Stefano aufgestellt wurde,[197] die des Redners Camillo Trevisan, die in die Kirche Santi Giovanni e Paolo gelangte,[198] jene des berühmten Marco Antonio Grimani, die man ebenfalls in San Sebastiano aufstellte,[199] und in San Geminiano schuf er eine vom Pfarrer besagter Kirche.[200] Ebenso porträtierte er Messer Andrea Loredan,[201] Messer Priamo da Lezze[202] und zwei Brüder aus dem Hause Pellegrini, nämlich die beiden Redner Messer Vincenzo und Messer Giovanni Battista.[203] Und da Vittoria in der Blüte seiner Jahre steht, gerne arbeitet, tüchtig und liebenswürdig ist, danach trachtet, Namen und Ruhm zu erwerben, und überhaupt ein sehr rechtschaffener Mensch ist, darf man glauben, daß man Zeit seines Lebens tagtäglich wunderschöne Werke von ihm zu sehen bekommt, die seines Nachnamens ›Vittoria‹ würdig sind, und daß er es in seinem Leben zu einem hervorragenden Bildhauer bringen und sich vor allen anderen jenes Ortes die Siegespalme verdienen wird.

Außerdem gibt es da noch einen Tommaso aus Lugano,[204] der ebenfalls viele Jahre bei Sansovino war und, wie gesagt, in der

Bibliothek von San Marco zusammen mit anderen eine Menge sehr schöner Figuren mit dem Meißel schuf.[205] Später, nachdem er Sansovino verlassen hatte, schuf er eigenständig eine Madonna mit dem Kind im Arm und zu ihren Füßen den Johannesknaben, wobei alle drei Figuren von so schöner Gestalt und Haltung und so schönem Stil sind, daß sie neben allen anderen modernen und schönen Statuen in Venedig bestehen können. Dieses Werk wurde in der Kirche von San Sebastiano aufgestellt.[206] Das Bildnis Kaiser Karls V., das er ab Brusthöhe in Marmor schuf, wurde für ein wunderbares Werk gehalten und fand bei Seiner Majestät großen Gefallen.[207] Doch da Tommaso mehr Freude daran hatte, in Stuck als in Marmor oder Bronze zu arbeiten, gibt es in den Häusern verschiedener venezianischer Edelmänner von seiner Hand unendlich viele wunderschöne Figuren und Werke, die er in diesem Material geschaffen hat. Und damit ist genug über ihn gesagt.

Unter den Lombarden ist schließlich noch Jacopo Bresciano[208] zu erwähnen, ein junger Mann von vierundzwanzig Jahren, der Sansovino vor nicht allzu langer Zeit verlassen hat. In den vielen Jahren, in denen er in Venedig lebte, hat er sein Talent bewiesen und gezeigt, daß er es einmal zur Vollkommenheit bringen würde, was sich dann durch die in seiner Heimatstadt Brescia geschaffenen Werke bestätigte, vor allem durch jene im Palazzo Pubblico.[209] Wenn er sich aber eifrig übt und am Leben bleibt, wird man von seiner Hand noch größere und bessere Werke sehen, zumal er geistreich ist und ein wunderschönes Talent besitzt.

Von unseren Toskanern war der bereits an vielen Stellen dieses Werks erwähnte Florentiner Bartolomeo Ammannati[210] ein Schüler Sansovinos. Dieser, so sage ich, arbeitete unter Sansovino in Venedig und dann in Padua für Messer Marco aus Mantua, einen hervorragenden Doktor der Medizin,[211] in dessen Haus er einen für den Hof bestimmten gewaltigen Koloß aus einem einzigen Steinblock schuf[212] sowie sein Grabmal mit vielen Statuen.[213] Nachdem Ammannati im Jahr 1550 nach Rom gekommen war, beauftragte Giorgio Vasari ihn mit vier Mar-

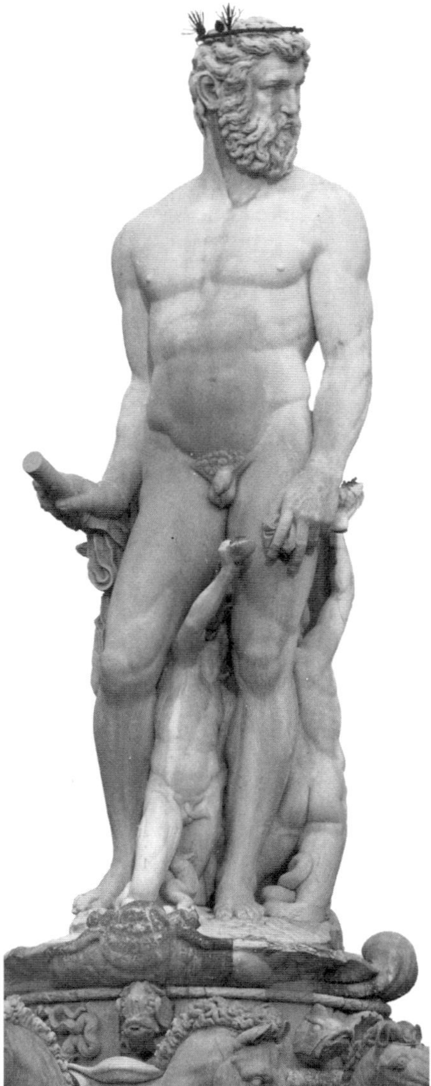

*Bartolomeo Ammannati: Neptun. Florenz, Piazza della Signoria*

morstatuen von jeweils vier Ellen Höhe für das Grabmal des älteren Kardinal del Monte, das Papst Julius III.[214] bei eben diesem Giorgio für die Kirche San Pietro in Montorio in Auftrag gegeben hatte, wie noch berichtet werden wird. Jene Statuen hielt man für äußerst schön.[215] Da Vasari ihn liebgewonnen hatte, stellte er ihn besagtem Julius III. vor, und nachdem dieser angeordnet hatte, was zu tun sei, ließ er es ins Werk setzen, und so arbeiteten beide, das heißt Vasari und Ammannati, für eine Weile zusammen an der *vigna*.[216] Nur kurze Zeit darauf, als sich Vasari in die Dienste Herzog Cosimos nach Florenz begeben hatte und besagter Papst gestorben war, schrieb Ammannati, der ohne Arbeit war und in Rom von jenem Papst für seine Mühen nur schlecht entlohnt worden war, an Vasari und bat ihn, er möge ihm in Florenz beim Herzog ebenso behilflich sein, wie er ihm in Rom förderlich gewesen war. Daraufhin setzte sich Vasari wärmstens für ihn ein und erreichte, daß er in die Dienste Seiner Exzellenz treten konnte, für die er zahlreiche Marmor- und Bronzestatuen anfertigte, die noch nicht aufgestellt wurden.[217] Für den Garten von Castello schuf er zwei überlebensgroße Bronzestatuen, und zwar einen Herkules, der Antaeus zerquetscht, wobei letzterem anstelle des Lebensgeistes eine große Menge Wasser aus dem Mund fließt.[218] Schließlich führte Ammannati den zehneinhalb Ellen hohen Marmorkoloß des Neptun auf der Piazza aus [siehe links]. Doch da das Bauwerk des Brunnens, in dessen Mitte besagter Neptun stehen soll, noch nicht vollendet ist, werde ich keine weiteren Worte darüber verlieren.[219] Selbiger Ammannati kümmert sich zu seinem großen Lob und seiner Ehre als Architekt um den Bau des [Palazzo] Pitti. Bei diesem Werk hat er die großartige Gelegenheit, sein Talent und die Größe seines Geistes sowie die Freigebigkeit und Großherzigkeit Herzog Cosimos zu zeigen. Ich könnte viele Einzelheiten über diesen Bildhauer berichten, doch da er mein Freund ist und ein anderer, soweit ich weiß, über seine Werke schreibt, werde ich nichts weiter sagen, um mich nicht in das einzumischen, was andere möglicherweise besser erzählen können, als ich es vermag.[220]

Zuletzt bleibt uns unter den Schülern Sansovinos noch Danese Cattaneo zu erwähnen, ein Bildhauer aus Carrara, der schon als kleiner Junge bei ihm in Venedig in die Lehre ging. Als er im Alter von neunzehn Jahren seinen Meister verließ, schuf er selbständig einen Marmorknaben für San Marco[221] und für die Kirche der Minoritenbrüder einen Heiligen Laurentius,[222] für San Salvador einen weiteren Knaben in Marmor[223] und für Santi Giovanni e Paolo die Statue eines nackten Bacchus, der einen Traubenschwengel von einer Rebe pflückt, die sich um einen Stamm hinter seinen Beinen rankt. Diese Statue befindet sich heute im Hause der Mocenigo bei San Barnaba.[224] Für die Bibliothek von San Marco und die Loggetta des Campanile hat er viele Figuren ausgeführt, zusammen mit anderen, von denen weiter oben berichtet wurde.[225] Und außer den erwähnten schuf er jene zwei, von denen schon gesagt wurde, daß sie sich im Saal des Rates der Zehn befinden. In Marmor porträtierte er Kardinal Bembo[226] und Contarini, den Generalkapitän der venezianischen Flotte. Beide Bildnisse sind, umgeben von schönen und prächtigen Ornamenten, in Sant'Antonio in Padua zu sehen.[227] Und in derselben Stadt Padua befindet sich in San Giovanni di Verdara von der Hand desselben das Porträt Messer Girolamo Gigantis, eines hochgelehrten Juristen.[228] In Venedig schuf er für Sant'Antonio della Giudecca das sehr lebensnahe Porträt Giustinians, Leutnant des Großmeisters von Malta,[229] sowie jenes von Tiepolo, der dreimal General war: Beide wurden indes noch nicht an ihrem Ort aufgestellt.[230] Doch das größte und außerordentlichste Werk, das Danese schuf, befindet sich in Sant'Anastasia in Verona: eine prächtige Marmorkapelle mit großen Figuren [siehe rechts], die Herr Ercole Fregoso[231] im Gedenken an Herrn Giano errichten ließ, einst Herr von Genua und später Generalkapitän der Venezianer, in deren Diensten er starb.[232] Dieses Werk ist wie ein Triumphbogen in korinthischer Ordnung gestaltet und durch vier große, kannelierte Säulen mit Olivenblattkapitellen unterteilt, die auf einer Basis von angemessener Höhe stehen, wobei der mittlere Zwischenraum doppelt so breit ist wie einer der beiden seitlichen und mit einem Bo-

*Danese Cattaneo: Grabmal der Fregoso. Verona, Sant'Anastasia*

gen versehen ist, oberhalb von welchem Architrav und Gesims auf den Kapitellen der Säulen aufliegen. Und in der Mitte, innerhalb des Bogens, ist ein sehr schöner Schmuck angebracht, bestehend aus Pilastern, Gesims und Giebel sowie einem Feld mit einer Jaspis-Tafel in wunderschönem Schwarz. Darin steht die vollplastische Statue eines nackten überlebensgroßen Christus, eine sehr gute Figur, die ihre Wunden vorzeigt und der ein Stück Stoff um die Hüften gewunden ist, das zwischen den Beinen bis zum Boden fällt. In den Bogenzwickeln sind die Passionswerkzeuge dargestellt, und zwischen den zwei Säulen der rechten Seite erhebt sich über einem Sockel die vollplastische Statue des Herrn Giano Fregoso in voller antikischer Rüstung; nur Arme und Beine sind nackt. Die linke Hand stützt er auf den Griff des Schwerts, das er umgürtet trägt, und in der rechten hält er den Generalstab. Hinter ihm ist zwischen den Säulen eine in der Luft schwebende Minerva in Halbrelief dargestellt, die für seine Investitur einen Fürstenstab wie den der Dogen von Venedig in der einen Hand und in der anderen eine Fahne mit dem Symbol des Heiligen Markus hält. Und im anderen Interkolumnium sieht man in einem weiteren Investiturakt die militärische Tugend im Panzerkleid mit einem efeubedeckten Helm auf dem Kopf und einem Hermelin als Imprese auf dem Harnisch, der auf einer von Schlamm umgebenen Klippe sitzt, und dazu die Worte ›LIEBER STERBEN ALS SICH BESCHMUTZEN‹ sowie das Wappen der Fregoso. Darüber ist eine Viktoria mit einer Lorbeergirlande und einem Palmzweig in der Hand dargestellt. Oberhalb von Säule, Architrav, Fries und Gesims gibt es noch eine weitere Pilasterordnung, auf deren Gesims zwei plastische Marmorfiguren stehen sowie zwei ebenfalls plastische Trophäen von der Größe der anderen Figuren. Eine dieser beiden Statuen stellt die gerade zum Flug anhebende Fama dar, die mit der rechten Hand zum Himmel zeigt und in eine Trompete bläst. Sie ist von feinen, wunderschönen Stoffen umschlungen und im übrigen nackt. Die andere, die die Ewigkeit verkörpert, ist mit einem schwereren Gewand bekleidet und steht in majestätischer Haltung da. Sie hält in der linken Hand einen Kreis, auf den sie schaut, und in der rechten einen Zipfel ihres Gewands mit Kugeln darin, die verschiedene Jahrhunderte bezeichnen, mit der Himmelssphäre, die von einer sich mit dem Maul in den Schwanz beißenden Schlange umschlungen wird. Im Mittelteil oberhalb des großen Gesimses, das die beiden anderen bildet und voneinander trennt, sind drei Stufen, auf denen zwei große, nackte Putti sitzen, die einen großen Schild mit einem Helm darüber halten, auf dem das Wappen der Fregoso prangt. Und unterhalb besagter Stufen ist ein Epitaph in großen vergoldeten Lettern auf schwarzem Jaspis angebracht. Dieses gesamte Werk ist wahrhaft des Lobes würdig, da Danese es mit großer Sorgfalt ausführte, jener Komposition schöne Maßverhältnisse und Anmut verlieh und jede Figur mit viel Eifer schuf.[233]

Weil Danese nicht nur, wie gesagt, ein ausgezeichneter Bildhauer, sondern auch ein guter und vielgerühmter Poet ist, wie seine Werke deutlich zeigen, pflegte er stets mit den größten und talentiertesten Männern unserer Zeit Umgang und war eng mit ihnen befreundet. Davon zeugt auch besagtes Werk, das von ihm in sehr poetischer Weise ausgeführt wurde.[234] Im Hof der Münze von Venedig stammt die nackte Statue der Sonne über dem Brunnenschmuck von der Hand Daneses [siehe Seite 56]. An ihrer Statt wünschten jene Herren dort eine Gerechtigkeit, doch befand Danese die Sonne für diesen Ort als angemessener. Diese hält einen Goldbarren in der linken und ein Zepter in der rechten Hand, an dessen Spitze er ein Auge anbrachte sowie Sonnenstrahlen rund um ihr Haupt. [Sie steht] über der Erdkugel, die von einer sich in den Schwanz beißenden Schlange umschlungen und von ein paar Häufchen Gold bekrönt wird, die sie hervorgebracht hat. Gerne hätte Danese dort noch neben der Statue der Sonne für das Gold und einer des Mondes für das Silber eine weitere für das Kupfer geschaffen. Doch den Herren genügte dort jene für das Gold, weil es sich bei diesem um das vollkommenste aller Metalle handelt.[235]

Derselbe Danese hat zum Gedenken an Fürst Loredan, den Dogen von Venedig,[236] ein weiteres Werk begonnen, von dem

*Danese Cattaneo: Apoll. Venedig, Ca' Pesaro*

man erwartet, daß es hinsichtlich Erfindung und ungewöhnlichem Einfall all seine anderen Werke bei weitem übertreffen wird. Dieses Werk soll in der Kirche Santi Giovanni e Paolo in Venedig aufgestellt werden.[237] Doch da jener lebt und zum Wohl der Welt und der Kunst weiterhin arbeiten wird, möchte ich im folgenden weder von ihm noch von anderen Schülern Sansovinos sprechen. Allerdings werde ich anläßlich der Obengenannten nicht versäumen, kurz auf einige andere hervorragende Künstler der Bildhauerei und Malerei aus jener Gegend um Venedig einzugehen, um mit dem Bericht über sie in dieser Vita Sansovinos abzuschließen.

Auch Vicenza besaß zu verschiedenen Zeiten Bildhauer, Maler und Architekten. An manche von ihnen wurde in der Vita von Vittore Carpaccio[238] erinnert, vor allem an jene, die zur Zeit Mantegnas[239] ihre Schaffensblüte hatten und von ihm das Zeichnen erlernten, wie die Maler Bartolomeo Montagna,[240] Francesco Verla[241] und Giovanni Speranza,[242] von deren Hand viele Gemälde in Vicenza verstreut sind. Dieselbe Stadt verzeichnet heute eine Menge Skulpturen von der Hand eines Schnitzers und Architekten namens Giovanni.[243] Sie sind annehmbar, obwohl seine eigentliche Spezialität die vorzügliche Herstellung von Laubwerk und Tieren war, was er trotz seines Alters noch immer tut. Ebenso schuf Girolamo Pironi[244] aus Vicenza an vielen Orten seiner Stadt lobenswerte Skulpturen und Gemälde. Doch unter allen Vicentinern verdient der Architekt Andrea Palladio[245] das höchste Lob, da er ein Mann von einzigartigem Talent und einer ebensolchen Urteilskraft ist. Dies sieht man an vielen Werken, die er in seiner Heimatstadt und anderswo geschaffen hat, und vor allem am Bau des vielgelobten Gemeindepalasts, der zwei Loggien dorischer Ordnung mit wunderschönen Säulen besitzt [siehe unten].[246] Derselbe hat für den Grafen Ottavio Vieri einen sehr schönen und in seiner Größe jegliche Vorstellung übertreffenden Palast mit zahllosen Verzierungen der prächtigsten Art geschaffen[247] und einen anderen vergleich-

*Andrea Palladio: Palazzo della Ragione. Vicenza*

baren für den Grafen Iseppo da Porto, der für einen so großen Fürsten wie ihn weder prächtiger noch schöner oder würdevoller sein könnte.[248] Und ein weiterer wird zur Zeit in derselben Ordnung für Graf Valerio Chiericati[249] errichtet, der hinsichtlich Erhabenheit und Größe den vielgerühmten antiken Bauwerken sehr nahekommt [siehe unten].[250] Desgleichen hat er für die Grafen von Valmarana einen weiteren, über die Maßen herrlichen Palast schon fast zum Abschluß gebracht, der keinem der obengenannten in irgendeiner Partie nachsteht.[251] In derselben Stadt schuf er auf der Piazza, die im Volksmund ›die Insel‹ genannt wird, ein weiteres sehr prächtiges Gebäude für Valerio Chiericati [siehe unten].[252] Und in Poiana, einem Ort im Umkreis von Vicenza, schuf er für den Ritter Bonifazio Poiana ein wunderschönes Haus [siehe rechts].[253] In selbiger Umgebung

*Andrea Palladio: Palazzo Chiericati. Vicenza*

*Andrea Palladio: Villa Poiana. Poiana Maggiore (Provinz Vicenza)*

von Vicenza, in Finale, schuf er ein weiteres Gebäude für Messer Biagio Saraceno[254] und in Bagnolo eines für Herrn Vittore Pisani mit einem überaus prachtvollen und großen Hof in dorischer Ordnung und wunderschönen Säulen.[255] Nahe bei Vicenza, im Weiler Lisiera, hat er für Herrn Giovanfrancesco Valmarana ein weiteres sehr prachtvolles Gebäude errichtet, mit vier Ecktürmen, die einen wunderschönen Anblick bieten.[256] In Melodo hat er außerdem für den Grafen Francesco Trissino und seinen Bruder Ludovico auf einem sehr hohen Hügel mit einem prächtigen Palast begonnen, der viele unterteilte Loggien, Treppen und andere Annehmlichkeiten einer Villa besitzt.[257] In Campiglia, ebenfalls im Umkreis von Vicenza, baut er für Herrn Mario Repeta eine weitere Wohnstätte vergleichbarer Art mit großem Komfort, großzügiger Zimmeraufteilung, Loggien und Höfen sowie Räumen, die verschiedenen Tugenden gewidmet sind, so daß sie bei ihrer Vollendung eher eine königliche Residenz als ein Herrensitz sein wird.[258] In Lonedo hat er eine weitere Villa für Herrn Girolamo Godi geschaffen[259] und in Angarano eine andere für den Grafen Jacopo Angarano, die wirklich wunderschön ist, auch wenn sie in bezug auf die Großzügigkeit jenes Herrn wie eine Kleinigkeit erscheint.[260] In Quinto, in der Nähe von Vicenza, baute er vor kurzem einen weiteren Palast für den Grafen Marc'Antonio Thiene, der mehr Größe und Pracht besitzt, als ich es zum Ausdruck bringen könnte.[261] Alles in allem hat Palladio in und um Vicenza viele Gebäude von gewaltiger Größe und Schönheit geschaffen, die, wenn es keine anderen gäbe, genügen würden, um eine Stadt hoch angesehen und eine Gegend wunderschön zu machen.

In Venedig hat derselbe viele Bauwerke begonnen, vor allem aber eines im Carità-Kloster, das in seiner Nachahmung antiker Häuser wunderbar und bemerkenswert ist [siehe unten]. Das Atrium ist vierzig Fuß breit und vierundfünfzig Fuß lang, genausoviel wie der Querschnitt des Quadrats, und seine Seitenflügel messen in der Länge so viel wie einer der drei Teile und die Hälfte davon. Die korinthischen Säulen haben einen Durchmesser von dreieinhalb und eine Höhe von fünfunddreißig Fuß.

*Canaletto: Ansicht des von Andrea Palladio erbauten Konvents Santa Maria della Carità in Venedig. Windsor Castle, Royal Collection*

*Andrea Palladio: Fassade von San Francesco della Vigna. Venedig*

Vom Atrium aus gelangt man ins Peristylium, das heißt in einen Kreuzgang (wie die Ordensbrüder ihre Höfe nennen), der zum Atrium hin in fünf und an den Seiten in sieben Bereiche unterteilt ist, mit drei übereinanderliegenden Säulenordnungen, zuunterst die dorische und darüber die ionische und die korinthische. Gegenüber dem Atrium liegt das Refektorium, das zwei *quadri*[262] lang ist und so hoch wie das Peristylium mit seinen äußerst komfortablen rundum angesiedelten Küchen. Die Wendeltreppen sind oval, werden weder von Mauern noch von Säulen oder etwas anderem in der Mitte gestützt und sind dreizehn Fuß hoch. Die Stufen sind in der Mauer befestigt und stützen sich durch gegenseitige Überlagerung. Dieses Gebäude besteht ganz aus gebrannten Steinen, also Ziegelsteinen, mit Ausnahme

*Andrea Palladio: Villa Foscari.*
*Gambarare di Mira, Malcontenta (Provinz Venedig)*

der Säulenbasen, Kapitelle, Kämpfer, Treppen, der Gesimsverkleidung, aller Fenster und Türen.[263]

Derselbe Palladio hat für die Schwarzen Mönche des Heiligen Benedikt in ihrem Kloster San Giorgio Maggiore in Venedig ein sehr geräumiges und wunderschönes Refektorium geschaffen, dem ein Vestibül vorgelagert ist.[264] Und er hat die Gründung einer neuen Kirche in einer so schönen Ordnung in Angriff genommen, soweit dies aus dem Modell ersichtlich ist, daß sie, einmal zu Ende ausgeführt, ein herrliches und wunderschönes Werk sein wird.[265] Außerdem hat er mit der Fassade von San Francesco della Vigna begonnen [siehe Seite 61 ], die der hochwürdige Grimani, Patriarch von Aquileia,[266] unter großem Kostenaufwand aus istrischem Stein errichten läßt. Die Säulen in korinthischer Ordnung sind an der Basis vier Spannen breit und vierzig Spannen hoch. Vom Boden an wurde bereits das gesamte Sockelgeschoß gemauert.[267] In Gambarare, einem sieben Meilen von Venedig entfernten Ort am Fluß Brenta, schuf derselbe Palladio einen sehr komfortablen Wohnsitz für die venezianischen Edelmänner Messer Niccolò und Messer Luigi Foscari [siehe links].[268] Einen weiteren dieser Art erbaute er in Marocco, einem Ort bei Mestre, für den Ritter Mocenigo,[269] in Piombino einen für Messer Giorgio Corner [siehe Seite 64],[270] für den prächtigen Messer Francesco Pisani einen in Montagnana[271] und in Cicogna bei Padua einen für den Grafen Odoardo Thiene, einen Edelmann aus Vicenza.[272] In Udine im Friaul schuf er einen für Herrn Floriano Antonini[273] und in Motta, einem ebenfalls im Friaul gelegenen Weiler, einen für den prächtigen Messer Marco Zeno mit einem wunderschönen, ringsum von Arkaden umgebenen Innenhof.[274] In Fratta, einem Weiler bei Polesine, errichtete er für Francesco Badoer einen großen Bau mit ein paar wunderschönen und einfallsreichen Loggien.[275] Desgleichen führte er in der Nähe von Asolo, einem Weiler bei Treviso, für den hochwürdigen Herrn Daniele Barbaro, dem gewählten [Patriarchen] von Aquileia, der über Vitruv geschrieben hat,[276] sowie für seinen äußerst berühmten Bruder Marcantonio[277] ein sehr komfortables Wohnhaus in einer so schönen Ordnung aus, daß man es sich besser nicht vorstellen kann [siehe Seite 65].[278] Unter anderem schuf er dort einen Brunnen, der jenem sehr ähnelt, den Papst Julius in seiner *vigna* Giulia in Rom anfertigen ließ, und der vollkommen mit

Stukkaturen und Malereien von hervorragenden Künstlern verziert ist.[279] In Genua ließ Messer Luca Giustiniani ein Gebäude nach den Plänen Palladios errichten, das man ebenso wie alle oben beschriebenen für wunderschön hält,[280] und wenn man seine schönen und merkwürdigen Erfindungen und ungewöhnliche Einfälle in allen Einzelheiten hätte aufzählen wollen, wäre daraus eine äußerst langatmige Geschichte geworden. Und da bald ein Werk Palladios erscheinen wird, bestehend aus zwei gedruckten Büchern über die antiken Bauwerke und einem über die von ihm selbst veranlaßten Gebäude, werde ich weiter nichts über ihn sagen, da dies ausreicht, um ihn als jenen hervorragenden Architekten bekannt zu machen, für den er von jedem, der seine wunderschönen Werke sieht, gehalten wird.[281] Außerdem ist er noch jung und widmet sich unablässig dem Studium der Kunst, so daß man jeden Tag Größeres von ihm erwarten kann. Ich will nicht unerwähnt lassen, daß er neben solch großem Talent eine derart liebenswürdige und freundliche Natur besitzt, daß sie ihn bei jedermann sehr beliebt macht. Deshalb hat er es

*Andrea Palladio: Villa Cornaro. Piombino Dese (Provinz Treviso)*

*Andrea Palladio: Villa Barbaro, Maser (Provinz Treviso)*

verdient, als Mitglied in die Florentiner Accademia del Disegno aufgenommen worden zu sein, zusammen mit Danese, Giuseppe Salviati,[282] Tintoretto[283] und Battista Farinato aus Verona,[284] wovon an anderer Stelle berichtet werden wird, wenn von besagten Accademici die Rede ist.[285]

Auch der venezianische Maler Bonifacio,[286] von dem ich vorher keine Kenntnis hatte, verdient es, zu den vielen hervorragenden Künstlern gerechnet zu werden, denn er ist ein sehr geübter und tüchtiger Kolorist. Neben zahlreichen Gemälden und Porträts, die in Venedig verstreut sind, hat dieser in derselben Stadt für den Reliquienaltar der Servitenkirche eine Tafel geschaffen. Darauf befindet sich Christus im Kreise der Jünger, und Philippus scheint zu sagen: »Herr, laß uns den Vater sehen«. Sie ist in sehr schönem und gutem Stil ausgeführt.[287] Und in der Kirche der Nonnen von Santo Spirito schuf er für den Madonnenaltar eine weitere wunderschöne Tafel mit unzähligen Männern, Frauen und Kindern jeden Alters, die gemeinsam mit der Jungfrau einen von vielen Engeln umgebenen Gottvater in den Lüften anbeten.[288]

Jacopo Fallaro[289] ist ebenfalls ein Maler, der in Venedig einen sehr guten Ruf hat. Auf den Orgeltüren der Kirche der Jesuaten stellte er den seligen Giovanni Colombini dar, der in Anwesenheit zahlreicher Kardinäle vom Papst im Konsistorium das Ordensgewand empfängt.[290]

Ein anderer Jacopo, genannt Pisbolica,[291] schuf auf einer Tafel für Santa Maria Maggiore in Venedig Christus mit vielen Engeln in den Lüften und darunter die Madonna mit den Aposteln.[292]

Und ein Venezianer namens Fabrizio[293] malte in der Kirche von Santa Maria Zobenigo auf der Außenseite einer Kapelle eine Segnung der Taufquelle mit vielen nach dem Leben gemalten Porträts in schöner Anmut und gutem Stil.[294]

Dies ist das Ende der Lebensbeschreibung des Florentiner Bildhauers Jacopo Sansovino.[295]

Appendix

# Wesentliche Ergänzungen der Neuedition der Vita Sansovinos* mit dem Titel:

# Das Leben Messer Jacopo Sansovinos, Bildhauer und Architekt der durchlauchten Republik Venedig

*Einst von Messer Giorgio Vasari aus Arezzo beschrieben und nun von ihm selbst an mehreren Stellen erweitert, aktualisiert und korrigiert*

## Appendix 1

Die Familie der Tatti in Florenz ist seit dem Jahr 1300 in den Büchern der Kommune verzeichnet, und da sie aus Lucca stammt, einer überaus noblen Stadt in der Toskana, brachte sie stets viele strebsame und ehrbare Männer hervor, die von dem Hause der Medici in höchstem Maße gefördert wurden. Von ihnen stammt Jacopo ab, von dem nun die Rede ist, und zwar wurde er im Januar 1477 einem Antonio, einer sehr redlichen Person, und seiner Frau Francesca geboren. Wie damals üblich, wurde er im frühen Knabenalter im Lesen und Schreiben unterrichtet, und als er dabei ein reges Talent und einen gewandten Geist unter Beweis zu stellen begann, widmete er sich von da an auf eigene Faust dem Zeichnen und zeigte so gewissermaßen, daß die Natur ihn auf diesem Gebiet deutlich mehr begünstigt hatte als in den geisteswissenschaftlichen Fächern. Daher ging er nur ungern zur Schule und lernte gegen seinen Willen die schwierigen Grundlagen der Grammatik. Als die Mutter, der er sehr ähnlich war, dies bemerkte, wollte sie seine Begabung fördern und unterstützte ihn, indem sie ihm heimlich Unterricht im Zeichnen erteilen ließ. Sie wünschte nämlich, ihr Sohn würde Bildhauer werden und vielleicht dem damals aufkommenden Ruhm des seinerzeit noch recht jungen Michelangelo Buonarroti nacheifern. Anlaß dazu gab ihr auch eine gewisse Vorsehung des Schicksals, denn Michelangelo und Jacopo waren in ein und derselben Straße namens Via Santa Maria bei der Via Ghibellina geboren worden. Nach einiger Zeit wurde der Junge dann in eine Kaufmannslehre gegeben, was ihm noch weniger gefiel als die Geisteswissenschaften, so daß er mit Worten und Taten von seinem Vater erflehte, ganz ohne Zwang dem nachgehen zu dürfen, wozu ihn die Natur drängte.

## Appendix 2

Als er nun jenes Amt angetreten hatte, begann er, es voller Pflichtbewußtsein auszuüben, sowohl hinsichtlich der Gebäude als auch in bezug auf die Papiere und Bücher, deren Führung ihm aufgrund dieses Amtes oblag. Er kümmerte sich mit aller Sorgfalt um die Angelegenheiten der Kirche von San Marco, um die Auftragsvergaben, die sehr zahlreich sind, und um eine Menge anderer Aufgaben, die zu jenem Prokuratorenamt zählen, wobei er mit jenen Herren einen außerordentlich herzlichen Umgang pflegte. Da er alles darauf anlegte, ihnen von Nutzen zu sein, ihren Belangen Größe und Schönheit und der Kirche, der Stadt und der Piazza Schmuck zu verleihen (was vor ihm kein anderer in dieser Stellung je getan hatte), verschaffte er ihnen durch seine Einfälle, seinen scharfen Verstand und wachen Geist verschiedene Vorteile, Gewinne und Einkünfte, was stets mit geringen oder gar keinen Ausgaben seitens jener Herren verbunden war. Einer dieser Vorteile war beispielsweise jener: 1529 gab es zwischen den beiden Säulen der Piazza ein paar Fleischerstände, und zwischen der einen Säule und der anderen standen mehrere Holzbuden, in denen die Leute bequem ihr natürliches Geschäft verrichten konnten, was sowohl für die Würde des Palastes als auch für den öffentlichen Platz ein widerlicher und schändlicher Umstand war, wie auch für die Fremden, die von San Giorgio nach Venedig kommend gleich bei ihrer Ankunft einen solchen Schandfleck sahen. Nachdem Jacopo dem Fürsten Gritti die Ehrbarkeit und Nützlichkeit seines Vorhabens unterbreitet hatte, ließ er besagte Stände und Buden abreißen, und indem er die Stände dorthin verlegte, wo sie sich heute befinden, und einige Standplätze für Gewürzhändler einrichtete, verschaffte er den Prokuratoren Einnahmen in Höhe von siebenhundert Dukaten und verschönerte im gleichen Atemzug selbigen Platz und die Stadt. Wenig später erkannte er, daß man in den Mercerie auf dem Weg nach Rialto in der Nähe der Uhr durch den Abriß eines Hauses, das sechsundzwanzig Dukaten Miete einbrachte, eine Straße zur Spadaria bauen könnte, wodurch sich die Mieten der anliegenden Häuser und Geschäfte erhöhen würden. Nachdem man besagtes Haus abgerissen hatte, stiegen ihre jährlichen Einnahmen um hundertfünfzig Dukaten. Darüber hinaus wurde an jenem Ort die Osteria del Pellegrino eröffnet und ebenso eine am Campo Rusolo, was ihnen weitere vierhundert Dukaten einbrachte. Ähnlichen Nutzen verschaffte er ihnen durch die Bauten am Fischmarkt und zu verschiedenen anderen Anlässen in unterschiedlichen Zeiten, in der Mehrheit durch Häuser, Geschäfte und andere Besitztümer jener Herren, so daß jene Prokuratoren dank seiner Verdienste mehr als zweitausend Dukaten eingenommen haben und ihn verdientermaßen lieben und wertschätzen konnten.

## Appendix 3

Er baute den Palast von Messer Luigi de' Garzoni, der auf jeder Seite dreizehn Schritt breiter ist als der Fondaco dei Tedeschi. Er ist so komfortabel, daß es im gesamten Palast fließendes Wasser gibt, und er wird von vier wunderschönen Figuren Sansovinos geschmückt. Besagter Palast befindet sich im Umland [von Venedig] in Pontecasale.

## Appendix 4

Außerdem ist von ihm in den Lagunen die Kirche Santo Spirito zu sehen, ein sehr elegantes und einladendes Bauwerk, und in Venedig die Fassade von San Geminiano, die der Piazza Pracht verleiht, sowie die Fassade von San Zulian in den Mercerie und das reichverzierte Grabmal des Fürsten Francesco Venier in San Salvador. Außerdem schuf er bei Rialto die Fabbriche Nuove delle Volte am Canale Grande, die er so entwarf, daß die Leute vom Festland und andere, die in diese Stadt kommen, dort nahezu täglich auf sehr bequeme Weise einen Markt abhalten. Sehr bewundernswert und neuartig war, was er bei der Misericordia für die Tiepolo schuf, die an einem Kanal einen großen Palast mit zahlreichen königlichen Räumen besaßen. Und da im vorgenannten Wasser alles schlecht fundamentiert war, konnte man annehmen, daß das Gebäude in wenigen Jahren einstürzen würde, weshalb Sansovino die im Kanal stehenden Fundamente unterhalb des Palasts mit äußerst massiven Steinen, die das Haus durch eine wunderbare Stützkonstruktion tragen, erneuerte, während die Hausherren dort in aller Sicherheit wohnten.

## Appendix 5

Im Besitz seines Sohnes kann man außerdem drei seiner schönsten Stuckfiguren sehen: Eine stellt Laokoon dar, die andere eine stehende Venus und die dritte eine von zahlreichen kleinen Putti umringte Madonna. Diese Figuren sind so außerordentlich, daß man in Venedig nichts Vergleichbares zu sehen bekommt. Der Besagte besitzt zudem sechzig gezeichnete Pläne von Tempeln und Kirchen, die jener [Sansovino] auf eine so vortreffliche Weise erdachte, daß man von der Antike bis heute weder besser konzipierte noch schönere gesehen hat. Ich habe gehört, daß sein Sohn sie zum Nutzen der Allgemeinheit veröffentlichen will (und er hat bereits einige Blätter davon stechen lassen), zusammen mit Zeichnungen zahlreicher berühmter

Werke, mit denen man ihn an verschiedenen Orten Italiens beauftragte.

Obwohl er, wie bereits gesagt, sowohl in der Stadt wie auch außerhalb immer mit vielerlei öffentlichen und privaten Verwaltungsaufgaben beschäftigt war (denn auch Fremde kamen zu ihm, entweder um ihn um Modelle und Zeichnungen für Gebäude oder Figuren zu bitten oder um Rat einzuholen, wie dies der Herzog von Ferrara tat, der die Kolossalstatue in Gestalt eines Herkules besaß, und der Herzog von Mantua und jener von Urbino), stand er jedem einzelnen der Herren Prokuratoren stets für besondere und außerordentliche Dienste zur Verfügung, und diese konsultierten ihn sowohl in Venedig wie auch anderswo. Und da sie nichts ohne seine Hilfe oder seinen Rat unternahmen, bemühten sie ihn ständig, nicht nur in eigenen Belangen, sondern auch in jenen ihrer Freunde und Verwandten, ohne irgendeine Vergütung. Er aber ertrug jegliche Entbehrung und Anstrengung, um sie zufriedenzustellen. Doch vor allem wurde er von Fürst Gritti, dessen wunderschöner Geist bestach, sehr geliebt und über alle Maßen geschätzt, wie auch von Messer Vettor Grimani, dem Bruder des Kardinals, und von dem Ritter Messer Giovanni da Legge, allesamt Prokuratoren, sowie von Messer Marco Antonio Giustinian, der in Rom seine Bekanntschaft gemacht hatte. Da diese bedeutenden Männer von großem Geist, wahrhaft königlichem Gemüt und bewandert in den edlen und ausgezeichneten Künsten bald erkannten, wie wertvoll er war und wie sehr er in Ehren gehalten und geschätzt werden sollte, schlugen sie in angemessener Weise daraus ihren Nutzen. Sie sagten (und darin stimmten sie mit der ganzen Stadt überein), daß die Prokuratoren nie zuvor jemanden seinesgleichen gehabt hätten und auch in Zukunft niemals mehr haben würden, denn sie wußten sehr wohl, wie bekannt und berühmt sein Name in Florenz, Rom und ganz Italien bei den Menschen und Fürsten von Geist war, und jedermann war davon überzeugt, daß nicht nur er selbst, sondern auch seine Nachkommen und Abkömmlinge es verdienten, auf ewig Nutzen aus seinem einzigartigen Talent zu ziehen.

Jacopo war, was seinen Körper anbelangte, von gewöhnlicher Statur, durchaus nicht dick und von aufrechtem Gang. Er hatte einen hellen Teint und roten Bartwuchs, und in seiner Jugend war er sehr schön und anmutig, weshalb verschiedene Frauen von Rang ihn sehr geliebt hatten. Im Alter gab er mit seinem schönen weißen Bart eine verehrenswürdige Erscheinung ab und ging wie ein junger Mann umher. Auf diese Weise erreichte er äußerst rüstig und gesund das Alter von 93 Jahren und konnte ohne Brillengläser jede kleinste Sache sehen, so weit sie auch entfernt sein mochte. Wenn er schrieb, hielt er das Haupt erhoben, ohne sich in irgendeiner Weise aufzustützen, wie es andere taten. Es gefiel ihm, sich würdevoll zu kleiden, und er war stets von gepflegtester Erscheinung. Die Frauen gefielen ihm bis zuletzt und er sprach äußerst gerne von ihnen. In seiner Jugend war er aufgrund seines unruhigen Lebens nicht sonderlich gesund, doch als er alt geworden war, wurde er von keinerlei Leiden geplagt. Während einer Zeitspanne von fünfzig Jahren wollte er keinen Arzt konsultieren, obwohl er sich manchmal unpäßlich fühlte. Im Gegenteil, als er im Alter von vierundachtzig Jahren zum vierten Mal einen Schlaganfall erlitten hatte, erholte er sich dadurch, daß er lediglich zwei Monate in einem äußerst dunklen und warmen Raum das Bett hütete, wobei er jegliche Medizin verachtete. Er hatte einen derart guten Magen, daß er auf nichts achten mußte und keinerlei Unterschied zwischen einer guten und einer schädlichen Speise machte. Im Sommer ernährte er sich fast ausschließlich von Früchten, und in seinen letzten Lebensjahren aß er oft bis zu drei Gurken und eine halbe Zitronatzitrone auf einmal.

Was seine Charaktereigenschaften betrifft, so besaß er große Weisheit und die Fähigkeit, aus den Ereignissen das zukünftige Geschehen abzuleiten, indem er es gegen das Vergangene abwog. Eifrig in der Erfüllung seiner Aufgaben, scheute er keinerlei Anstrengung und ließ die Geschäfte niemals ruhen, um dem Vergnügen nachzugehen. Er unterhielt sich gut und wortgewandt über jedwede Sache, die er verstand, wovon er mit großer Anmut zahlreiche Beispiele lieferte. Dafür wurde er von groß und klein wie auch von den Freunden sehr geschätzt. Und in seinen letzten Lebensjahren hatte er das Gedächtnis eines jungen Menschen und erinnerte sich in allen Details an seine Kindheit, an die Plünderung Roms und an viele andere glückliche und widrige Dinge, die ihm im Laufe seines Lebens widerfahren waren. Er war kühn, und von Jugend an hatte er Gefallen daran, mit jenen, die ihm überlegen waren, in Wettstreit zu treten, denn er pflegte zu sagen, wenn man mit den Großen wetteifere, komme man voran, gäbe man sich hingegen mit den Kleinen ab, gereiche es einem zum Nachteil. Er schätzte die Ehre über alles in der Welt, weshalb er in seinen Amtsgeschäften ein äußerst aufrichtiger Mann von so verbindlichem Wort und integrem Charakter war, daß er sich durch keine auch noch so große Sache jemals hätte bestechen lassen, gleichwohl ihn seine Herren mehrmals auf die Probe stellten, die ihn nicht nur aus diesem Grund, sondern auch dank anderer Qualitäten mehr als Vater und Bruder denn als ihren *protomaestro* und Minister ansahen und ihn aufgrund seiner keineswegs geheuchelten, sondern echten Gutherzigkeit verehrten. Er war großzügig gegenüber jedermann und verhielt sich im Umgang mit seinen Verwandten derart liebenswürdig, daß er einige Entbehrungen auf sich nahm, um ihnen zu helfen. Dennoch führte er wie einer, der von jedermann geachtet wird, ein Leben in Ehre und Ansehen. Manchmal ließ er sich vom Jähzorn überwältigen, der in ihm sehr mächtig war, aber schnell wieder verrauchte, und oft trieben ihm ein paar schlichte Worte Tränen in die Augen. Er liebte die Kunst der Bildhauerei über alle Maßen, ja er liebte sie so sehr, daß er, damit sie sich in mehreren Gegenden verbreiten würde, viele Schüler großzog und damit gewissermaßen eine Brutstätte jener Kunst in Italien schuf.

## Appendix 6

Er wurde von den Fürsten sehr geschätzt, so von Alessandro de' Medici, dem florentinischen Herzog, der seinen Rat für den Bau der Zitadelle in Florenz einholte. Und Herzog Cosimo ersuchte ihn 1540, als Sansovino aufgrund persönlicher Geschäfte in seine Heimat zurückgekehrt war, nicht nur um seinen Rat für besagte Festung, sondern er bemühte sich auch, ihn in seine Dienste zu stellen, indem er ihm einen großen Lohn anbot. Und bei seiner Rückreise von Florenz hielt ihn Herzog Ercole von Ferrara bei sich von der Weiterreise ab, indem er ihm verschiedene Angebote unterbreitete und alles unternahm, damit er in Ferrara bliebe. Doch da er sich an Venedig gewöhnt hatte und sich in jener Stadt, in der er die meiste Zeit seines Lebens gewohnt hatte, wohlfühlte und insbesondere die Prokuratoren liebte, von denen er so geehrt wurde, ging er auf keines ein. Ebenso ließ ihn Papst Paul III. rufen, der ihm anstelle von Antonio da Sangallo die Bauaufsicht über Sankt Peter übertragen wollte. In dieser Sache setzte sich vor allem Monsignore della Casa ein, der damals Legat in Venedig war. Doch war alles vergebens, weil er die Meinung vertrat, daß man das Leben in einer Republik nicht eintauschen solle gegen eines unter einem absoluten Herrscher. Auf der Reise nach Deutschland hofierte ihn König Philip von Spanien äußerst zuvorkommend in Peschiera, wo jener ihn aufsuchte. Er war sehr auf die himmlische Seligkeit bedacht, und daher überließ er, nicht ohne erheblichen Schaden für seine Nachkommen, sein Eigentum anderen, damit man sich seiner erinnern würde. Obwohl Jacopo an Michelangelo nicht heranreichte, sagen Kenner, daß er ihm doch in einigen Dingen überlegen war: Im Meißeln von Stoffen, Putti und weiblichen Gesichtern war ihm niemand ebenbürtig, denn seine Stoffe waren hauchdünn und gut in Marmor ausgeführt, mit schönen Falten und Lagen, so daß die Gewandung und der Körper zur Geltung kamen. Seine Putti schuf er weich, zart und ohne jene Muskeln, wie sie Erwachsene haben, mit fleischigen Ärmchen und Beinen, so daß sie sich in nichts von Lebendigen unterschieden. Der Ausdruck seiner Frauen war zart und lieblich und so anmutig wie sonst nichts, was man deutlich an mehreren Madonnen sehen kann, die er an verschiedenen Orten in Marmor und in Flachrelief geschaffen hat, sowie an seinen Venusstatuen und anderen Figuren. Als nun dieser in der Bildhauerei berühmte und in der Architektur einzigartige Mann, der in der Gnade der Menschen und jener Gottes gelebt hatte – welcher ihm, wie man sagte, das Talent verlieh, das ihn erstrahlen ließ –, das Alter von 93 Jahren erreichte, fühlte er sich körperlich ein wenig erschöpft und legte sich ins Bett, um sich auszuruhen. In dieser Verfassung (in der er sich wie ein Gesunder noch immer darum bemühte, sich zu waschen und zu kleiden) verlor er ohne irgendein Leiden im Laufe von anderthalb Monaten allmählich seine Kräfte und verlangte nach den Sakramenten der Kirche. Nachdem er sie erhalten hatte und noch immer hoffte, einige weitere Jahre zu leben, starb er am 2[7]. November 1570. Und obwohl er mit seinem Alter die von der Natur vorgesehene Zeit erfüllt hatte, trauerte ganz Venedig. Er hinterließ seinen im Jahr 1521 in Rom geborenen Sohn Francesco, einen Gelehrten des Rechts und der humanistischen Wissenschaften, der ihm drei Enkel schenkte: einen Jungen, der nach dem Großvater Jacopo heißt, und zwei Mädchen, von denen das eine Fiorenza genannt wurde und zu seinem außerordentlichen Kummer und Schmerz starb und das andere Aurora heißt. Sein Leichnam wurde unter großer Ehrerbietung nach San Geminiano in seine Kapelle gebracht, wo ihm sein Sohn eine Marmorstatue errichtete, die er noch zu Lebzeiten geschaffen hatte und an welcher zur Erinnerung an solch großes Talent folgendes Epitaph angebracht wurde:

DEM FLORENTINER JACOPO SANSOVINO, DER VON DEN PÄPSTEN JULIUS II., LEO X. UND CLEMENS VII. IN HÖCHSTEM MASS GESCHÄTZT WURDE UND DER ALS ERSTER IN VENEDIG DEN ZUGRUNDE GEGANGENEN GLANZ DER ARCHITEKTUR UND SKULPTUR ZU NEUEM LEBEN ERWECKT HAT. ER STARB ALS EIN VOM SENAT FÜR SEIN HERAUSRAGENDES TALENT DURCH HÖCHSTE STAATSTRAUER GROSSZÜGIG GEEHRTER.
DER SOHN FRANCESCO STELLTE DIESES GRABMAL AUF.
ER LEBTE 93 JAHRE UND STARB AM 27. NOVEMBER 1570.

Außerdem hielt die florentinische Nation in der Frari[-Kirche] mit einem eindrucksvollen Festapparat eine öffentliche Bestattungsfeier ab. Die Predigt wurde von Messer Camillo Buonpigli gehalten, einem hervorragenden Mann.

ENDE

* Ein Exemplar dieser in kleiner Auflage gedruckten Neuedition befindet sich in der Florentiner Biblioteca Nazionale Centrale. Die Ausgabe ist nicht datiert, auch fehlen die Angaben zum Ort ihrer Veröffentlichung und zum Verleger. Als *terminus post quem* ihrer Publikation gilt das Todesdatum Jacopo Sansovinos, der 27. November 1570 (laut Grabinschrift).

# Einleitung zum Leben des Michele Sanmicheli

Die Lebensbeschreibung des Veroneser Architekten Michele Sanmicheli in der 1568 erschienenen Ausgabe der *Vite* markiert einen Wendepunkt in Vasaris Beurteilung des Veneto und seiner Künstler. Seine nunmehr überwiegend positive Bewertung dieser Kunstregion ist unter anderem auf seinen zweiten Venedigbesuch im Jahre 1566 zurückzuführen. Während seines kurzen Aufenthaltes in der Stadt knüpfte Vasari Kontakte zu bedeutenden Persönlichkeiten, wie beispielsweise Fra Marco de' Medici, und schloß Freundschaften mit Künstlern – darunter auch Sanmicheli –, die ihn mit entsprechenden Informationen versorgten. Waren die Vertreter der norditalienischen Regionen in der 1550er Ausgabe der *Vite* im Vergleich zu ihren Florentiner Kollegen nur marginal vertreten, gestand Vasari ihnen in der zweiten Ausgabe wesentlich mehr Raum zu.

Bei einer genaueren Betrachtung der Vita Sanmichelis wird deutlich, daß der Künstlerbiograph hier stärker als in anderen Lebensbeschreibungen norditalienischer Künstler darum bemüht war, die teils netzwerkartige Beziehung der einzelnen Künstler untereinander darzustellen. Inhaltlich und strukturell weist die Lebensbeschreibung Sanmichelis einige Parallelen mit der Vita von Fra' Giocondo, Liberale und anderer Veroneser Meister auf, in der Vasari auf die Entwicklung der norditalienischen Architektur eingeht und ihre herausragendsten Vertreter nennt. Zu diesen zählt er Falconetto, der als erster die ›wahre‹ Baukunst nach Verona, Venedig und Umgebung gebracht habe, gefolgt von Fra' Giocondo, der die Neuerungen Falconettos weiterentwickelt habe, und schließlich Sanmicheli, durch den diese Architektur zur Vollendung gelangt sei. Allerdings wird noch im selben Absatz deutlich, daß die durch Sanmicheli perfektionierte Architektur erst durch den Florentiner Architekten und Bildhauer Jacopo Sansovino gekrönt worden sei, indem dieser den Bauten durch die Skulpturen den »ihnen gebührenden Schmuck« verliehen habe.

Vermutlich bediente sich der Aretiner bei allen Viten, in denen die Kunst und Künstler Norditaliens behandelt werden, derselben Informanten, allen voran des schon genannten dominikanischen Theologen Fra Marco de' Medici aus Verona, der eine freundschaftliche Beziehung zu Sanmicheli unterhielt und dessen Name in der vorliegenden Lebensbeschreibung genannt wird. Damit erklärt sich auch die bis in Details korrekte Schilderung des Werdegangs Sanmichelis.

Vasari gliedert die Vita des Veroneser Architekten nach Bauaufgaben, die er nicht vermischt, sondern nacheinander abhandelt: So beginnt er zunächst mit der Militärarchitektur, um dann auf die zivilen Bauten zu sprechen zu kommen, die er wiederum in sakrale und profane unterteilt. Vor allem die ausführliche und gleich an den Anfang gestellte Beschreibung der Festungsbauten wirkt – auch aufgrund der dabei zur Sprache kommenden ästhetischen Kriterien – aus heutiger Sicht etwas befremdlich, so daß sich generell die Frage stellt, wie das Verhältnis zwischen Architektur und Technik in der Rangordnung der Künste zur Zeit Vasaris zu bewerten ist. Für alle Theoretiker der Frühen Neuzeit war Vitruvs Schrift *De architectura* zweifelsohne ein unumgänglicher Bezugspunkt ihrer eigenen Abhandlungen. Für Vitruv gab es keine kategorischen Abstufungen beim Bauen: Sämtliche damit im Zusammenhang stehende Bereiche werden in seinem Werk ohne erkennbaren Rangunterschied unter dem Begriff Architektur subsumiert. Entscheidende Bedeutung haben jedoch die im ersten Buch geprägten ästhetischen Begriffe, insbesondere *eurhythmia* und *symmetria*, die Vitruv zufolge für alle Sparten des Bauens gelten sollten. Darauf rekurrierend stellte Alberti in seinem Traktat *De re aedificatoria* zwar differenziertere Regeln für die verschiedenen Bauaufgaben an, ordnete Ingenieurskunst und Wehrbau jedoch nicht den ›niederen‹ Bauzwecken zu, wie man dies angesichts ihrer geringen Beachtung heutzutage vielleicht erwarten würde. Vielmehr bemerkte er, daß die Erscheinung einer Festungsanlage mit ihrer Funktion harmonieren sollte, demnach also Ästhetik und architektonische Repräsentation auch auf den Festungsbau zu beziehen waren. Diesen bereits in der Antike postulierten architektonischen Grundsätzen folgen auch die befestigten Städte und Bastionen von Michele Sanmicheli, auch wenn sie bisweilen durch spätere Eingriffe ihrer ursprünglichen Form beraubt wurden. Politische und technologische Veränderungen des 15. und 16. Jahrhunderts hatten einen schlagartigen Wandel des damaligen Kriegswesens und der Reflexion über diese Thematik zur Folge. Experten auf diesem Gebiet waren unter anderem Leonardo da Vinci, Francesco di Giorgio Martini und Michele Sanmicheli. Diese Architekten verfügten über ein derartig hohes Renommee bei ihren Auftraggebern, daß auch Vasari selbst begann, sich mit dem Festungsbau zu beschäftigen. In seiner Autobiographie beschreibt er seine Bestrebungen, die Kunst des Wehrbaus zu erlernen, um so die Aufmerksamkeit des Herzogs Alessandro de' Medici (* 1510 Florenz – † 1537 ebenda) zu gewinnen, da dieser dem Festungsbau reges Interesse entgegenbrachte (Vasari, *Mein Leben*, S. 23). Im Sinne Vitruvs wird dabei anscheinend noch keine Differenzierung in der Bewertung von sakraler, säkularer und militärischer Architektur getroffen, wie es dann ab der zweiten Hälfte des 16. Jahrhunderts zunehmend üblich wurde. Wie auch die ausführlichen Beschreibungen in der Vita Sanmichelis offenbaren, brachte die *architettura militare* zu Vasaris Zeiten eben noch keine rein funktionalen Bauten hervor, deren Form allein von strategischen Überlegungen bestimmt wurde. Im Gegenteil: Die ästhetische Wirkung der Bauwerke spielte für die Architekten und Theoretiker eine bedeutende Rolle, da es darum ging, sowohl Sicherheit für die Bürger und Stärke gegenüber eventuellen Angreifern zu demonstrieren als auch die Offenheit der Städte und das Streben nach Frieden darzustellen.

Neben den ausführlichen Beschreibungen der Werke Sanmichelis und ihrer kunsttheoretischen Bedeutung zeugt die vorliegende Biographie wie so oft von Vasaris Neigung zum anekdotenhaften Erzählstil. Immer wieder verweist er auf den liebevollen und großzügigen Charakter des Künstlers, auf dessen Freundschaft er offensichtlich großen Wert legte. So berichtet er unter anderem, daß Sanmicheli aus Dank für eine von Vasari erhaltene Zeichnung mit der symbolträchtigen Darstellung des Heiligen Michael, der Luzifer und sein Gefolge in den Abgrund stößt, Geschenke an die Mutter Vasaris in Arezzo sandte, die einem Edelmann würdig gewesen sein sollen. Dieser kleine Einschub – mag er frei erfunden sein oder nicht – dient Vasari einerseits dazu, die enge gegenseitige Verbundenheit seiner Familie mit dem Protagonisten der Vita aufzuzeigen, er gibt andererseits aber auch die Gelegenheit, seine eigene Kunst indirekt zu rühmen, indem er vorgibt, daß seine Leistungen nur mit entsprechend wertvollen Dingen aufzuwiegen seien.

Die bereits erwähnte Nähe der Vita Sanmichelis zu jener von Fra' Giocondo, Liberale und anderen Veronesern wird gegen Ende der Lebensbeschreibung noch einmal evident. Dort behandelt Vasari Veroneser Künstler, die mit dem Architekten zusammengearbeitet haben – der wohl bekannteste unter ihnen ist Paolo Veronese. In seiner Werkbeschreibung fällt auf, daß bestimmte ästhetische und in Vasaris kunsttheoretischem Konzept zentral verankerte Termini immer wieder genannt werden. Dazu zählen einerseits Kriterien wie das Format des Bildes und die Anzahl der dargestellten Personen, beides Aspekte, die bei Vasari eng mit seiner Vorstellung von der *maniera grande* zusammenhängen, und andererseits die schon bekannten und signifikanten Begriffe *disegno* und *invenzione*. Erstaunlicherweise verliert Vasari in diesem Zusammenhang kein Wort über die Farbigkeit der Bilder, die im Rahmen der *disegno-colore*-Debatte für gewöhnlich als eines der auffälligsten Merkmale der venezianischen Kunst hervorgehoben wurde, an dieser Stelle jedoch nicht als entscheidendes Argument ins Feld geführt wird.

Die Vita Sanmichelis gehört zu jenen exemplarischen Lebensbeschreibungen, die nicht nur kunsthistorisch von großem Interesse, sondern auch kulturhistorisch und geschichtlich von herausragender Bedeutung sind. Vasari schlägt in ihr einen fast heiter anmutenden Ton an, den er auch dann beibehält, wenn er von der Gattung der Architektur zu jener der Malerei wechselt.

*JW*

*Cappella Petrucci. Orvieto, San Domenico*

# Giorgio Vasari

## Das Leben des Architekten Michele Sanmicheli aus Verona

*Vita di Michele San Michele Architettore Veronese (1568)*

Michele Sanmicheli[1] wurde 1484 in Verona geboren und erlernte von seinem Vater Giovanni und seinem Onkel Bartolomeo, beides vortreffliche Architekten,[2] die Grundlagen der Architektur. Mit sechzehn Jahren ging er nach Rom und verließ seinen Vater[3] und seine beiden Brüder von schönem Geist: Einer von ihnen namens Giacomo widmete sich den humanistischen Studien,[4] der andere mit Namen Don Camillo war Regularkanoniker und Vorsteher jenes Ordens.[5] Nach seiner Ankunft in Rom studierte Michele die antiken Bauwerke, vermaß und betrachtete alles so sorgfältig und aufs genaueste, daß er nach kurzer Zeit nicht nur in Rom, sondern auch in allen umliegenden Orten bekannt und berühmt wurde. Dieser Ruhm bewirkte, daß die Einwohner von Orvieto ihn mit ansehnlichem Gehalt als Architekten für ihre überaus berühmte Kirche kommen ließen,[6] und während er in ihren Diensten stand, berief man ihn aus demselben Grund nach Montefiascone, das heißt zum Bau des Doms an jenem Ort.[7] Indem er auf diese Weise dem einen wie dem anderen Ort dienlich war, schuf er in beiden Städten das, was man dort an guter Architektur zu sehen bekommt. Auch wurde unter anderem nach seinem Entwurf in San Domenico in Orvieto ein wunderschönes Grabmal für einen Sieneser Edelmann – aus der Familie Petrucci[8] glaube ich – errichtet, das eine große Summe Geldes verschlang und wunderbar geriet [siehe links].[9] Darüber hinaus fertigte er an besagten Orten zahllose Entwürfe für Privathäuser[10] an und machte sich einen Namen als Mann von großer Urteilskraft und Vortrefflichkeit. Als seinerzeit Papst Clemens VII.[11] bei den wichtigsten Angelegenheiten des überall in Italien wütenden Krieges seine Dienste in Anspruch nehmen wollte, stellte er ihn mit bestem Gehalt Antonio da Sangallo[12] als Partner zur Seite, damit sie zusammen alle Orte des Kirchenstaates von größerer Bedeutung inspizieren und dort, wo es notwendig wäre, deren Befestigung veranlassen würden. Dies galt besonders für Parma und Piacenza, da diese beiden Städte von Rom am weitesten entfernt, den Gefahren des Krieges am nähesten und diesen am ehesten ausgesetzt waren.[13] Als Michele und Antonio diese Aufgabe zur großen Zufriedenheit des Papstes erfüllt hatten, reifte in Michele der Wunsch, nach vielen Jahren [der Abwesenheit] seine Heimatstadt, die Eltern und die Freunde wiederzusehen, doch weitaus mehr die Festungsanlagen der Venezianer.

Nach einem mehrtägigen Aufenthalt in Verona ging er nach Treviso, um die dort vorhandene Festung in Augenschein zu nehmen, und von da aus zum selben Zweck nach Padua, woraufhin er bei den Herren von Venedig, die darüber unterrichtet wurden, in Verdacht geriet, jene Verteidigungsanlagen in feindlicher Absicht zu inspizieren. So kam es, daß er auf ihr Geheiß in Padua gefangengenommen, ins Gefängnis geworfen und lange Zeit verhört wurde.[14] Als er sich aber als rechtschaffener Mensch erwies, ließ man ihn nicht nur frei, sondern selbige Herren von Venedig baten ihn auch darum, mit ehrenvollem Gehalt und Rang in ihren Dienst zu treten. Er entschuldigte sich jedoch damit, dies zur Zeit nicht tun zu können, da er Seiner Heiligkeit verpflichtet sei, und verabschiedete sich von ihnen mit aussichtsreichen Versprechungen. Es währte jedoch nicht lange (denn besagte Herren setzten sich dafür ein, ihn zu gewinnen), bis er sich genötigt sah, Rom zu verlassen und sich mit dem wohlmeinenden Einverständnis des Papstes, den er zuvor in allem Genüge getan hatte, in den Dienst besagter ehrwürdiger Herren, seinen eigentlichen Gebietern, zu treten. Nachdem er sich unweit von ihnen niedergelassen hatte, gab er sehr bald den Beweis seiner Urteilskraft und Kennerschaft, indem er in Verona nach vielen Schwierigkeiten, die diesem Werk zu eigen schienen, eine wunderschöne und höchst wehrhafte Befestigungsanlage errichtete, an der jene Herren und der Herzog von Urbino[15], ihr oberster Feldherr, unendlichen Gefallen fanden.[16] Daraufhin beschlossen sie, Legnago und Porto zu befestigen, zwei Ortschaften ihres Herrschaftsgebietes von größter Bedeutung und an der Etsch gelegen, das heißt erstere auf der einen und zweitere auf der anderen Seite des Flusses, beide jedoch durch eine Brücke miteinander verbunden.[17] Sie beauftragten Sanmicheli, ihnen mit Hilfe eines Modells zu zeigen, wie man seiner Ansicht nach besagte Orte befestigen könne und müsse, und nachdem er dies getan hatte, fanden jene Herren und der Herzog von Urbino unendlichen Gefallen an seinem Entwurf. Während Sanmicheli alles, was zu tun nötig war, veranlaßte, legte er die Verteidigungsanlagen beider Orte in einer Weise an, daß man bei einem Werk wie diesem weder etwas Besseres noch Schöneres, gründlicher Durchdachtes oder Mächtigeres zu Gesicht bekommt, wie jeder wohl weiß, der es gesehen hat.[18] Dies getan, befestigte er das bei Brescia liegende Orzinuovi, ein Kastell und Hafen ähnlich wie Legnago, gewissermaßen von den Grundmauern an.[19]

Als Herr Francesco Sforza,[20] der letzte Herzog von Mailand, dann sehr eindringlich nach Sanmicheli verlangte, erteilten ihm jene Herren gerne die Erlaubnis und ließen ihn, allerdings nur für drei Monate, gehen.[21] Er begab sich daraufhin nach Mailand, inspizierte alle Festungen jenes Staates und ordnete überall an, was seiner Ansicht nach zu tun sei.[22] Dies tat er zum großen Lob seiner selbst und zur Zufriedenheit des Herzogs, so daß jener Herr nicht nur den Herren von Venedig dafür dankte, sondern ihm auch fünfhundert Scudi schenkte. Vor seiner Rückkehr nach Venedig nahm Sanmicheli die Gelegenheit wahr, nach Casale di Monferrato zu gehen, um jene schöne und überaus mächtige Stadt und Festung in Augenschein zu nehmen, die von seinem Cousin Matteo Sanmicheli[23], einem vortrefflichen Architekten, angelegt worden war,[24] wie auch ein berühmtes und wunderschönes Marmorgrabmal in San Francesco in jener Stadt, das ebenfalls nach Anordnung Matteos entstand.[25] Wieder zu Hause und noch nicht lange dort angekommen, wurde er von besag-

*Giangirolamo Sanmicheli: Festung San Niccolò. Šibenik*

tem Herzog von Urbino zur Inspizierung von Chiusa entsandt, einer Festung und einem sehr bedeutenden Paß oberhalb von Verona[26], und danach in sämtliche Ortschaften des Friaul, nach Bergamo, Vicenza, Peschiera und andernorts. Über sie und über das, was ihm notwendig erschien, gab er seinen Herren in einem Schreiben minuziös Auskunft.

Als er dann von denselben nach Dalmatien[27] geschickt wurde, um die Städte und die Orte jener Provinz zu befestigen, sah er sich alles an und setzte mit großer Sorgfalt das, was ihm am Notwendigsten erschien, instand.[28] Und da er nicht alles selbst verrichten konnte, ließ er seinen Neffen Giangirolamo dort, der dann Zadar[29] aufs beste befestigt und die wunderbare Festung San Niccolò oberhalb der Hafenmündung von Šibenik von den Fundamenten an errichtet hat [siehe oben].[30] Unterdessen wurde Michele auf schnellstem Wege nach Korfu entsandt, wo er die dort bestehende Festung an vielen Stellen wieder instand setzte, und dasselbe tat er an allen Orten Zyperns und Kretas.[31] Als man jedoch bald darauf fürchtete, jene Insel durch die bevorstehenden Türkenkriege zu verlieren, und er die venezianischen Befestigungen in Italien abermals inspiziert hatte, mußte er nach Kreta zurückkehren, um mit unglaublicher Schnelligkeit Chania,[32] Kreta, Rethimnon[33] und Sitia[34] zu verstärken, doch vor allem Chania und Kreta, das er von den Grundfesten an neu errichtete und uneinnehmbar machte. Als dann Nauplion von den Türken belagert wurde,[35] konnte die Stadt dank der Sorgfalt, die Sanmicheli bei ihrer Befestigung und Verschanzung walten ließ, und aufgrund der Tüchtigkeit Agostino Clusonis[36], eines in höchstem Maße tüchtigen Veroneser Feldherrn, der sie mit den Waffen verteidigte, von den Feinden weder eingenommen noch erobert werden.[37] Nach Beendigung dieser Kriege gingen Sanmicheli und der erlauchte Messer Tommaso Mocenigo[38], der oberste Admiral, nach Korfu, um diese Stadt von neuem zu befestigen,[39] und kehrten dann nach Šibenik zurück, wo man Giangirolamos Sorgfalt beim Bau der genannten Festung San Niccolò sehr rühmte.

In Venedig, wo man Sanmicheli für die im Dienste jener Republik im Osten geschaffenen Werke großes Lob spendete, beschloß man nach seiner Rückkehr, eine Festung am Lido, das heißt an der Hafeneinfahrt von Venedig, zu erbauen. So übertrug man ihm die Aufgabe und teilte ihm mit, daß er angesichts des Umstands, fern von Venedig so vieles bewirkt zu haben, daran denken müsse, wie groß seine Verpflichtung beim Bau eines so bedeutenden Werkes sei, da es dem Senat und so vielen Herren auf ewig vor Augen stehen müsse. Außer Schönheit und Stärke des Baus erwartete man darüber hinaus von ihm die außergewöhnliche Geschicklichkeit, ein so bedeutendes monumentales Gebäude auf sumpfiger, vom Meer umspülter und zudem Ebbe und Flut ausgesetzter Stelle sicher zu fundamentieren. Nachdem Sanmicheli nicht nur ein wunderschönes und äußerst solides Modell angefertigt, sondern auch über die Methode nachgedacht hatte, es zu realisieren und die Fundamente dafür zu setzen, hieß man ihn, unverzüglich mit der Arbeit zu beginnen [siehe Seite 88 und 89].[40] Er bekam daraufhin von jenen Herren alles Notwendige zur Verfügung gestellt, und als das Material und die Füllung der Fundamente vorbereitet und außerdem zahlreiche Pfähle in doppelter Reihe eingerammt worden waren, machte er sich mit einer großen Schar von Leuten, die mit jenen Gewässern Erfahrung hatten, an die Aushebungen und daran, mit Pumpen und anderen Geräten das Wasser zurückzuhalten, das man aufgrund der Tatsache, daß die Stelle im Meer liegt, von unten immer wieder nachkommen sah.

*Festung Sant'Andrea. Venedig*

Eines Morgens, als man unter vereinten Bemühungen mit der Fundamentierung beginnen wollte und alle dafür zu gewinnenden Männer und sämtliche Lastenträger Venedigs beisammen hatte, bezwang man in Anwesenheit vieler Herren in unglaublicher Schnelligkeit und Eile für einen kurzen Moment die Wassermassen, so daß die ersten Fundamentsteine mit einem Mal auf die eingerammten Pfähle gelegt werden konnten.[41] Dank ihres enormen Umfangs nahmen jene Steine viel Raum in Anspruch und bildeten ein optimales Fundament. Und indem man so ohne zeitliche Verzögerung fortfuhr, das Wasser auszuschöpfen, setzte man entgegen der Ansicht vieler, die dies für ein völlig undurchführbares Unternehmen gehalten hatten, fast in einem Nu jene Fundamente. Nachdem sie gelegt waren und man sie sich daraufhin lange genug hatte setzen lassen, errichtete Michele auf ihnen eine gewaltige und wunderbare Festung, die außen ganz in Bossenwerk[42] aus riesigen istrischen Steinen gemauert ist, da diese extrem hart sind und Wind, Frost und schlechtem Wetter trotzen. Daher ist besagte Festung nicht nur aufgrund des Ortes, an dem sie errichtet wurde, ein Wunderwerk[43], sondern auch wegen der Schönheit des Mauerwerks

*Festung Sant'Andrea. Venedig*

und in Anbetracht des unglaublichen Kostenaufwands.[44] Darüber hinaus ist sie eines der erstaunlichsten Bauten, die man heutzutage in Europa findet, und gibt die Würde und Größe der berühmtesten Gebäude wieder, die die Römer in ihrer Großartigkeit hervorgebracht haben. Da sie unter anderem ganz aus einem Block gemacht zu sein scheint, wie ein aus *pietra viva*[45] gemeißelter Berg, und da die Felsblöcke, die ihr jene Form verleihen, so gewaltig sind, so gut aneinandergefügt und miteinander verbunden, nicht zu reden von den Verzierungen und den anderen Dingen, die es dort gibt, ist es schier unmöglich, zu Genüge darüber zu berichten. Zudem gestaltete Michele dort im Innern einen mit Pfeilern und rustizierten Bögen unterteilten Platz, der außerordentlich geworden wäre, hätte man ihn vollendet. Als dieses monumentale Bauwerk bis zum beschriebenen Punkt ausgeführt worden war, hinterbrachten einige böswillige und mißgünstige Zungen der Signoria[46], daß dieses Werk trotz seiner Schönheit und aller Überlegungen, mit denen es errichtet wurde, dennoch in allen Anforderungen nutzlos und vielleicht sogar gefährlich sein würde, da es angesichts der Menge und der Größe, die der Ort beanspruchte, beim Abfeuern der Geschütze

*Porta Nuova. Verona*

nicht zu vermeiden sei, daß alles bersten und zugrunde gehen werde. Da es jenen Herren deshalb in ihrer Weisheit angebracht schien, sich hierüber, als einer Angelegenheit von großer Bedeutung, Gewißheit zu verschaffen, ließen sie eine gigantische Menge der monströsesten Geschütze, die sich im Arsenal befanden, in die Festung bringen, alle Schießscharten unten und oben damit ausfüllen, die Geschütze auch mehr als gewöhnlich laden und sie dann alle gleichzeitig abfeuern.[47] Der Lärm, der Donner und das zu spürende Erdbeben waren dabei so groß, daß die Welt einzustürzen schien und die von vielen Flammen durchzogene Festung einem Ätna und einem Höllenpfuhl glich. Ungeachtet dessen blieb das Gebäude mit der ihm eigenen Festigkeit und Haltbarkeit stehen, so daß der Senat den großen Wert Sanmichelis äußerst klar erkannte, und die Böswilligen, die kein Urteilsvermögen besaßen und jedermann in solche Angst versetzt hatten, daß schwangere Edelfrauen aus Furcht vor einem großen Unglück Venedig verlassen hatten, beschämt waren. Kurz darauf, als Marano, eine Ortschaft von nicht geringer Bedeutung und unweit von Venedig am Meer gelegen, wieder

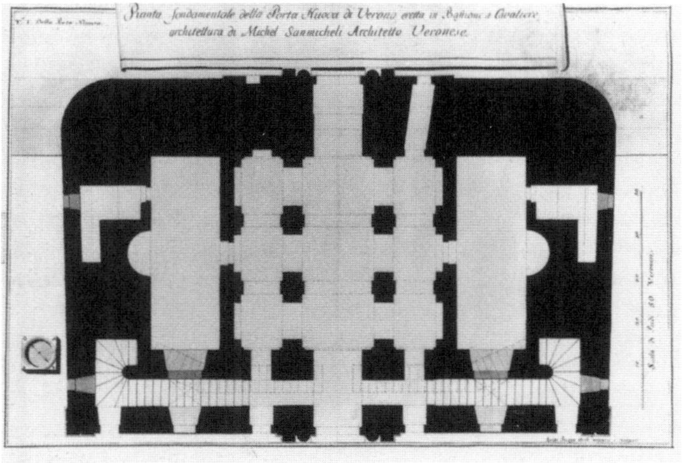


*Porta Nuova, Grundriß. Verona*

unter die Herrschaft Venedigs gelangt war, wurde diese unter der Anleitung Sanmichelis schnell und sorgfältig ausgebessert und befestigt.[48] Und fast zur gleichen Zeit, als sich der Ruhm Micheles und seines Neffen Giangirolamo immer mehr verbreitete, wurde sowohl der eine als auch der andere wiederholt ersucht, in den Dienst von Kaiser Karl V.[49] und von König Franz von Frankreich[50] zu treten. Doch obwohl sie zu höchst ehrenvollen Bedingungen gerufen wurden, wollten beide ihre eigentlichen Herren nie verlassen, um in den Dienst von Fremden zu treten.[51] Vielmehr verrichteten sie weiterhin ihr Amt und kontrollierten jedes Jahr alle Städte und Festungen des Staates Venedig und setzten dort instand, was nötig war.[52]

Doch mehr als alle anderen Orte befestigte und schmückte Michele seine Heimatstadt Verona, wo er unter anderem jene wunderschönen Stadttore baute, die nirgendwo ihresgleichen haben, das heißt die Porta Nuova, ein Werk ganz in dorischer Ordnung aus Bossenwerk, das in seiner Festigkeit, Stärke und Massivität der Befestigung des Ortes entspricht [siehe links und oben]. Es ist ganz aus Tuffstein und aus *pietra viva* erbaut, verfügt

*Porta Palio. Verona*

im Innern über Räume für die Wachsoldaten und ist mit vielen weiteren Annehmlichkeiten versehen, die in ähnlicher Weise bislang nicht realisiert worden sind. Dieses Gebäude ist viereckig, oben offen, und mit seinen Schießscharten, die dem Kavalier[53] von Nutzen sind, verteidigt es zwei große Bastionen oder besser Türme, in deren Mitte sich in entsprechendem Abstand das Tor befindet.[54] Das Ganze wurde mit derart großer Urteilskraft, hohen Kosten und großer Pracht ausgeführt[55], daß niemand es für möglich gehalten hätte, in Zukunft ein Werk zu erbauen – so wie man es auch in der Vergangenheit nicht bewerkstelligt hatte –, das größer oder besser durchdacht wäre, bis derselbe Sanmicheli nur wenige Jahre darauf das im Volksmund ›Palio‹ genannte Stadttor von den Fundamenten auf errichtete, das dem schon genannten Tor in keiner Weise nachsteht, sondern ebenso schön oder von noch größerer Schönheit und Ausmaßen, wunderbarer und aufs beste durchdacht ist [siehe oben].[56] Und in der Tat sieht man, daß die Herren von Venedig durch das Talent dieses Architekten mit diesen beiden Stadttoren den Gebäuden und Bauwerken der alten Römer gleichgekommen sind. Letzteres ist außen in dorischer Ordnung erbaut, mit gewaltigen hervortretenden Säulen, die entsprechend jener Ordnung allesamt kanneliert sind. Diese Säulen, insgesamt acht an der Zahl, sind, so sage ich, paarweise angeordnet: Vier rahmen das Tor in der Mitte ein, und auf jeder Seite ist zwischen der einen und der anderen das Wappen der Statthalter angebracht. Die anderen vier bilden gleichermaßen paarweise den Abschluß an den Ecken des Stadttores, dessen Fassade überaus breit und ganz aus Bossen oder vielmehr Rustikaquadern besteht, nicht grob, sondern geglättet und mit wunderschönen Verzierungen versehen. Der Durchgang oder richtiger die Toröffnung ist viereckig, die Bauweise jedoch neuartig, bizarr und wunderschön. Darüber befindet sich ein mit entsprechendem Dekor reich versehenes dorisches Kranzgesims, über das, wie man am Modell sieht, ein ausgeschmücktes Giebelfeld kommen soll, als Brustwehr für die Artillerie, da es wie das andere Tor auch als Kavalier dienen soll.[57] Im Innern befinden sich zusammen mit anderen Annehmlichkeiten und Zimmerfluchten Räume von beachtlichem Ausmaß für die Soldaten.[58] Auf der zur Stadt gewandten Seite errichtete Sanmicheli einen wunderschönen Portikus, außen ganz in dorischer Ordnung und bossiert, innen ganz aus Rustikaquadern gebaut, mit riesigen Pfeilern, die an der Außenseite Säulen und an der Innenseite aus bossierten Stücken bestehende Halbpilaster als Verzierung haben, mit dorischen Kapitellen und ohne Basis [siehe oben]. Oben ist ein ebenfalls dorisches und gemeißeltes Kranzgesims zu sehen, das sich beidseits über den gesamten Portikus in voller Länge erstreckt. Kurzum, dieses Werk ist wunderbar, weshalb der wahrhaft erlauchte Herr Sforza Pallavicino[59], oberster Befehlshaber der venezianischen Streitkräfte, wohl die Wahrheit sprach, als er sagte, daß man in Europa kein Bauwerk

*Porta Palio, Loggia. Verona*

*Porta San Zeno. Verona*

finden könne, das mit diesem in irgendeiner Weise vergleichbar wäre. Es war Micheles letztes Wunderwerk, denn kaum hatte er diese beschriebene erste Ordnung ganz zur Ausführung gebracht, hauchte er sein Leben aus. So blieb dieses Werk unvollendet und wird auch niemals zu Ende gebracht werden, da es (wie fast immer bei großen Unternehmungen) nicht an einigen Böswilligen fehlt, die Kritik daran üben und sich bemühen, das Lob anderer durch Bosheit und üble Nachrede zu schmälern, weil sie aus eigener Kraft nicht in der Lage sind, etwas Ähnliches zu schaffen.

Sanmicheli schuf ein weiteres Stadttor in Verona, das San Zeno genannt wird. Es ist wunderschön und wäre an jedem anderen Ort sogar etwas Wunderbares, doch wird seine Schönheit und Kunstfertigkeit von den beiden oben genannten Toren in Verona überschattet [siehe oben].[60] Und gleichermaßen ist die Bastion oder besser das Bollwerk[61] in der Nähe dieses Tores ein Werk Micheles, ebenso wie jenes weiter unten, gegenüber von San Bernardino, und ein anderes, das zwischen den beiden gegenüber dem Campo Marzio steht und ›dell' Acquaio‹ genannt wird, sowie jenes, das mit seiner Größe alle anderen übertrifft und an der Bergkette liegt, wo die Etsch in die Stadt fließt.[62]

In Padua erbaute er die ›Il Cornaro‹ genannte Bastion und ebenso jene von Santa Croce, die beide von wunderbarer Größe und entsprechend der von ihm erdachten Ordnung in neuartiger Weise errichtet wurden.[63] Der Einfall, Bastionen mit Ecken anstatt wie früher in gerundeter Form zu bauen, stammt von Michele, denn dort, wo die früheren Bastionen viel schwerer zu bewachen waren, sind die heutigen an der Außenseite mit einem stumpfen Winkel versehen und können leichter verteidigt werden, entweder vom Kavalier aus, der in der Nähe zwischen zwei Bastionen errichtet ist, oder von der anderen Bastion aus, wenn sie nicht weit entfernt und ihr Graben breit ist.[64] Auf ihn geht auch die Erfindung zurück, Bastionen mit drei Waffenplätzen zu versehen, so daß von den beiden seitlichen mit den offenen Schießscharten aus der Graben und die Kurtinen[65] überwacht und verteidigt werden, und die mittlere Schanze, von der Verteidigung abgesehen, es erlaubt, den Feind frontal anzugreifen. Diese Bauweise wurde später von allen nachgeahmt und jene alte Gepflogenheit der unterirdischen Schießscharten aufgegeben, die man Kasematten[66] nennt und in denen man aufgrund von Rauch und anderen Hindernissen die Geschütze mitunter nicht bedienen konnte, ohne den Fundamenten der Türme und Mauern Schaden zuzufügen.

Selbiger schuf zwei sehr schöne Stadttore in Legnago.[67] In Peschiera überwachte er die ersten Fundamentierungsarbeiten an der dortigen Festung[68] und gleichermaßen viele Unternehmungen in Brescia.[69] Stets wurde alles von ihm mit so großer Sorgfalt und so gutem Unterbau ausgeführt, daß keines seiner Bauwerke jemals einen Riß zeigte. Zuletzt setzte er die Festung von Chiusa oberhalb von Verona instand, wobei er es Vorbeiziehenden leicht machte, zu passieren, ohne in die Festung einzutreten, doch so, daß durch das Hochziehen einer Brücke niemand gegen den Willen derjenigen, die sich darinnen befinden, hereinkommen, ja sich nicht einmal der Straße nähern kann, die

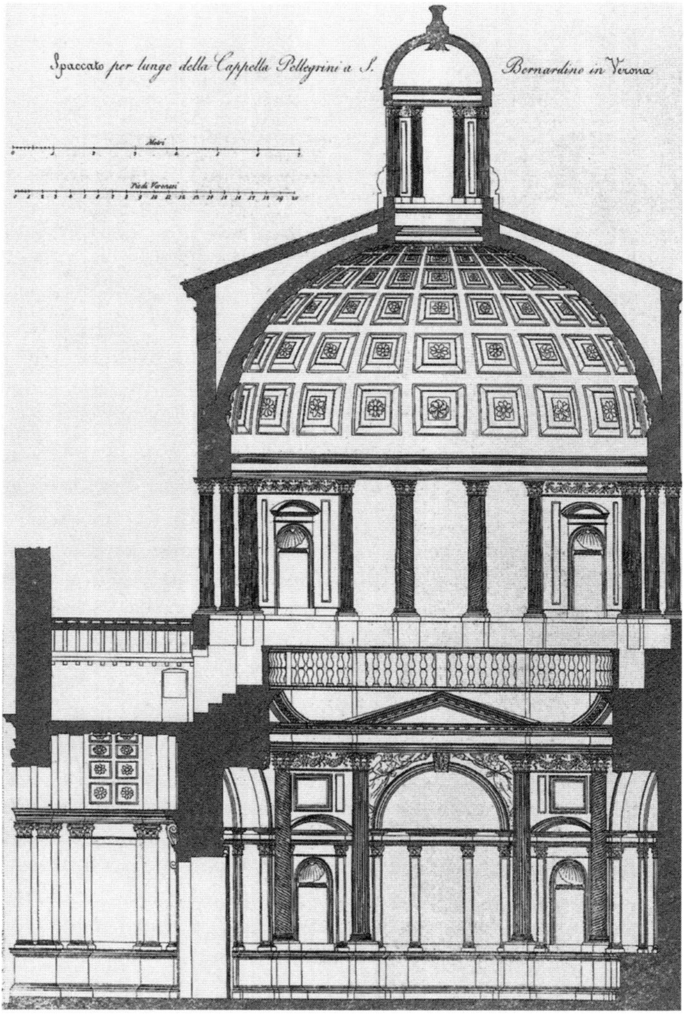


*Cappella Pellegrini (Schnitt von Ronzani & Luciolli 1823).*
*Verona, San Bernardino*

äußerst eng und in den Felsen gehauen ist.[70] Ebenso baute er gleich nach seiner Rückkehr von Rom im Auftrag von Messer Giovanni Emo[71], des damaligen Podestà, in Verona die wunderschöne Brücke über die Etsch, die Ponte Nuovo genannt wird und wegen ihrer Stärke ein wunderbares Bauwerk war und ist.[72]

Michele war nicht nur im Festungsbauwesen ein vortrefflicher Meister, sondern auch beim Bau von privaten Gebäuden, Gotteshäusern, Kirchen und Klöstern, wie man anhand zahlreicher Bauten in Verona und andernorts sehen kann, inbesondere bei der wunderschönen und reich verzierten Kapelle der Familie Guareschi[73] in San Bernardino, die nach der Art von Tempeln rund und in korinthischer Ordnung mit all jenen Ausschmükkungen errichtet ist, die jener Stil umfaßt [siehe links]. Diese Kapelle, so sage ich, ist ganz aus weißer *pietra viva* erbaut, die man aufgrund des Tons, den sie beim Bearbeiten von sich gibt, in jener Stadt ehern nennt. Und in der Tat ist dies nach dem Marmor die schönste Gesteinsart, die man bis heute entdeckt hat, da sie ganz hart und ohne schädliche Löcher oder Flecken ist. Da nun besagte Kapelle innen ganz aus diesem wunderschönen Stein besteht, von vortrefflichen Steinmetzmeistern gestaltet und aufs beste aneinandergefügt ist, meint man, daß es heutzutage kein schöneres Werk dieser Art in Italien gibt. Michele hat das Ganze auf rundem Grundriß erbaut, so daß die drei Altäre innen mit ihren Giebeln und Gesimsen sowie die Öffnung der Tür allesamt einen perfekten Kreis umschreiben, ähnlich den Durchgängen, die Filippo Brunelleschi[74] in den Kapellen der Kirche Santa Maria degli Angeli in Florenz schuf, ein Unterfangen, dessen Durchführung sehr schwierig ist. Im Innern schuf Michele dann über der ersten Säulenreihe einen die ganze Kapelle umlaufenden Balkon, der wunderschöne Säulen, Kapitelle, Blätter, Grotesken, kleine Pilaster und andere gemeißelte Arbeiten aufweist, die mit unglaublicher Sorgfalt ausgeführt sind. Den Einlaß dieser Kapelle schuf er außen rechtwinkelig, in korinthischer Ordnung, wunderschön und, wie er sagte, einem antiken Portal ähnlich, das er irgendwo in Rom gesehen hatte. Es ist wohl wahr, daß dieses Werk aus Gründen, die ich nicht kenne, von Michele unvollendet zurück-

*Madonna di Campagna. Verona*

gelassen wurde und man es entweder aus Geiz oder aus Mangel an Urteilskraft von einigen anderen fertigstellen ließ, die es verdarben.[75] Dies geschah zum allergrößten Bedauern Micheles, der zu Lebzeiten mitansehen mußte, wie es unter seinen Augen verunstaltet wurde, und der keine Möglichkeit hatte, dies abzuwenden. Er beklagte sich daher bisweilen bei Freunden darüber, doch nur insofern, als er nicht über Tausende von Dukaten verfüge, um es dem Geiz einer Dame abzukaufen, die es aus Sparsamkeit auf gemeine Weise zugrunde richtete.[76]

Von Michele stammt der Entwurf zum Rundbau der Kirche Madonna di Campagna in der Nähe von Verona, der trotz der Ärmlichkeit, Schwäche und überaus geringen Urteilskraft der Vorsteher jenes Baus, die ihn dann an vielen Stellen verunstalteten, wunderschön war [siehe oben].[77] Sie hätten ihn noch schlimmer gestaltet, wenn nicht Bernardino Brugnoli[78], ein Verwandter Micheles, sich darum gekümmert und ein vollständiges Modell davon gemacht hätte, anhand dessen der Bau dieser Kirche und vieles andere heute voranschreitet. Für die Ordensbrüder von Santa Maria in Organo oder besser die Olivetanermönche in

Verona machte er einen Entwurf für die Fassade ihrer Kirche in korinthischer Ordnung, der wunderschön war. Nachdem diese Fassade von Paolo Sanmicheli[79] ein Stück weit hochgezogen wurde, kam der Bau vor kurzem zum Erliegen, weil jene Mönche anderweitig große Ausgaben tätigten, doch vor allem aufgrund des Todes von Don Cipriano[80] aus Verona, eines frommen Mannes mit großem Einfluß in jenem Orden, dessen Vorsteher er zweimal war und der mit dem Bau begonnen hatte. In San Giorgio in Verona, einem Konvent der Regularkanoniker von San Giorgio in Alga[81], ließ selbiger auch die Kuppel jener Kirche bauen, ein wunderschönes und gelungenes Bauwerk, obwohl viele der Ansicht waren, es würde aufgrund der Schwäche der Widerlager niemals stehen bleiben. Diese wurden dann von Michele in einer Weise verstärkt, daß man nichts mehr zu befürchten hat. Im selben Kloster machte er den Entwurf und legte das Fundament für einen wunderschönen Campanile aus behauenen Steinen – teils aus *pietra viva* und teils aus Tuffgestein –, der von ihm in Teilen errichtet wurde und heute von besagtem Bernardino, seinem Neffen, weitergebaut und zum Abschluß gebracht werden wird.[82]

Als Monsignore Luigi Lippomano[83], Bischof von Verona, beschlossen hatte, den Campanile seiner Kirche vollenden zu lassen, mit dessen Bau man einhundert Jahre zuvor begonnen hatte, gab er Michele den Auftrag, einen Entwurf anzufertigen, der wunderschön ausfiel, da Michele den Erhalt des Bestehenden und die Kosten berücksichtigte, die der Bischof aufbringen konnte. Aber ein gewisser Domenico Porzio[84] aus Rom, sein Vikar und ein im Bauen wenig verständiger Mensch, doch sonst ein rechtschaffener Mann, ließ sich von einem, der noch weniger davon verstand, bedrängen und erteilte diesem den Auftrag, jenen Bau fortzuführen. Dieser mauerte ihn also mit unbearbeiteten Bruchsteinen, und indem er die Treppen in der Dicke der Mauern anbrachte, errichtete er ihn in einer Weise, daß jeder noch so mittelmäßig in der Architektur Bewanderte sich denken konnte, was dann geschah, nämlich daß jenes Gebäude in sich zusammenfiel. Unter anderen sagte der sehr ehrwürdige Fra Marco de' Medici[85] aus Verona, der abgesehen von seinen ande-

*Kapelle der Villa Della Torre. Fumane*

ren wirklich geistreichen Studien immer auch Gefallen an der Architektur fand und noch immer findet, das voraus, was dann mit mit diesem Gebäude geschah. Man gab ihm jedoch zur Antwort: »Fra Marco ist zwar in den humanistischen Studien, in der Philosophie und Theologie, sehr tüchtig und ein öffentlicher Lektor, doch sind seine Kenntnisse in der Architektur nicht so profund, daß man ihm glauben könnte.« Als jener Campanile schließlich bis in Höhe der Glocken gebaut worden war, barst er in vier Teile, so daß es nach den Ausgaben von vielen tausend Scudi für seinen Aufbau nötig war, dreihundert Scudi jeden Leuten zu geben, die ihn einrissen, damit er nicht von sich aus einstürzte und um sich herum alles beschädigte, wie es in wenigen

*Grabmal Alessandro Contarinis. Padua, Sant'Antonio*

Tagen der Fall gewesen wäre. Und dies geschieht denen zu Recht, die sich von guten und vortrefflichen Meistern abwenden und sich statt dessen mit Stümpern begnügen. Als dann besagter Monsignore Luigi zum Bischof von Bergamo und an seine Stelle Monsignore Agostino Lippomano[86] zum Bischof von Verona ernannt wurde, ließ er Michele das Modell besagten Campaniles neu anfertigen und mit seinem Bau beginnen. Danach ließ der Dominikanerbruder Monsignore Girolamo Trevisan[87], der als Bischof die Nachfolge Lippomanos antrat, den heutzutage langsam voranschreitenden Bau anhand des Modells fortsetzen. Letzteres ist wunderschön, und innen sind die Treppen so angebracht, daß das Gebäude seine Stabilität und seine immense Stärke nicht einbüßt. Für die Grafen della Torre[88] aus Verona schuf Michele eine wunderschöne Kapelle in deren Villa in Fumane, die nach Art eines runden Tempels mit dem Altar in der Mitte gebaut war [siehe links].[89] Und in der Kirche des Santo in Padua errichtete man nach seiner Anordnung ein wunderschönes Grabmal für Messer Alessandro Contarini[90], den Prokurator von San Marco und obersten Vorsteher der venezianischen Flotte [siehe oben]. Es scheint, als ob Michele mit diesem Grabmal zeigen wollte, wie Werke dieser Art ausgeführt werden müssen, indem er eine be-

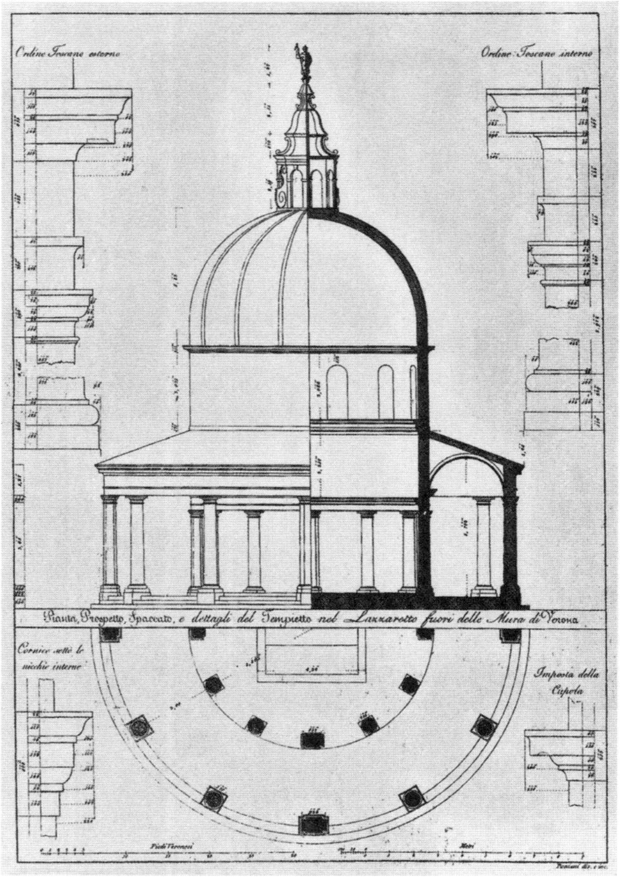


*Kapelle des Lazaretts (Schnitt von Ronzani & Luciolli 1823). Verona*

stimmte, damals allgemein übliche Methode aufgab, die sich seiner Ansicht nach eher für einen Altar und eine Kapelle eignete als für ein Grabmal. Dieses ist, wie ich sage, sehr reich an Ausschmückungen, von solider Zusammensetzung und vom Charakter her wirklich kriegerisch. Als Schmuck besitzt es eine Thetis und zwei Gefangene, die von der Hand Alessandro Vittorias[91] stammen und für sehr gute Figuren gehalten werden, dazu einen Kopf oder besser ein naturgetreues Porträt des genannten Herrn im Brustpanzer, das Danese aus Carrara[92] in Marmor schuf. Darüber hinaus gibt es viele weitere Verzierungen mit Gefangenen, militärischen Trophäen und Spolien sowie anderes, das nicht erwähnenswert ist.[93]

In Venedig schuf er das Modell für das Kloster der Nonnen von Santi Biagio e Cataldo, das sehr gelobt wurde.[94] Als man dann in Verona den Entschluß gefaßt hatte, das Lazarett, Quartier oder besser Hospital, das in Zeiten der Pest die Infizierten aufnimmt und dessen Vorgängerbau mit anderen Häusern der Vorstädte zerstört worden war, neu errichten zu lassen, ließ man Michele einen Entwurf dafür machen, der jede Erwartung übertreffend wunderschön gelang [siehe links]. Das Gebäude sollte unweit des Flusses, ein Stück entfernt von der Stadt und auf freier Ebene errichtet werden. Doch dieser wirklich wunderschöne und in allen Teilen bestens durchdachte Entwurf, der sich heute im Besitz der Erben von Luigi Brugnoli[95], einem Neffen Micheles, befindet, wurde wegen der geringen Urteilskraft und Engstirnigkeit einiger Personen nicht in vollem Umfang zur Ausführung gebracht, sondern geschmälert und von denjenen auf ein klägliches Maß gestutzt, die ihre ihnen von der Öffentlichkeit verliehene Autorität dafür vergeudeten, dieses Werk zu verstümmeln. Denn einige der Edelleute, die von Anfang an die Verantwortung dafür trugen und deren Geistesgröße ihrem adligen Rang entsprach, starben vor der Zeit.[96] Ein

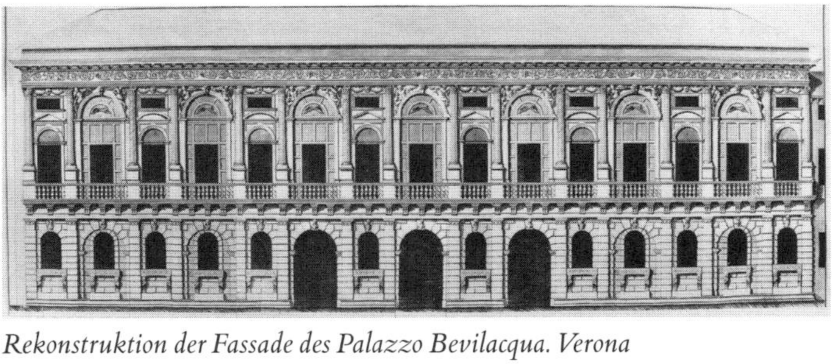

*Rekonstruktion der Fassade des Palazzo Bevilacqua. Verona*

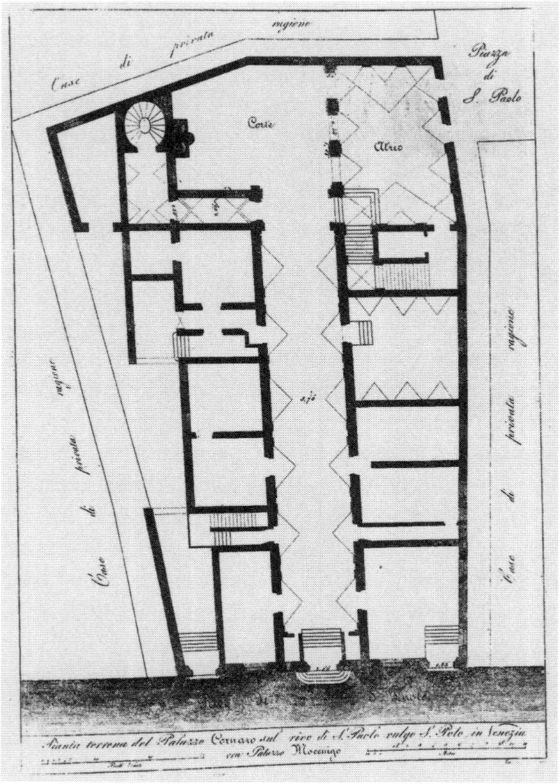


*Palazzo Cornaro, Grundriß. Venedig, San Polo*

weiteres Werk Micheles war der wunderschöne Palast der Grafen von Canossa[97] in Verona, den der hochehrwürdige Monsignore von Bayeux, also der Graf Lodovico Canossa[98], erbauen ließ[99], ein Mann, der von allen Schriftstellern seiner Zeit sehr gerühmt wurde. Für denselben Monsignore erbaute Michele ein weiteres prächtiges Haus auf seinem Landsitz von Grezzano im Umland von Verona.[100] Unter seiner Anweisung wurde die Fassade des Palastes der Grafen von Bevilacqua[101] erneuert und alle Gemächer in der ›la Bevilacqua‹ genannten Burg besagter

*Palazzo Cornaro. Venedig, San Polo*

Herren instand gesetzt [siehe Seite 103].[102] Ebenso erbaute er das Haus der Lavezola in Verona und gestaltete dessen Fassade, die sehr gelobt wurde.[103] Und in Venedig errichtete er von den Fundamenten an den prächtigen und höchst prunkvollen Palast der Cornaro in der Nähe von San Polo[104] [siehe links und oben] und setzte einen anderen Palast der Familie Cornaro bei San Benedetto ad Albore im Auftrag Messer Giovanni Cornaros[105] instand, mit dem Michele gut befreundet war. Dies hatte zur Folge, daß Giorgio Vasari[106] darin für die Decke eines präch-

*Palazzo Grimani. Venedig, San Marco*

tigen Zimmers, die ganz mit Holzschnitzereien versehen und reich vergoldet war, neun Bilder in Öl malte.[107] Gleichfalls erneuerte Michele das Haus der Bragadin gegenüber von Santa Marina und versah es mit höchstem Komfort und reichstem Schmuck.[108] In derselben Stadt legte Michele nach seinem Modell und mit unglaublichem Kostenaufwand die Fundamente des wunderbaren Palastes des ehrwürdigen Messer Girolamo Grimani[109] nahe bei San Luca am Canale Grande und errichtete ihn bis zu einem über der Erde liegenden Niveau [siehe oben].[110]

Doch vom Tode überrascht, konnte er ihn selbst nicht zu Ende bringen, und die anderen Architekten, die jener Edelmann an seiner Stelle in den Dienst nahm, änderten Sanmichelis Entwurf und Modell in vielen Bereichen ab. Nach Anordnung selbigen Micheles wurde in der Nähe von Castelfranco, an der Grenze zwischen dem Gebiet von Treviso und jenem von Padua, der hochberühmte Palast der Soranza gebaut, dessen Name sich von der Familie Soranza[111] ableitet. Wegen seiner Nutzung als Landsitz gilt er als schönster und komfortabelster, der bis dahin in jenen Gegenden errichtet wurde.[112] Und im Umland von Piombino erbaute er das Haus der Cornaro[113] und zahlreiche andere Privatgebäude, wobei es zu lange dauern würde, wollte man von allen erzählen.[114] Es genügt deshalb, nur die wesentlichen zu nennen. Nicht unerwähnt lassen möchte ich, daß er die wunderschönen Portale zweier Paläste in Verona schuf: das eine am Palazzo de' Rettori e del Capitano und das andere am Palazzo del Podestà. Beide Paläste wurden hochgelobt, obwohl letzterer in ionischer Ordnung mit Doppelsäulen und reich geschmückten Interkolumnien sowie ein paar Siegesgöttinnen in den Ecken wegen des tiefliegenden Ortes, an dem er erbaut wurde, ein wenig zwergenhaft wirkt, zumal er kein Piedestal besitzt und die Verdoppelung der Säulen ihn sehr breit wirken läßt.[115] Doch war dies der Wunsch Messer Giovanni Dolfins[116], der ihn erbauen ließ.

Während Michele in seiner Heimatstadt die Geruhsamkeit, die Ehre und das Ansehen genoß, die ihm seine ehrenvollen Anstrengungen eingebracht hatten, ereilte ihn eine Nachricht, die ihn derart berührte, daß sie seinen Tod herbeiführte.[117] Damit man jedoch alles besser versteht und in dieser Lebensbeschreibung von allen schönen Werken Sanmichelis Kenntnis erhält, werde ich einiges über seinen Neffen Giangirolamo sagen.

Dieser also war der Sohn Paolos, eines leiblichen Cousins Micheles, und da er in seiner Jugend einen aufgeweckten Geist zeigte, wurde er von Michele mit so großer Sorgfalt in den Dingen der Architektur unterwiesen und so sehr geliebt, daß er ihn bei allen bedeutenden Unternehmungen, besonders bei Befestigungsbauten, ständig bei sich haben wollte. Deshalb erreichte er innerhalb kurzer Zeit mit der Unterstützung eines solchen Meisters eine so große Vortrefflichkeit, daß man ihm mit jeder schwierigen Aufgabe beim Bau von Festungen betrauen konnte, ein Gebiet der Architektur, dem er sich besonders verschrieb. Die Herren von Venedig erkannten seine Fähigkeit und nahmen ihn trotz des Umstands, daß er sehr jung war, mit gutem Gehalt in die Reihe ihrer Architekten auf und schickten ihn daraufhin bald an den einen, bald an den anderen Ort, um die Festungen ihres Herrschaftsgebietes in Augenschein zu nehmen und instand zu setzen, und bisweilen um die Entwürfe seines Onkels Michele zur Ausführung zu bringen. Er setzte sich an vielen weiteren Orten ein, besonders aber mit großer Urteilskraft und Mühe bei der Festung von Zadar und der wunderbaren Festung San Niccolò in Šibenik, die, wie gesagt, an der Hafenöffnung liegt. Diese Festung, die er von den Fundamenten an errichtete, galt unter den privaten Festungen als eine der stärksten und bestdurchdachtesten, die man zu Gesicht bekommen kann. Auch gestaltete er nach seinem Entwurf und dem Sachverstand seines Onkels die große Festung von Korfu um, die man in jenem Gebiet für den Schlüssel Italiens hält. In dieser, so sage ich, erneuerte Giangirolamo die beiden landeinwärts blickenden Türme, indem er sie sehr viel größer und stärker als zuvor und mit Schießscharten und offenen Waffenplätzen baute und die nach einer Erfindung seines Onkels auf neuartige Weise den Graben flankieren. Er ließ dann die Gräben um ein Vielfaches verbreitern und einen Hügel abtragen, der sich in der Nähe der Festung befand und sie zu überragen schien. Doch neben allen anderen Dingen, die er dort mit großer Überlegung schuf, fand das, was er in einer Ecke der Festung errichtete, besonders großen Anklang: Dies war ein sehr großer und stabiler Raum, an dem die Bevölkerung jener Insel in Zeiten der Belagerung sich sicher aufhalten konnte, ohne Gefahr zu laufen, vom Feind gefangengenommen zu werden.[118] Diese Werke verschafften Giangirolamo bei besagten Herren ein so großes Ansehen, daß sie ihm ein Gehalt in der gleichen Höhe wie das seines Onkels anwiesen, da sie

Michele nicht geringer, ja in dieser den Festungsbau betreffenden Fertigkeit sogar höher schätzten als ihn. Dies erfüllte Michele mit größter Freude, der das entsprechende Talent bei seinem Neffen in dem Maße zunehmen sah, wie das Alter ihm die Kraft zum Weitermachen raubte.

Außer seiner großen Fähigkeit, die Qualität eines Geländes zu erkennen und einzuschätzen, besaß Giangirolamo viel Geschicklichkeit darin, es mit Zeichnungen und plastischen Modellen darzustellen. So zeigte er seinen Herren sogar die allerkleinsten Dinge seiner Verteidigungsanlagen in wunderschönen Holzmodellen, die er anfertigen ließ. Diese Sorgfalt gefiel ihnen über alle Maßen, denn ohne Venedig zu verlassen, sahen sie jeden Tag, wie die Werke an den entferntesten Orten ihres Staatsgebietes voranschritten. Und schließlich wurden die Modelle zur besseren Ansicht für alle in den Dogenpalast, an einen Ort gebracht, wo jene Herren sie nach Belieben betrachten konnten.[119] Und damit Giangirolamo mit seiner Arbeit fortfuhr, erstattete man ihm nicht nur die Ausgaben für das Anfertigen besagter Modelle, sondern erwies ihm auch viele andere Liebenswürdigkeiten.

Giangirolamo hätte mit großem Einkommen in den Dienst zahlreicher Herren treten können, doch wollte er seine venezianischen Herren niemals verlassen. Ja, er nahm sich sogar auf Anraten des Vaters und des Onkels in Verona eine junge Adlige aus dem Haus der Frascati zur Frau, in der Absicht, für immer in jenen Gegenden zu bleiben. Kaum hatte er jedoch wenige Tage mit seiner geliebten Braut namens Madonna Ortensia verbracht, wurde er von seinen Dienstherren nach Venedig berufen und von dort auf schnellstem Wege nach Zypern gesandt, um sämtliche Orte jener Insel zu inspizieren, und alle Beamten waren angewiesen, ihn mit dem zu versorgen, was er benötigen würde. Nach seiner Ankunft auf jener Insel bereiste er sie im Verlauf von drei Monaten und kontrollierte alles sorgfältig, wobei er jedes Detail zeichnerisch und schriftlich festhielt, um seine Herren umfassend informieren zu können. Während er aber seiner Aufgabe mit zu großer Sorgsamkeit und Fürsorge nachkam und dabei in der damals auf jener Insel herrschenden Gluthitze wenig auf seine Lebensweise achtete, erkrankte er an einem unheilvollen Fieber, das ihn nach sechs Tagen das Leben kostete, obgleich einige behaupten, er wäre vergiftet worden. Doch wie dem auch sei, er starb froh darüber, im Dienst seiner Herren zu stehen und von ihnen, die in seine Ergebenheit und Fähigkeit beim Festungsbau mehr Vertrauen setzten als in irgend jemand anderen, in bedeutenden Angelegenheiten beschäftigt worden zu sein. Sofort nachdem er erkrankt war und erkannt hatte, daß er sterben würde, gab er sämtliche Zeichnungen und Notizen, die er von den Werken jener Insel angefertigt hatte, in die Hände seines Schwagers, des Architekten Luigi Brugnoli, der seinerzeit mit der Festungsanlage von Famagosta, die der Schlüssel jenes Reichs ist, beschäftigt war, damit dieser sie seinen Herren überbringe. Als die Nachricht vom Tod Giangirolamos in Venedig angelangt war, gab es niemanden aus jenem Senat, der angesichts des Verlusts eines solchen und jener Republik derart ergebenen Mannes nicht unglaublichen Schmerz verspürt hätte.

Giangirolamo starb im Alter von fünfundvierzig Jahren und wurde in San Niccolò in Famagosta von besagtem Schwager ehrenvoll beigesetzt, der nach seiner Rückkehr nach Venedig die Zeichnungen und Notizen Giangirolamos übergab. Er wurde daraufhin zur Fertigstellung der Festung nach Legnago gesandt, wo er viele Jahre blieb, um die Entwürfe und Modelle seines Onkels Michele zur Ausführung zu bringen. Nicht lange danach starb er an jenem Ort und hinterließ zwei Söhne, die in Entwurf und architektonischer Praxis sehr tüchtige Männer sind. So kommt es, daß Bernardino, der ältere, jetzt über zahlreiche Aufträge verfügt, wie den Bau des Campanile vom Dom und den von San Giorgio sowie den Bau der Kirche der Madonna, genannt Campagna. Bei jenen und anderen Werken, die er in Verona und andernorts schuf, erlangte er Vortrefflichkeit, vor allem bei der Ausschmückung und Errichtung der Hauptkapelle von San Giorgio in Verona, die eine Kompositordnung zeigt und hinsichtlich Größe, Entwurf und Ausführung so beschaffen ist, daß die Veroneser versichern, ihrer Ansicht nach sei in Italien keine andere zu finden, die dieser gleichkäme. Dieses wie eine Nische gerundete Werk ist, wie ich sage, in korinthischer Ordnung mit Kompositkapitellen, vollplastischen Doppelsäulen und dahintergelegenen Pilastern errichtet. Der Giebel, der das Ganze überragt, bildet äußerst meisterhaft einen nischenförmigen Bogen und weist alle Schmuckelemente auf, die zu jener Ordnung gehören. Als daher der gewählte Patriarch von Aquileia, Monsignore Barbaro[120], der in dieser Profession höchst bewandert ist und eine Schrift darüber verfaßt hat, bei seiner Rückkehr vom Konzil von Trient nicht ohne Verwunderung sah, was an jenem Werk geschehen war und was man tagtäglich dort verrichtete, mußte er nach mehrmaligem Betrachten zugeben, daß er Ähnliches nie zu Gesicht bekommen hatte und es besser nicht auszuführen sei. Und dies genügt als Beweis dessen, was man sich von dem Talent Bernardinos erhoffen darf, der mütterlicherseits von Sanmicheli abstammt.

Doch kehren wir zu Michele zurück, von dem wir vor kurzem nicht ohne Grund abgekommen sind. Der Tod Giangirolamos, in dem er die Familie der Sanmicheli erlöschen sah, weil der Neffe kinderlos blieb, bereitete ihm so großen Kummer, daß er trotz seiner Anstrengung, ihn zu unterdrücken und zu verbergen, unter unsäglichem Schmerz seines Vaterlandes und der erlauchten Signoria in wenigen Tagen von einem bösartigen Fieber dahingerafft wurde.[121] Michele starb im Jahr 1559 und wurde bei den Karmeliterbrüdern in San Tomaso beigesetzt, wo sich die alte Grabstätte seiner Vorfahren befindet. Dieser Tage hat der Arzt Messer Niccolò Sanmicheli damit begonnen, ihm ein ehrenvolles Grabmal errichten zu lassen, das man immer noch zur Ausführung bringt.[122]

Michele führte ein höchst anständiges Leben und war in allem, was er tat, sehr ehrenwert. Er hatte ein heiteres, doch mit Ernst vermischtes Gemüt. Er fürchtete Gott und war so fromm, daß er am Morgen keine Beschäftigung aufgenommen hätte, ohne zuvor die Messe andächtig gehört und seine Gebete gesprochen zu haben. Und zu Beginn eines bedeutenden Unterfangens ließ er morgens immer zuallererst die Messe des Heiligen Geistes oder der Madonna feierlich lesen. Er war überaus freigebig und gegenüber Freunden derart großzügig, daß sie ebenso wie er selbst Herren über seinen Besitz waren. Nicht unerwähnt lassen will ich hier ein Zeichen seiner überaus loyalen Güte, von der, glaube ich, außer mir nur wenige andere Kenntnis haben. Als Giorgio Vasari, mit dem er wie gesagt eng befreundet war, sich beim letzten Mal von ihm in Venedig verabschiedete, sagte Michele zu ihm: »Messer Giorgio, Ihr sollt wissen, daß ich zu der Zeit, als ich jung war und in Montefiascone lebte, so wie das Schicksal es wollte, in die Frau eines Steinmetzen verliebt war, die mir freundlicherweise alles gewährte, wonach ich verlangte, ohne daß irgend jemand außer mir je davon erfuhr. Nun habe ich gehört, daß jene arme Frau Witwe geworden sei und eine Tochter im heiratsfähigen Alter habe, von der sie sagt, sie sei mein Fleisch und Blut. Dies mag leicht so sein, auch wenn dies, wie ich glaube, nicht wahr ist, dennoch möchte ich, daß Ihr diese fünfzig Goldscudi nehmt und sie ihr in meinem Namen um der Liebe Gottes willen überbringt, damit sie sich selbst helfen und die Tochter ihrem Stande gemäß verheiraten kann.« Als Giorgio nach Rom aufbrach und in Montefiascone ankam, gab er daher, so wie es ihm aufgetragen worden war, besagtes Geld der guten Frau, obwohl sie ihm offen bekannte, daß jenes Mädchen nicht die Tochter von Michele sei. Und für jene arme Frau war diese Summe so willkommen, wie es für jemand anderen fünfhundert Scudi gewesen wären. Michele war daher großzügiger, als viele andere Menschen es jemals waren. Kaum wußte er von den Bedürfnissen und Wünschen der Freunde, versuchte er, sie zu stillen, selbst wenn es ihm das Leben gekostet hätte. Nie erwies ihm jemand einen Dienst, der nicht in vielfacher Weise doppelt vergolten worden wäre. Als Giorgio Vasari in Venedig für ihn ein großformatiges Blatt mit der ihm größtmöglichen Sorgfalt gezeichnet hatte, das den überaus hochmütigen Luzifer mit seinem Gefolge zeigt, wie es besiegt durch den Erzengel Michael vom Himmel in eine schreckliche Hölle herabstürzt[123], tat er damals bei Giorgios Abschied nichts anderes, als ihm dafür zu danken. Wenige Tage später jedoch, als

Giorgio nach Arezzo zurückgekehrt war, entdeckte er, daß Sanmicheli seiner in Arezzo lebenden Mutter geraume Zeit zuvor eine Reihe so schöner und ehrenvoller Dinge gesandt hatte, als sei er ein steinreicher Herr, zusammen mit einem Brief, in dem er ihr aufgrund seiner Zuneigung zu ihrem Sohn große Ehre erwies.[124] Oft wollten ihm die Herren von Venedig das Gehalt erhöhen, was er jedoch zurückwies und statt dessen immer darum bat, die Gehälter seiner Neffen zu erhöhen. Kurz gesagt, Michele war in allem, was er tat, so freundlich, höflich und liebenswert, daß er es verdiente, von unzähligen Herren geliebt zu werden: von Kardinal de' Medici, dem späteren Papst Clemens VII., als er in Rom lebte, von Kardinal Alessandro Farnese, dem späteren Papst Paul III.[125], von dem göttlichen Michelangelo Buonarroti[126], von Herrn Francesco Maria, dem Herzog von Urbino, und von zahllosen Edelmännern und venezianischen Senatsmitgliedern. In Verona gehörte Fra Marco de' Medici, ein Mann von Bildung und unendlicher Güte, zu seinen engsten Freunden, wie auch viele andere, die hier nicht erwähnt werden müssen.

Damit ich in Kürze nicht wieder an diese Stelle zurückkehren muß, um von den Veroneser Meistern zu sprechen, nutze ich die Gelegenheit, anläßlich der obengenannten einige Maler aus jener Gegend zu erwähnen, die heute noch am Leben sind und es verdienen, genannt und keinesfalls mit Stillschweigen übergangen zu werden. Der erste unter ihnen ist Domenico Riccio[127], der am Palast von Fiorio della Seta[128] in Verona oberhalb des Ponte Nuovo drei Außenwände teils in *chiaroscuro,* teils farbig freskiert hat, das heißt jene drei, die der Brücke abgewandt sind, da das Haus freisteht. An einer von ihnen über dem Fluß sind Schlachten von Meeresungeheuern und an der anderen Schlachten von Kentauren und eine Menge Flußgötter zu sehen, während die dritte Wand zwei farbige Bilder zeigt: Das erste über der Tür stellt die Tafel der Götter dar und das andere über dem Fluß die Hochzeit von Benacus, wie der Gardasee genannt wird, und Charis, eine Nymphe, die Garda symbolisiert[129], woraus der Fluß Mincio hervorgeht, der in der Tat aus diesem See entspringt. Im selben Haus befindet sich ein großer Fries mit einigen Triumphzügen, die mit schöner Erfahrung und in schönem Stil farbig ausgeführt sind.[130] Selbiger malte ebenfalls in Verona im Haus von Messer Pellegrino Ridolfi die Krönung Kaiser Karls V. und wie dieser nach seiner Krönung in Bologna mit dem Papst in höchst feierlichem Aufzug durch die Stadt reitet.[131] In Öl malte er die Tafel für den Hauptaltar der Kirche, die der Herzog von Mantua in der Nähe des Kastells neu errichten ließ. Darin sind mit großer Sorgfalt und Urteilskraft die Enthauptung und das Martyrium der Heiligen Barbara dargestellt.[132] Und was den Herzog dazu bewegte, jene Tafel bei Domenico in Auftrag zu geben, war der Umstand, daß er dessen Stil, der ihm sehr gefiel, in einer Tafel gesehen hatte, die Domenico lange Zeit zuvor in der Kapelle der Heiligen Margareta im Dom von Mantua gemalt hatte, wo er mit Paolino[133], der die Tafel des Heiligen Antonius schuf[134], mit Paolo Farinato[135], der jene des Heiligen Martin malte[136], und mit Battista del Moro[137] in Konkurrenz stand, der die Tafel der Heiligen Magdalena schuf.[138] Diese vier Maler, allesamt Veronesen, wurden von Kardinal Ercole von Mantua dorthin berufen, um jene Kirche auszuschmücken, die nach dem Entwurf Giulio Romanos[139] von diesem erneuert worden war.[140] Domenico schuf weitere Werke in Verona, Vicenza und Venedig, doch genügt es, diese erwähnt zu haben. Er ist ein sittsamer und tugendhafter Künstler, denn er ist nicht nur Maler, sondern auch ein hervorragender Musiker und einer der bedeutendsten Personen unter den Mitgliedern der erlauchten Accademia dei Filarmonici in Verona.[141] Ihm wird sein Sohn Felice[142] in nichts nachstehen, der trotz seiner Jugend in einer Tafel, die er für die Kirche Santa Trinità mit der Madonna und weiteren sechs lebensgroßen Heiligen schuf[143], bewies, daß er ein mehr als annehmbarer Maler ist. Dies ist nicht verwunderlich, da dieser junge Mann in Florenz die Kunst erlernt hat, wo er im Hause Bernardo Canigianis, eines Florentiner Edelmanns und seines Vaters Taufpate, wohnte.[144]

Ebenfalls in Verona lebte auch Bernardino, genannt ›India‹[145], der neben vielen anderen Werken im Palast des Grafen Marcantonio Thiene[146] im Gewölbe eines Raums die Sage der Psyche mit wunderschönen Figuren gemalt hat.[147] Und für den Grafen Girolamo Canossa hat er einen anderen Raum mit einfallsreichen Malereien und in schönem Stil ausgestattet.

Ein ebenfalls sehr angesehener Maler ist Eliodoro Forbicini[148], ein junger Mann von wunderschönem Talent und in allen Arten der Malerei sehr erfahren, vor allem jedoch im Gestalten von Grotesken, wie man in den beiden genannten Räumen und an anderen Orten, wo er arbeitete, sehen kann.[149] Das gleiche trifft auf Battista da Verona zu, den man außerhalb seiner Heimatstadt so und nicht anders nennt.[150] Nachdem er die ersten Grundlagen der Malerei von seinem Onkel in Verona erlernt hatte, begab er sich zu dem vortrefflichen Tizian[151] nach Venedig, wo er unter seiner Anleitung ein vortrefflicher Maler wurde. Als junger Mann malte er in Gesellschaft von Paolino in Thiene in der Umgebung von Vicenza einen Saal im Palast des Kriegsschatzmeisters Portesco, wo sie unzählige Figuren darstellten, die sowohl dem einen als auch dem anderen Ansehen und Anerkennung einbrachten.[152] Mit selbigem gestaltete er viele Fresken im Palast der Soranza in Castelfranco[153], wohin beide von Michele Sanmicheli gesandt worden waren, der sie wie Söhne liebte. Auch bemalte er mit ihm die Fassade des am Canale Grande in Venedig gelegenen Hauses von Messer Antonio Cappello[154] und dann, mit diesem zusammen, die Decke oder besser Kassettendecke im Saal des Zehnerrats[155], wobei sie die Bilder unter sich aufteilten [siehe Seite 116].[156] Als Battista kurz darauf nach Vicenza gerufen wurde, schuf er dort in der Stadt und der Umgebung zahlreiche Werke. Und zuletzt hat er die Fassade des Monte di Pietà bemalt, wo er unzählige nackte, überlebensgroße Figuren in verschiedenen Haltungen mit bestem *disegno* und in so wenigen Monaten darstellte, daß es ein Wunder war.[157] Und wenn er in so jungen Jahren (denn er hat die dreißig noch nicht überschritten) so vieles geschaffen hat, was darf man dann erst im weiteren Verlauf seines Lebens von ihm erwarten?

Gleichermaßen aus Verona stammt ein Maler namens Paolino, der heutzutage in Venedig in höchstem Ansehen steht, da er schon viele lobenswerte Werke hervorgebracht hat, obwohl

*Zelotti, Ponchino & Veronese: Deckengemälde.*
*Venedig, Palazzo Ducale, Sala del Consiglio dei Dieci*

er noch keine dreißig Jahre alt ist. Dieser wurde in Verona als Sohn eines Steinmetzen oder, wie man in jenen Gegenden sagt, als Sohn eines Steinschneiders geboren und hat die Grundlagen der Malerei von dem Veroneser Giovanni Caroto[158] erlernt, der mit dem oben erwähnten Battista zusammen den Saal des Kriegsschatzmeisters Portesco in Thiene im Umland von Vicenza freskierte. Danach schuf er mit selbigem im Palast der Soranza zahlreiche Werke, die er mit *disegno*, Urteilskraft und in schönem Stil[159] ausführte. In Maser, unweit von Asolo, in der Umgebung von Treviso, stattete er das wunderschöne Haus des Herrn Daniele Barbaro, des gewählten Patriarchen von Aquileia, mit Malereien aus [siehe Seite 118].[160] Im Refektorium von San Nazzaro, einem Kloster der Schwarzen Mönche in Verona, stellte er in einer großen Leinwand mit vielen Figuren, naturgetreuen Porträts und außergewöhnlichen Ausblicken das Gastmahl Simons des Aussätzigen dar, wo sich die Sünderin dem Herrn zu Füßen wirft [siehe Seite 119]. Unter der Tafel sind zwei Hunde von einer solchen Schönheit zu sehen, daß sie lebendig und real erscheinen, und in der Ferne einige Krüppel, die aufs beste gestaltet sind.[161] Von Paolinos Hand stammt ein an der Decke des Zehnerrats in Venedig befindliches Oval, das größer als einige andere [Bilder] dort und als Mittelpunkt im Zentrum der Decke plaziert ist. Darin ist Jupiter dargestellt, wie er die Laster verjagt, um damit anzudeuten, daß jener oberste und höchste Magistrat die Laster vertreibt und die schlechten und lasterhaften Menschen bestraft.[162] Selbiger malte die Decke oder besser Kassettendecke der Kirche San Sebastiano, was ein außerordentliches Werk ist[163], und die Tafel für die Hauptkapelle nebst einigen Bildern, die diese zieren[164], ebenso die Türflügel der Orgel, allesamt wirklich höchst lobenswerte Gemälde.[165] Im Saal des Großen Rats malte er in einem riesigen Bild Friedrich Barbarossa[166], wie er vor dem Papst erscheint, mit einer schönen Anzahl von Figuren in unterschiedlichen Kleidungen und Gewändern, die allesamt wunderschön und tatsächlich den Hofstaat eines Papstes, eines Kaisers und eines venezianischen Senats verkörpern, dazu viele naturgetreue Porträts von Edelleuten und Senatoren

*Veronese: Mädchen aus der Tür blickend. Maser, Villa Barbaro, Sala a Crociera*

jener Republik.[167] Kurzum: dieses Werk verdient es, aufgrund seiner Größe, seines *disegno* und seiner schönen und abwechslungsreichen Posen von jedermann gelobt zu werden. Nach Fertigstellung dieser Szene malte Paolino an den Decken einiger Zimmer, die besagtem Zehnerrat zur Verfügung stehen, Figuren in Öl, die in starker Verkürzung wiedergegeben und höchst

*Veronese: Gastmahl im Hause des Simon. Turin, Galleria Sabauda*

außergewöhnlich sind.[168] Ebenso bemalte er die Fassade eines zwischen San Maurizio und San Moisè gelegenen Hauses, das einem Kaufmann gehört, mit Fresken.[169] Dies war ein wunderschönes Werk, doch wird der Seewind es nach und nach aufzehren. Auf Murano bemalte er für Camillo Trevisan eine Loggia und ein Zimmer mit Fresken, die beide sehr gelobt wurden.[170] Und in San Giorgio Maggiore[171] in Venedig schuf er an der Stirnwand eines großen Raums in Öl auf Leinwand die Hochzeit zu Kana, was wegen der Größe, der Anzahl der Figuren, dem Abwechslungsreichtum der Kleider und aufgrund der Bildfindung ein wunderbares Werk war [siehe Seite 2 und Seite 122]. Und wenn ich mich recht erinnere, sieht man dort mehr als fünfhundert Köpfe, die allesamt unterschiedlich und mit großer Sorgfalt gestaltet sind.[172] Von den Prokuratoren von San Marco erhielt selbiger den Auftrag, für die Decke der nicäischen Bibliothek, die Kardinal Bessarione mit einem immensen Schatz griechischer Bücher der Signoria vermacht hatte, einige Medaillons für die Ecken zu malen.[173] Und da besagte Herren zu der Zeit, als mit der malerischen Ausstattung der genannten Bibliothek begonnen wurde, neben dem üblichen Gehalt demjenigen einen Ehrenpreis versprachen, der bei ihrer malerischen Ausstattung am besten arbeiten würde, teilte man die Bilder unter den erstrangigsten Malern auf, die es damals in Venedig gab. Als man nach Vollendung des Werks die Malerei besagter Felder sehr genau begutachtet hatte, bekam Paolino als derjenige, den man von allen als besten Meister darin erachtete, eine goldene Kette um den Hals gehängt. Und das Bild, aufgrund dessen er den Sieg und den Ehrenpreis davontrug, war jenes mit der Musik, in dem drei wunderschöne junge Frauen dargestellt sind, von denen die schönste eine mit dem Hals nach unten zeigende große Baßgeige spielt, und mit dem Ohr und ihrer ganzen Haltung sowie der Stimme aufmerksam dem Klang folgt [siehe Seite 271]. Eine der beiden anderen spielt eine Laute und die zweite singt aus einem Buch. Neben den Frauen ist ein flügelloser Cupido zu sehen, der ein Clavicembalo als Zeichen dafür spielt, daß die Liebe aus der Musik geboren wird oder besser daß die Liebe der ständige Begleiter der Musik ist, und da sie sie niemals verläßt, stellte er ihn ohne Flügel dar. Im selben Bild malte er Pan, der den Dichtern zufolge der Gott der Hirten ist, mit einigen Flöten aus Baumrinde, die ihm einige Hirten, die beim Musizieren gewonnen haben, gewissermaßen als Votivgaben überbracht haben.[174] Am selben Ort malte Paolino noch zwei weitere Bilder: In einem ist die Arithmetik mit einigen nach antiker Weise gekleideten Philosophen dargestellt[175] und im anderen die auf einem Thron sitzende Ehre, der man Opfergaben bringt und Fürstenkronen darreicht.[176] Da aber dieser junge Mann gegenwärtig voller Tatendrang ist und noch keine zweiunddreißig Jahre zählt, werde ich jetzt nichts weiter über ihn berichten.[177]

Paolo Farinati, ein tüchtiger Maler und ehemaliger Schüler Nicolò Ursinos[178], stammt ebenfalls aus Verona, wo er zahlreiche Werke schuf. Seine bedeutendsten sind jedoch ein Saal im Haus der Familie Fumanelli, den er dem Wunsch des aus jener Familie stammenden Edelmannes Messer Antonio gemäß, eines in ganz Europa berühmten Arztes[179], rundum mit verschiedenen Szenen freskierte[180], sowie in der Hauptkapelle in Santa Maria in Organo zwei riesengroße Bilder: Eins stellt die Geschichte des Bethlehemitischen Kindermords dar[181] und das andere Kaiser Constantius, wie er viele Kinder vor sich bringen und töten läßt, um in deren Blut zu baden und sich vom Aussatz zu kurieren.[182] In einer Nische besagter Kapelle sind dann noch zwei große Bilder, kleiner jedoch als erstere: Eins zeigt Christus, wie er den zu ihm über das Wasser laufenden Heiligen Petrus empfängt[183], und das andere die Speisung einiger Armen durch den Heiligen Gregor.[184] In allen diesen sehr lobenswerten Werken gibt es zahllose Figuren, die mit *disegno*, Eifer und Sorgfalt ausgeführt sind. Von der Hand desselben stammt eine Tafel mit dem Heiligen Martin[185], die im Dom von Mantua aufgestellt wurde und die er, wie bereits gesagt, im Wettbewerb mit seinen Landsleuten ausführte.

Und dies sei das Ende der Lebensbeschreibung des vortrefflichen Michele Sanmicheli und anderer Veroneser Künstler, die dank ihrer Vortrefflichkeit in den Künsten und aufgrund ihres großen Könnens zweifellos jedes Lobes würdig sind.

*Veronese: Hochzeit zu Kana, Detail. Paris, Musée du Louvre*

# Anhang

## Anmerkungen zur Beschreibung der Werke des Jacopo Sansovino

*Zur Einleitung (S. 9–14)*

1 Dies geht aus einem erhaltenen Brief Borghinis an den Künstlerbiographen vom 28. Januar 1567 hervor, transkribiert bei Frey 1930, Bd. II, S. 291–292.

2 So Vasaris Erläuterung am Anfang der Vita des Primaticcio (vgl. Bettarini/Barocchi, *Vite*, Bd. VI, S. 143). In die endgültige Fassung der zweiten Edition der *Vite* wurden neben den drei genannten noch weitere unvollendete Lebens- und Werkbeschreibungen aufgenommen, darunter Vasaris Autobiographie, die Lebensbeschreibung Giulio Clovios und Leone Leonis und die Sammelvita über Bronzino und die Accademici del Disegno. Während Vasaris eigene Lebensbeschreibung ebenfalls unter der Bezeichnung ›Werkbeschreibung‹ firmiert und er sich dadurch offenkundig unter die ›bedeutendsten lebenden Künstler‹ einzureihen suchte, wurden die anderen Lebensbeschreibungen schlicht *Di Don Giulio Clovio* etc. genannt.

3 Vgl. Merkel 1976, S. 465.

4 Vgl. ebd., S. 464.

5 Siehe Frey 1930, Bd. II, S. 273–274.

6 Als *terminus post quem* des Publikationsdatums der Neuedition gilt Jacopo Sansovinos Tod am 27. November 1570 (laut Grabinschrift).

7 Siehe den Untertitel der Neuedition der Vita Sansovinos im Appendix zur vorliegenden Vita.

8 Unumstritten ist die Tatsache, daß Jacopo Sansovinos Sohn Francesco Einfluß auf die neuen Passagen hatte, was auf eine von ihm verfaßte Kurzvita des Vaters zurückzuführen ist, die als Manuskript vorliegt (Uffizien, Bibliothek, Ms. 60, Misc. I, ins. 23, vgl. die akkurate Transkription des Manuskript von Davis 1984, S. 40–41). Während Robert Williams Francesco Sansovino jedoch lediglich als Informanten und dessen Manuskript als Quelle für Vasari ansieht, trug der Sohn des Künstlers Char-

les Davis zufolge die alleinige Verantwortung für die Neuauflage, die gänzlich ohne Vasaris Beteiligung realisiert worden sei (vgl. Davis 1981; Davis 1984, S. 41 und Williams 1993, S. 261–265). Davis griff darüber hinaus einen Vorschlag Cicognas aus der Mitte des 19. Jahrhunderts auf, dem zufolge die Neuedition auf Veranlassung Francesco Sansovinos in der venezianischen Druckerei seines Sohnes Jacopo, des Enkels des Künstlers, gedruckt worden sei. Dabei bestätigte Davis nicht nur die von Cicogna nachgewiesene Ähnlichkeit der Typographie mit einem anderen Werk aus der Druckerei Jacopo Sansovinos des Jüngeren, sondern führte auch sehr überzeugende inhaltliche Beweggründe für die Neuedition der Vita durch Francesco Sansovino an.

9 Cellini, *Autobiographie*, I, 78.

10 Vgl. Davis 1981, S. 294.

## *Zu Vasaris Text (S. 15–66)*

Die in den Anmerkungen angegebenen Literaturverweise sind weiterführend. Aus Platzgründen wurde in der Regel die aktuellste Literatur bevorzugt. Auch sei hier auf eine Auswahl grundlegender Nachschlagewerke verwiesen: AKL, DBI, Thieme/Becker, Turner 1996, Turner 2000 sowie auf frühere Kommentare der Vita Jacopo Sansovinos, stellvertretend: Vasari/Milanesi, Bd. VII, S. 485–533 und Vasari/Chastel, Bd. X, S. 73–115.

1 In der im Vorwort erwähnten Neuedition der Vita aus den 1570er Jahren wird an dieser Stelle noch hinzugefügt, daß der Ort Monte San Savino unweit von Arezzo gelegen und jüngst dadurch nobilitiert worden sei, daß Papst Julius III., in dessen Diensten Vasari bis 1545 gestanden hatte, von dort herstamme. Darauf folgt eine einleitende Passage über Jacopo Sansovinos Herkunft und Kindheit (siehe Appendix 1).

2 Andrea di Niccolò di Menco de' Mucci, nach seinem Geburtsort Sansovino genannt (*um 1467 Monte San Savino – †1529 ebenda). In erhaltenen Dokumenten zu Andrea Sansovino findet sich kein Hinweis auf den von Vasari verwendeten Nachnamen ›Contucci‹.

3 Michelangelo Buonarroti (*1475 Caprese – †1564 Rom)

4 Die *Taufe Christi* (Marmor, Florenz, Museo dell'Opera del Duomo) war eine von drei Figurengruppen, die Skulpturen von Tino di Camaino über den Portalen des Baptisteriums in Florenz ersetzen sollten, da diese mittlerweile als veraltet empfunden wurden. Andrea Sansovino begann um 1502–1505 mit der Arbeit an der zunächst für das Süd-

portal bestimmten Gruppe, konnte die Arbeit aufgrund seiner Berufung an den päpstlichen Hof aber nicht vollenden. Das heute aus *Christus, Johannes dem Täufer* und einem *Engel* bestehende Ensemble wurde erst 1568–1569 von Vincenzo Danti vollendet. Obwohl die Figurengruppe als wichtiges Werk Andrea Sansovinos gilt, da der *Christus* und der *Johannes der Täufer* als seine ersten monumentalen Skulpturen angesehen werden, wird noch heute der Anteil Dantis daran kontrovers diskutiert. Herbert Keutner beispielsweise stellte die These auf, daß Danti den *Christus* allein ausgeführt habe und hierfür ein damals noch erhaltenes Modell Sansovinos verwendete. Ein vermutlich von Danti hinzugefügter Engel aus Stuck oder Terrakotta wurde 1792 durch einen Engel aus Marmor ersetzt, der von Innocenzo Spinazzi skulptiert worden war. Da die Marmorgruppe durch die Witterung stark zerstört wurde, mußte sie von ihrem ursprünglichen Aufstellungsort abgenommen und 1976 bis 1985 restauriert werden.

Bibl.: Paatz 1933, S. 141; Keutner 1977, S. 370–380; Collareta 1986, S. 151–171.

5 Jacopo d'Antonio Sansovino (*1486 Florenz – †1570 Venedig) wurde 84 Jahre alt. Die Angabe in der Neuedition der Vita, Sansovino sei im Alter von 93 Jahren gestorben, ist falsch. Der Künstler wurde am 2. Juli 1486 getauft, während er laut der von seinem Sohn verfaßten Grabinschrift am 27. November 1570 starb, und nicht, wie nur wenige Zeilen zuvor in der Neuedition angegeben, am 2. November. Bei besagtem Datum könnte es sich allerdings, wie Boucher vermutet, um einen Druckfehler handeln – die zweite Zahl 7 wäre demnach beim Druck vergessen worden.

Bibl.: Boucher 1991, Bd. I, S. 177 und S. 275, Anm. 6.

6 Das Übertreffen des Meisters durch den Schüler ist ein die Fähigkeit eines Künstlers auszeichnender Topos, auf den in vielen Künstlerviten rekurriert wird. In der Leonardo-Vita findet sich beispielsweise ein entsprechender Passus, in dem es heißt, Leonardo habe noch als Lehrling in der Werkstatt Andrea Verocchios diesen in einem gemeinsamen Gemälde durch die Darstellung eines Engels übertroffen (Vasari, *Leonardo*, S. 22). In einem seiner Manuskripte notierte Leonardo denn auch, ein Künstler, der seinen Meister nicht übertreffe, sei kümmerlich (»Tristo è quel discepolo che non avanza il suo maestro.« (Vgl. Richter, *Leonardo*, Bd. I, S. 308, Nr. 498).

7 Mit der Aufzählung der allesamt positiv konnotierten Qualitäten Leichtigkeit (*facilità*), Zartheit (*dolcezza*), Anmut (*grazia*) und Liebreiz (*leggiadria*) in Sansovinos frühen Werken benennt Vasari zugleich auch die herausragendsten Merkmale der ›Florentiner Schule‹.

[8] Eigentlich Andrea d'Agnolo, genannt Andrea del Sarto (*1486 Florenz – †1530 ebenda)

[9] Von der innigen Freundschaft und Zusammenarbeit seines Lehrers Andrea del Sarto mit Jacopo Sansovino berichtet Vasari auch in der Vita des Erstgenannten und fügt hinzu, beide seien sowohl am Tag als auch während der Nacht unzertrennlich gewesen (vgl. Vasari, *Andrea del Sarto*, S. 17). Die hier als Ideal geschilderte Zusammenarbeit zwischen einem Maler und einem Bildhauer, die sich gegenseitig inspirieren, bestätigt Vasaris Kunsttheorie, in der dem *disegno* eine grundlegende und die Kunstgattungen vereinende Funktion zukommt. Die Anfertigung dreidimensionaler Modelle für Gemälde war in der Frühen Neuzeit allerdings eine gängige Praxis. Auch Mantegna, Bramante und viele andere sollen sich ihrer bedient haben. Von Pontormo berichtet Vasari beispielsweise, dieser habe für fast alle Figuren seiner heute verlorenen Fresken in San Lorenzo »rundplastische und fein ausgearbeitete Tonmodelle« angefertigt (Vasari, *Pontormo*, S. 64).

Bibl.: Garrard 1970, S. 28–32.

[10] Bei dem hier erwähnten Gemälde Andrea del Sartos handelt es sich um die sogenannte *Harpyienmadonna* (Öl auf Holz, 207 x 178 cm, 1517), die sich heute in den Uffizien befindet (siehe auch Vasari, *Andrea del Sarto*, S. 30).

[11] Baccio da Montelupo, eigentlich Bartolomeo Sinibaldi (*1469 Montelupo – †1535 Lucca)

[12] Im Jahr 1515 fand Baccio da Montelupos Bronzestatue eines *Heiligen Johannes des Evangelisten* im Tabernakel besagter Zunft an der Südfassade von Orsanmichele Aufstellung.

Bibl.: Finiello Zervas 1996, Bd. I (Text), S. 464–466.

[13] Nanni Unghero (*um 1490 Florenz – †1546 ebenda)

[14] Das vermutlich um 1510–1512 entstandene Tonmodell des *Johannes des Evangelisten* ging später – sofern es mit dem 1584 von Raffaello Borghini erwähnten Modell identisch ist (Borghini, *Riposo*, S. 20) – in den Besitz von Ridolfo Sirigatti über. Danach verliert sich die Spur. Über die Tonmodelle der großen *Putti* und des *Heiligen Nikolaus von Tolentino* ist nichts bekannt.

Bibl.: Garrard 1970, S. 42–47 u. S. 258–268; Boucher 1991, Bd. II, S. 358.

[15] Die farbig gefaßte, von Nanni Unghero geschnitzte Holzfigur des *Heiligen Nikolaus von Tolentino* (ca. 158 cm hoch) befindet sich in einer Nische auf dem dritten Altar rechterhand des Eingangs von Santo Spirito in Florenz. Die Datierung der Figur ist umstritten. Vasaris chronologischer Einordnung zufolge hätte das Werk um 1506 entstanden sein müssen, Garrard und Shearman optieren aufgrund stilistischer Verglei-

che für eine Datierung um 1508 beziehungsweise 1509, während Balogh in ihrer Studie zu Unghero das Entstehungsdatum der Holzfigur auf 1515 festlegt.

Bibl.: Balogh 1924–1926, S. 100 und S. 115; Shearman 1965, Bd. I, S. 24–25; Garrard 1970, S. 42–54; Boucher 1991, Bd. II, S. 353–354.

16 Giuliano da Sangallo (*um 1445 Florenz – †1516 ebenda)

17 Julius II., mit weltlichem Namen Giuliano della Rovere (*1443 Albissola bei Savona – †1513 Rom), Papst von 1503 bis 1513

18 Giuliano da Sangallos Einladung nach Rom erfolgte entweder 1506, kurz nachdem Andrea Sansovino nach Rom gegangen war, oder im folgenden Jahr, als Giuliano auf einer Reise durch Florenz kam.

19 Der achteckige Innenhof, der die Villa del Belvedere Papst Innozenz' VIII. mit den Ausläufern der langen Enfiladen des Vatikanischen Palastes verbindet, ist auch als Cortile delle Statue bekannt. Bramante hatte den Hof mit zahlreichen Nischen entworfen, um darin die sich ständig ausweitende Skulpturensammlung Julius' II. unterbringen zu können. Der von allen Seiten umschlossene Gartenhof steht in der Tradition eines *giardino secreto*. Zu den berühmtesten Statuen des Cortile, die in den ersten Jahrzehnten des 16. Jahrhunderts dort Aufstellung fanden, zählen neben dem *Laokoon* der nach dem Hof benannte *Apoll*, der *Torso vom Belvedere*, eine *Venus Felix*, eine *Kleopatra* und drei *Flußgötter*.

Bibl.: Brummer 1970; Nesselrath 1998, S. 1–16; Winner 1998, S. IX–XI.

20 Donato Bramante (*um 1443 Monte Asdrualdo, heute Fermignano – †1514 Rom)

21 Die hier erwähnte Plastik gilt als verschollen.

22 Die 1506 bei Ausgrabungen entdeckte antike Skulpturengruppe des *Laokoon* wurde sofort nach ihrer Auffindung von Papst Julius II. erworben und fand im Juni desselben Jahres im Cortile delle Statue im Belvedere Aufstellung. Aufgrund einer Stelle in Plinius' *Naturalis Historiae* (XXXVI, 37) konnte man ihren ursprünglichen Aufstellungsort im Palast des Kaisers Titus identifizieren und ihren Stellenwert als bedeutendstes Kunstwerk der Antike einschätzen. Außerdem benennt Plinius die drei Bildhauer Athanadoros, Hagesandros und Polydoros aus Rhodos als Urheber der Skulpturengruppe und behauptet, bei dem *Laokoon* handele es sich um eine Marmorkopie nach einem pergamenischen Bronzeoriginal aus der Zeit um 140 v. Chr., Angaben, die bis heute plausibel erscheinen. Der *Laokoon* wurde von zahlreichen Künstlern kopiert und abgezeichnet. Die wohl berühmteste Kopie der Gruppe wurde von Primaticcio für Franz I. um 1540 in Bronze gegossen und befindet sich noch heute im Schloß von Fontainebleau.

Bibl.: Andreae 1998, S. 161–163; Settis 1999.

[23] Zaccaria Zacchi (*1473 Arezzo – †1544 Rom), genannt Zaccaria da Volterra, da sein Vater aus Volterra stammte
[24] Alonso Berruguete (*1486 Paredes de Nava – †1561 Toledo)
[25] Eigentlich Domenico Aimo, genannt Vecchio (*um 1460/70 Varignana – †1539 Bologna)
[26] Raffaello Sanzio (*1483 Urbino – †1520 Rom)
[27] Der hier beschriebene Wettbewerb um die Kopie des *Laokoon* zwischen Jacopo Sansovino, Zaccaria Zacchi, Alonso Berruguete und Vecchio, dessen Resultate von Raffael begutachtet wurden, kann nur Ende des Jahres 1507 oder in der ersten Hälfte des darauffolgenden Jahres stattgefunden haben, was aus einem Vergleich der dokumentierten Romaufenthalte aller fünf Künstler hervorgeht. Eine in den Uffizien befindliche Entwurfszeichnung für den *Laokoon* (Inv.-Nr. 14535F) wurde noch von Boucher für ein Werk Sansovinos gehalten, während Bartalini sie jüngst als ein Werk Sodomas identifizierte. Die Kreidezeichnung des *jüngeren Sohns von Laokoon* im Besitz des Louvre (Inv.-Nr. 2712) zeigt eine deutliche Verwandtschaft mit der Florentiner Zeichnung, so daß Boucher diese, im Gegensatz zu Berenson, ebenfalls Sansovino zuschreibt.

Bibl.: Berenson 1938, Bd. II, S. 308; Boucher 1991, Bd. II, S. 361 und S. 377; Bartalini 1996, S. 15.

[28] Domenico Grimani (*1461 Venedig – †1523 Rom), Sohn des Dogen Antonio Grimani und seit 1493 Kardinal. Er war der erste seiner Familie, der das politisch einflußreiche Amt des Patriarchen von Aquileia (ab 1497) bekleidete, und begründete damit eine lange währende dynastische Folge. 1517 trat er das Amt an seinen Neffen Marino Grimani ab. Aufgrund seines philosophischen Interesses stand er mit bedeutenden Persönlichkeiten seiner Zeit in Kontakt, namentlich mit Lorenzo de' Medici, Pico della Mirandola und Angelo Poliziano. Grimani war ein passionierter Sammler von Büchern sowie antiker und zeitgenössischer Kunstwerke (von Tizian, Raffael, Giorgione, Dürer, Memling und Bosch).

Bibl.: Benzoni 2002 a, S. 599–606; Bortolloni 2002, S. 606–609.

[29] Jean de Lorraine (*1498 – †1550), Herzog von Lothringen, seit 1518 Kardinal
[30] Die um 1508 für Kardinal Grimani in Bronze gegossene Nachbildung des *Laokoon* von Sansovino gelangte 1523 nach Venedig und ging, wie Vasari berichtet, 1534 in den Besitz von Jean de Lorraine über, der sie 1550 seinem Neffen Charles de Lorraine vererbte. Heute gilt die Bronzegruppe als verschollen. Aus einem Inventar des Besitzes von Grimani geht hervor, daß die Gruppe in drei Teilen gegossen wurde und der *Laokoon* ungefähr 29 cm hoch war. Eine Vorstellung von der ursprünglichen Gestalt und Qualität der Plastik für Grimani kann die aus

dem Besitz Fürst Cosimo de' Medicis stammende Bronzegruppe des *Laokoon* im Florentiner Bargello liefern, deren Maße den Angaben des Inventars ungefähr entsprechen und die Sansovino zugeschrieben wird.

Bibl.: Boucher 1991, Bd. II, S. 361 und S. 314–315.

31 Giuliano da Sangallo verließ Rom 1509.

32 Domenico della Rovere (*1442 Piemont – †1501 Rom), Erzbischof von Turin und seit 1478 Kardinal, stammte aus einer Piemonteser Adelsfamilie. Seine Verwandtschaft mit Papst Sixtus IV. ist umstritten. Domenico erbaute den Palazzo de' Penitenzieri, in dem Sansovino und Perugino wohnten, sowie die Grabkapelle der della Rovere in Santa Maria del Popolo in Rom.

Bibl.: Uginet 1989, S. 334–337.

33 Eigentlich Pietro di Cristoforo Vannucci, genannt Pietro Perugino (*1450 Città del Pieve – †um 1523 Fontignano)

34 Die sogenannte Stanza di torre Borgia ist heute nach Raffaels berühmtem Fresko des *Borgobrands* vor allem als Stanza dell'Incendio bekannt. Der Raum diente als Sitz der *Segnatura gratiae*, einem Gericht, dem der Papst persönlich vorstand. Julius II. beauftragte im Frühjahr 1508 neben Perugino unter anderen die Künstler Signorelli, Sodoma, Bramantino und Baldassare Peruzzi mit der malerischen Ausstattung des Gemachs. Wie Vasari richtig angibt, fiel Perugino die Aufgabe zu, das Deckengewölbe mit Fresken auszuschmücken, die noch heute *in situ* erhalten sind.

Bibl.: Scarpellini 1984, S. 117.

35 Giovanni di Taddeo Gaddi (*1493 Florenz – †1542 Rom), Florentiner Edelmann, Sammler von seltenen Büchern und Kunstwerken, Mäzen von Künstlern und Literaten. Laut Vasari soll er schon seit seiner Jugend mit Jacopo Sansovino und Giovanni Rustici befreundet gewesen sein. Sein Mäzenatentum setzte er in Rom fort, als er 1525 dorthin übersiedelte und unter Clemens VII. Sekretär der päpstlichen Kanzlei wurde. Er war mit Sebastiano del Piombo, Michelangelo und Benvenuto Cellini befreundet, und auch Sansovino, dessen Terrakottamodelle er sammelte, stand in seiner Gunst. Den Dichter Annibale Caro beschäftigte er längere Zeit als persönlichen Sekretär. Dank des literarischen Interesses von Gaddi wurden Machiavellis Schriften *Il principe* (1513) und die *Discorsi* (1513–1521) in Rom veröffentlicht.

Bibl.: Arrighi 1998, S. 156–158.

36 Die um 1508–1510 entstandene und in der neueren Forschung seit Middeldorf einhellig Sansovino zugeschriebene Gruppe der *Kreuzabnahme* (76,2 x 72,4 cm) befindet sich heute im Londoner Victoria and Albert Museum. Die aus Wachs gefertigten Figuren sowie die hölzer-

nen Kreuze und Leitern sind mit Blattgold beschichtet und in einen von dorischen Säulen flankierten hölzernen Kasten (97,8 x 89,5 cm) gesetzt, auf dessen rückseitiger Innenwand eine Landschaft in Grisaillemalerei erscheint, die als Werk eines Florentiner Künstlers des späten Cinquecento gilt.

Bibl.: Middeldorf 1936; Boucher 1991, Bd. II, S. 316; Poeschke 1992, S. 145; Williamson 1996, S. 94–95.

37 Luca Signorelli (*um 1450 Cortona – †1523 ebenda)

38 Eigentlich Bartolomeo Suardi, genannt Bramantino (*um 1465 Mailand? – †1530 ebenda)

39 Bernardino Pinturicchio (*um 1452 Perugia – †1513 Siena)

40 Cesare Cesariano (*1483 Prospiano bei Varese – †1543 Mailand) war als Architekt, Theoretiker und Maler tätig. Bei der von Vasari angesprochenen Vitruv-Kommentierung handelt es sich um das 1521 in Como erschienene Werk *Di Lucio Vitruvio Pollione de Architectura,* der ersten italienischen Übersetzung des lateinischen Textes mit Anmerkungen und Illustrationen. Eine illustrierte Ausgabe des lateinischen Textes war allerdings schon 1511 von dem Architekten Fra Giocondo publiziert worden.

Bibl.: Samek Ludovici 1980, S. 172–180.

41 Es existieren keine Belege über etwaige von Sansovino ausgebesserte Antiken.

42 Sansovino kehrte um 1510/11 nach Florenz zurück. Der Begriff *aria* kann bei Vasari ›Erscheinung‹ oder ›Aussehen‹, aber auch, wenn es etwa um die *aria di Firenze* oder die *aria di Roma* geht, ein bestimmtes künstlerisch-geographisch-klimatisches Milieu bezeichnen. So erklärt Vasari Michelangelos langjährige Abwesenheit von Florenz mit der besseren Luftqualität Roms, die ihn bis ins hohe Alter bei Gesundheit erhalten habe. In der Lebensbeschreibung von Gaddo Gaddi hingegen ist die Rede von der herausragenden Qualität der Florentiner Luft, die erlesene Geister hervorgebracht habe. In der Vita Rosso Fiorentinos wiederum wird vom negativen Einfluß des römischen Milieus (im Sinne von Ambiente) auf Rosso, Fra Bartolomeo und Andrea del Sarto gesprochen, so daß diese die Stadt schnell wieder verlassen hätten.

Bibl.: Chastel 1978 (1973), S. 393–405.

43 Die Florentiner Familie der Pitti ist noch nicht umfassend erforscht. Hinzu kommt, daß zahlreiche ihrer Mitglieder den Vornamen Piero trugen, was die Bestimmung des hier genannten Piero Pitti schwierig macht. Es könnte sich um Piero di Salvestro di Ruberto Pitti (*1460) handeln oder um Piero di Bastiano di Giovannozzo Pitti (*1478). Über beide ist jedoch nichts Näheres bekannt.

44 Baccio Bandinelli (*1493 Gaiuole, Chianti – †1560 Florenz)
45 Über den Verbleib der Modelle ist nichts bekannt.
46 Lorenzo di Credi (1459 Florenz – †1537 ebenda)
47 Hier könnte es sich um den Florentiner Averardo di Alessandro di Antonio di Luca da Filicaia (*1461 Florenz) handeln, der 1518 *Gonfaloniere di Giustizia* war.
48 Der Edelmann Bindo Altoviti (*1491 Rom – †1557 ebenda) war ein in Rom lebender Bankier florentinischer Herkunft. Im Alter von 16 Jahren erbte er die Bank seines Vaters Antonio. Nach Schließung des durch Agostino Chigi in Rom gegründeten konkurrierenden Unternehmens im Jahr 1528 stieg er zum mächtigsten Financier der päpstlichen Kurie auf. Als die Medici 1530 nach Florenz zurückkehrten, entwickelte sich Altoviti zu einem Gegner des Regimes, wobei er mit diplomatischem Geschick zu verhindern wußte, daß das Verhältnis zum amtierenden Papst Clemens VII. de' Medici getrübt wurde. Sein heute zerstörter Palast in der Nähe der Engelsbrücke war nicht nur Treffpunkt für viele Florentiner Exilanten, sondern beherbergte zudem eine umfangreiche Sammlung von Antiken aus der Villa Hadrians sowie zahlreiche Werke, die er selbst in Auftrag gegeben hatte. Neben Jacopo Sansovino zählten auch Raffael (vgl. Vasari, *Raffael*, S. 59) und Benvenuto Cellini zu den von ihm verpflichteten Künstlern, die ihn beide porträtierten.

Bibl.: Stella 1960, S. 574–575.

49 Bindo Altoviti erhielt das Modell des *Heiligen Jakobus* möglicherweise als Dank für seine äußerst positive Schätzung der *Madonna* Sansovinos für die Familienkapelle der Martelli (vgl. Anm. 87). Myssok hat das Tonmodell eines Heiligen im Pariser Musée Jacquemart André, das schon lange als ein Werk Jacopo Sansovinos galt, auf 1511 datiert und als Modell für die Apostelstatue des Florentiner Doms identifiziert: Mozzati hingegen ordnet das Modell aufgrund stilistischer Vergleiche Sansovinos erster Florentiner Schaffensphase zu und hält es für einen *Heiligen Paulus*, der um 1506–1508 entstanden sei.

Bibl.: Myssok 1999, S. 202–209; Kat. Altoviti 2003, S. 385–390 (Tommaso Mozzati).

50 Bereits 1503 hatte die Florentiner Dombauhütte bei Michelangelo zwölf Apostelstatuen für die Pfeiler des Querschiffs in Auftrag gegeben. Die von ihm begonnene Statue des *Heiligen Matthäus* wurde jedoch nie vollendet. Das Projekt lebte erst 1511 wieder auf, als man zunächst Jacopo Sansovino und später auch Andrea Sansovino, Benedetto da Rovezzano und Andrea Ferrucci mit Apostelfiguren beauftragte. Verschiedene Zahlungen in einer Gesamthöhe von 150 Florin belegen Sansovinos Schaffen von 1511 bis Mitte des Jahres 1518, kurz bevor er nach

Rom ging. Zusammen mit den Figuren von Rovezzano und Ferrucci blieb die Skulptur des *Heiligen Jakobus* (Marmor, 256 cm, 289 cm mit Plinte) bis 1565 in der Florentiner Dombauhütte. Ein Vergleich mit del Sartos Porträt von Sansovino in seinem Fresko *Anbetung der Heiligen Drei Könige* (Florenz, Santissima Annunziata, Chiostrino dei Voti) oder auch mit Tintorettos Porträt von Sansovino in reifem Alter (Florenz, Uffizien) läßt darauf schließen, daß es sich bei Sansovinos *Heiligem Jakobus* um ein Selbstporträt handelt.

Bibl.: Boucher 1991, Bd. II, S. 318–319; Poeschke 1992, S. 145–146; Myssok 2002a, S. 15–17; Myssok 2002b, S. 50–53.

51 Johanna von Habsburg (* 1547 Prag – † 1578 Florenz)

52 Francesco I. de' Medici, Sohn von Cosimo I. de' Medici (* 1541 Florenz – † 1587 Poggio a Caiano bei Florenz)

53 Über den Verbleib der Venus für Giovanni Gaddi ist nichts bekannt, allerdings wird sie noch 1584 von Raffaello Borghini erwähnt (Borghini, *Riposo*, S. 529).

54 Francesco Montevarchi: Arzt und Kunstliebhaber, um 1550 aktiv

55 Die genannten Werke sind verloren.

56 *macigno* = grau-brauner Sandstein, der an Florentiner Bauten sehr häufig verwendet wird

57 Benedetto da Rovezzano, eigentlich Benedetto di Bartolomeo de' Grazini (* 1474 Canapale bei Pistoia – † 1552 Vallombrosa bei Florenz)

58 In der Vita Benedetto da Rovezzanos (Bettarini/Barocchi, *Vite*, Bd. IV, S. 286) erwähnt Vasari einen Kamin, den dieser 1512 für Altoviti angefertigt habe. Im Zuge der Umbauarbeiten des an der Via del Parione gelegenen Palazzo Altoviti zum Palazzo Corsini wurde der Kamin zerstört. Die Inschrift auf einer Zeichnung der Wiener Albertina (Inv.-Nr. 137 v) verweist auf ein Werk Sansovinos im Haus Altovitis. Auf der Zeichnung ist die Hälfte einer architektonischen Struktur zu sehen, bei der es sich wahrscheinlich um einen Entwurf für besagten Kamin handelt.

Bibl.: Boucher 1991, Bd. II, S. 360–361; Davis 1996, S. 93–114; Attardi 2002, S. 105–107; Pegazzano 2003, S. 63–64.

59 Der Fries ist nicht erhalten.

60 Über den Verbleib der beiden marmornen *Putti* für Altoviti ist nichts bekannt.

61 Die beiden *Putti* für Giovanfrancesco Ridolfi (* 1475 – † 1533) sind verloren. Vermutlich entstanden sie um 1520. Zu dieser Zeit ließ sich Ridolfi einen Palast in der Via Maggio bauen, als dessen Architekt Baccio d'Agnolo gilt. Noch im Jahr 1584 wurden sie von Raffaello Borghini als im Hause Ridolfi befindlich erwähnt (Borghini, *Riposo*, S. 529). Einer Erwähnung Francesco Bocchis in seinem Werk *Bellezze di Firenze*

(Bocchi, *Bellezze*, S. 84) zufolge, auf die Davis aufmerksam machte, bestanden die auch von Bocchi sehr gelobten *Putti* aus *pietra serena*, einer für Kamine bevorzugten Steinsorte. Der Hinweis auf die Beschaffenheit der *Putti* sowie die Tatsache, daß sie kleine Fackeln in den Händen gehalten hätten, läßt vermuten, so Davis, daß es sich bei den wappenhaltenden *Putti* nicht, wie bisher angenommen, um einen Fassaden- oder Wandschmuck handelte, sondern um einen Kaminaufsatz, ähnlich jenem von Vasari vorher erwähnten für Bindo Altoviti.

Bibl.: Boucher 1991, Bd. II, S. 362; Davis 1996, S. 99.

62 Giovanni Bartolini Salimbeni (*1472 Florenz – †1544 ebenda) bekleidete bedeutende öffentliche Ämter in Florenz, wie jenes des *Provveditore della Zecca* (1503–1525) oder des *Priore di libertà* (1508). Daneben tat er sich aber auch als Kunstmäzen hervor und entfaltete eine rege Bautätigkeit. Er ließ nicht nur das hier von Vasari erwähnte, von einer großen Gartenanlage umgebene Casino errichten, das innerhalb der Florentiner Stadtmauern zwischen der Via Gualfonda und der Via della Scala lag, sondern auch den noch heute existierenden Stadtpalast der Bartolini Salimbeni an der Piazza Santa Trìnita in Florenz. Mit letzterem wurde Baccio d'Agnolo im Jahr 1520 beauftragt.

Bibl.: Lingohr 1997, S. 52.

63 Das Modell des *Bacchus* ist nicht erhalten.

64 Über Sansovinos Lehrling Pippo del Fabbro ist weiter nichts bekannt.

65 Der Wahrheitsgehalt dieser Geschichte läßt sich leider nicht mehr eruieren. Barolsky unterstreicht im Zusammenhang mit der zwar tragischen, aber von Vasari durchaus amüsant erzählten Episode dessen Vorliebe für die mythische Erzählung des Bildhauers Pygmalion, die hier gleichsam ihre Umkehrung erfahre. Anders als bei Pygmalion, unter dessen Händen sich eine elfenbeinerne Skulptur in Fleisch und Blut verwandelte, handelt es sich bei Sansovinos Lehrling Pippo um einen Menschen, der so gekonnt Modell steht, daß er selbst glaubt, eine Skulptur zu sein. Letztlich dient die Episode um Pippo del Fabbro in der Komposition des Textes als Prolog für Vasaris schwärmerische Beschreibung der lebensechten Bacchusskulptur, als wolle er mit ihrer ausgefallenen Entstehungsgeschichte ihre Meisterhaftigkeit erklären. In der späteren Neuedition der Vita wurde die Episode gänzlich gestrichen.

Bibl.: Barolsky 1995, S. 49.

66 Gherardo Bartolini Salimbeni (*1487 Florenz – †1551 ebenda) war dem Hause Medici sehr verbunden. Er gehörte dem Rat der Zweihundert an und wurde 1544 von Cosimo I. zum Senator ernannt.

Bibl.: Cantagalli 1964, S. 630–631.

67 Cosimo I. de' Medici (*1519 Florenz – †1574 Castello) entstammte

mütterlicherseits (Maria Salviati) dem älteren Zweig der Medici, väterlicherseits (Giovanni delle Bande Nere) dem jüngeren Zweig. 1537, nach der Ermordung Alessandro de' Medicis durch Lorenzino, verblieb Cosimo als einziger legitimer Nachfolger und wurde zum Herzog der Toskana auserkoren. 1569 stieg er zum Großherzog auf.

Bibl.: Cox-Rearick 1984.

68 Der zwischen 1510 und 1512 unmittelbar nach Sansovinos Rückkehr aus Rom entstandene *Bacchus* (Carrara-Marmor, 146 cm) wurde 1519 auf eine Plinthe aus rotem und weißem Marmor von Benedetto da Rovezzano gestellt, die allerdings durch eine neue ersetzt wurde. Bis zum Tod des Auftraggebers stand die Statue im Garten an der Via Gualfonda, gegen Mitte des 16. Jahrhunderts wurde sie dann von Gherardo Bartolini Herzog Cosimo I. geschenkt. Heute befindet sich der *Bacchus* im Florentiner Bargello. Mit der Skulptur stellte Sansovino sein Können erstmals einer breiteren Öffentlichkeit vor und trat in einen *paragone* mit Michelangelos rund eine Dekade früher entstandener Skulptur des Weingottes.

Bibl.: Gallo 1986; Boucher 1991, Bd. I, S. 13 und Bd. II, S. 317; Poeschke 1992, S. 145.

69 Das Werk ist verschollen.

70 Papst Leo X., eigentlich Giovanni de' Medici (*1475 Florenz – †1521 Rom), Sohn von Lorenzo il Magnifico, Kardinal seit 1489, Papst seit 1513

71 Giuliano de' Medici (*1479 Florenz – †1516 ebenda), von Franz I. zum Herzog von Nemours ernannt. Giuliano regierte die Stadt Florenz nach seiner Rückkehr aus dem Exil von 1512 bis 1513, woraufhin er die Regierung seinem Neffen Lorenzo de' Medici, dem Herzog von Urbino, übergab. Michelangelo entwarf sein berühmtes Grabmal in der Neuen Sakristei von San Lorenzo.

72 Papst Leo X. erreichte Florenz am 30. November 1515. Er machte auf seinem Weg nach Bologna, wo er Franz I. von Frankreich zu einer Unterredung treffen wollte, drei Tage lang Station in seiner Heimatstadt. Sein Rückweg nach Rom führte ihn abermals nach Florenz, wo er sich vom 22. Dezember bis zum 28. Februar aufhielt. Für die Florentiner war dieser Besuch von großer Bedeutung, da seit 1441 kein Papst mehr die Stadt am Arno beehrt hatte und der Einzug Leos X. zudem die triumphale Rückkehr des Hauses der Medici unterstrich. Da das Treffen zwischen Papst und Kaiser aufgrund der Niederlage des päpstlichen Heeres (am 13. und 14. September in Marignano) stattfand und somit kurzfristig angesetzt worden war, blieb den Florentinern nur wenig Zeit zur Vorbereitung. Um die Stadt für den festlichen Einzug des Papstes in aller Eile zu dekorieren und regelrecht in eine Bühne zu verwandeln, wurden alle in ihr wohnhaften Künstler mobilisiert.

Bibl.: Ciseri 1990.

73 Die Entwürfe sind nicht erhalten.

74 Wenn Vasari von ›deutscher Ordnung‹ oder ›deutschem Stil‹ spricht, so meint er den sich durch ›verwerfliche Plumpheit‹ auszeichnenden gotischen Stil, der ihm zufolge unmittelbar aus den Wirren der Zeit der Völkerwanderung hervorging und nach der Zerstörung Roms in den Künsten Einzug gehalten habe. Vasari hatte entscheidenden Einfluß auf die Prägung des Stilbegriffs der Gotik, indem er die in Italien schon vor ihm häufig kritisierte *maniera tedesca* mit der *maniera de' Gotti* gleichsetzte. In seiner *Introduzione alle tre arti del disegno* von 1568 verleiht Vasari seiner abwertenden Haltung gegenüber der *maniera tedesca* deutlich Ausdruck. In den *Vite* verwendet er die Begriffe *maniera tedesca* oder *maniera de' Gotti* sowohl als historisch beschreibenden wie auch als ästhetisch wertenden Terminus.

Bibl.: Muratova 1994, S. 23–47.

75 Der Palazzo Lanfredini am linken Arnoufer, dem Lungarno Guiccardini, wurde 1513 von Lanfredino di Jacopo Lanfredini (*1456 Florenz – †1520 ebenda) und seinem Bruder Antonio bei Baccio d'Agnolo in Auftrag gegeben. Die erwähnten Halbreliefs sind verschollen.

Bibl.: Arrighi 2004, S. 602–605.

76 Arnolfo di Cambio (*1265 Colle di Val d'Elsa bei Siena – †1302 Florenz?). Vasari gibt irrtümlicherweise den deutschen Steinmetz Lapo (Jacopo Tedesco) als Vater Arnolfos an. In einem Florentiner Dokument wird Arnolfo hingegen als »Arnolphus de Colle filius olim Cambii« erwähnt, was die von Vasari behauptete deutsche Herkunft des Künstlers widerlegt.

Bibl.: Poeschke 1996, S. 480–481.

77 Anläßlich des festlichen Einzugs Leos X. wurde die Stadt Florenz in ein ebenso provisorisches wie phantastisches Rom umgewandelt, indem einige der berühmtesten Bauten jener Stadt in ephemeren Formen nachgebildet wurden, darunter die Engelsburg, der vatikanische Obelisk und die Trajanssäule. Ein Höhepunkt des festlichen Zuges bildete der Platz vor dem Florentiner Dom, dessen ephemere Fassade in Gestalt eines Triumphbogens die Kulisse für ein Spektakel abgab, in dem das Geschlecht der Medici verherrlicht wurde. Anhand Vasaris detaillierter Beschreibung wurden mehrere Rekonstruktionsversuche des hölzernen Triumphbogens unternommen, von dem heute nichts mehr erhalten ist.

Bibl.: Boucher 1991, Bd. II, S. 358–359; Morresi 2000, S. 15–19.

78 Womöglich hat sich Sansovino in der formalen Konzeption seines Pferdes an den Entwürfen Pollaiuolos und Leonardos für das Reiterdenkmal Francesco Maria Sforzas orientiert, die um 1489/90 entstanden.

Bibl.: Myssok 1999, S. 163–178.

[79] Den Rahmen für den feierlichen Endpunkt des Zuges bildete die Piazza Santa Maria Novella, in deren Mitte sich das von Sansovino geschaffene Pferd erhob.

Bibl.: Boucher 1991, Bd. II, S. 360; Morresi 2000, S. 17.

[80] Jacopo Salviati (*1470 – †1533) war der Ehegatte von Lucrezia de' Medici und somit der Schwager von Papst Leo X. Sein Onkel war Kardinal Giovanni Salviati, der römische Mäzen Francesco Salviatis. Jacopo selbst beauftragte vermutlich Bartolomeo Ammannati mit der Erweiterung des Familienpalastes an der florentinischen Via del Corso (1572–1580). Als Mäzen und Freund Alessandro Alloris ließ er von diesem die Innendekoration des Palastes gestalten.

[81] Weder der Triumphbogen noch Entwürfe für diesen sind erhalten.

[82] Siehe Anm. 3

[83] Anlaß zur Auslobung eines Wettbewerbs um die Fassadengestaltung von San Lorenzo, der Stammkirche der Medici, gab vermutlich die von Vasari weiter oben erwähnte ephemere Festfassade für den Florentiner Dom, die, wie der Autor berichtet, Papst Leo ausgesprochen gut gefallen habe. Vasari macht zu dem Wettbewerb stark voneinander abweichende Angaben, und dies sowohl im Vergleich zwischen der ersten und der zweiten Edition der *Vite* wie auch zwischen einzelnen Künstlerviten. Die Abweichungen betreffen sowohl den Zeitpunkt des Wettbewerbs als auch die Zahl und Namen der Teilnehmer, den Ort der Entscheidung sowie das endgültige Urteil des Papstes. Morresi hält die in der vorliegenden Werkbeschreibung präsentierte Version für die plausibelste, auch aufgrund eines belegten temporären Umzugs Michelangelos und Raffaels von Rom nach Florenz im Herbst/Winter 1515/16. Das lange Zeit verloren geglaubte Projekt Sansovinos identifizierte Davis mit einem 1757 von Giuseppe Richa veröffentlichten Stich der Fassadenansicht von San Lorenzo, den letzterer Michelangelo oder Raffael zuschrieb und der später von Marchini als Entwurf Giuliano da Sangallos ausgegeben wurde. Während Morresi von der Zuschreibung aufgrund übereinstimmender Stilmerkmale mit dem Werk Sansovinos überzeugt ist, lehnt Boucher sie unter Verweis auf mangelndes Vergleichsmaterial aus jener Phase von Sansovinos Karriere und auf die große Ähnlichkeit mit dem Stil da Sangallos ab.

Bibl.: Marchini 1942, S. 76 und S. 100–101; Davis 1984, S. 39–40; Tafuri 1990; Boucher 1991, Bd. II, S. 368; Morresi 2000, S. 20–25.

[84] Baccio d'Agnolo, eigentlich Bartolommeo d'Agnolo di Donato Baglione (*1462 Florenz – †1543 ebenda)

[85] Ab welchem Zeitpunkt das Projekt allein Michelangelo übergeben wurde, ist nicht genau auszumachen, wahrscheinlich geschah dies zwi-

schen Dezember 1516 und den ersten Monaten des Jahres 1517. Nachdem Michelangelo sich geweigert hatte, einen Teil des Projekts an Sansovino abzutreten, beschwerte sich dieser in einem vom 30. Juni 1517 datierten Brief bei ihm. Nach dem Tod Lorenzo di Piero de' Medicis im Mai 1519 wurde das Projekt nicht mehr weitergeführt.
Bibl.: Morresi 2000, S. 24–25.

[86] Giovan Francesco di Niccolò Martelli (*1463 Florenz – †um 1515 Rom) gehörte einer bedeutenden Florentiner Mäzenaten- und Sammlerfamilie an. Im 16. Jahrhundert erteilte die Familie wichtige Aufträge an Lorenzo di Credi, Giorgio Vasari und Giovanni Francesco Rustici, die ebenso wie der hier erwähnte Auftrag an Sansovino in Verbindung mit Familienkapellen standen, unter anderem für San Lorenzo und San Frediano in Florenz. 1503 wurde Giovan Francesco von seinem Freund Giuliano della Rovere, der Anfang November jenen Jahres unter dem Namen Julius II. den päpstlichen Thron bestieg, nach Rom gerufen. Fortan stand der ursprünglich im Woll- und Seidenhandel tätige Giovan Francesco als Abbreviator in päpstlichen Diensten und bezog mit seiner Familie einen Palast in der Via dell'Orso.
Bibl.: Civai 1990, S. 41–42.

[87] Die Kirche Sant'Agostino am Campo Marzio war traditionsgemäß die Grabstätte der in Rom ansässigen Mitglieder der Familie Martelli. Sansovinos *Madonna mit Kind* (Carrara-Marmor, 188 cm) befindet sich noch heute *in situ*, allerdings nicht mehr in ihrem ursprünglichen funktionalen Zusammenhang. Für den rechter Hand des Eingangs gelegenen Familienaltar der Martelli schuf Sansovino nicht nur den Skulpturenschmuck, sondern entwarf auch die später von Polidoro und Maturino ausgeführten Fresken, die Vasari in deren Vita jedoch nur mit Verachtung erwähnt (vgl. Bettarini/Barocchi, *Vite*, Bd. IV, S. 463). Um 1690, unter dem Pontifikat Alexanders VIII., wurde der Altar im Zuge von Umbauarbeiten in der Kirche zerstört. Sansovinos Madonnenstatue war ursprünglich unter dem Namen *Madonna del Sasso* bekannt, seit 1820 wird sie jedoch als *Madonna del Parto* verehrt, was auf die Friesinschrift des heutigen Tabernakels zurückzuführen ist: VIRGO TVA GLORIA PARTVS. Der Vertrag für die Skulptur wurde zwischen Sansovino und Lodovico di Gino Capponi (zur Person siehe auch Anm. 104), Schwiegersohn und Verwalter von Giovan Francesco Martelli, am 20. Mai 1516 geschlossen. Da Sansovino aber erst ab Anfang des Jahres 1518 in Rom weilte, wird die Skulptur vermutlich in den folgenden drei Jahren bis 1521 entstanden sein. Bindo Altoviti fiel die vertraglich festgelegte Rolle zu, das fertige Werk zu schätzen. Es sollte je nach seinem Ermessen zwischen 250 und 300 Dukaten kosten. Altoviti veranschlagte

schließlich den Höchstpreis, wofür ihm Sansovino vermutlich mit dem Geschenk des Modells des *Heiligen Jakobus* für den Florentiner Dom dankte (vgl. Anm. 49).

Bibl.: Civai 1990, S. 42; Boucher 1991, Bd. II, S. 320–321; Poeschke 1992, S. 147–148; Kat. Altoviti 2003, S. 446.

88 Piero Salviati († 1523) war der Sohn von Jacopo Salviati und Lucrezia de' Medici und somit Neffe Leos X., der ihm den Titel ›Prior von Rom der Ritter des Heiligen Johannes von Jerusalem‹ verliehen hatte. Jacopo hatte seinen Sohn dem Papst vorgestellt, als dieser 1515 in Florenz weilte.

Bibl.: Boucher 1991, Bd. II, S. 356.

89 Von dem vermutlich aus Terrakotta gefertigten Modell fehlt jegliche Spur.

Sansovino war mit der Familie Salviati eng verbunden. Bereits anläßlich des San-Lorenzo-Wettbewerbs hatte sich Pieros Vater Jacopo für Sansovino bei seinem Schwager Leo X. für ihn eingesetzt. Es ist daher nicht auszuschließen, daß sich Sansovino durch das Geschenk an Piero erhoffte, auch bei künftigen Aufträgen der Medici bedacht zu werden.

Bibl.: Boucher 1991, Bd. II, S. 356.

90 Gil Álvarez Carrillo de Albornoz (* 1310 Cuenca – † 1367 Viterbo), ab 1338 Erzbischof von Toledo, Kardinal ab 1350

91 Die Statue des spanischen Nationalheiligen *Jakobus* (Carrara-Marmor, 265,5 cm) wurde ursprünglich für die Grabkapelle Giacomo Serras († 1517) in San Giacomo degli Spagnoli geschaffen. Im Auftrag von Leo X. überwachte Kardinal Antonio del Monte die zwischen 1518 und 1519 durchgeführten Bauarbeiten in der von Antonio da Sangallo dem Jüngeren entworfenen Kapelle. Vermutlich schuf Sansovino die Skulptur im selben Zeitraum. Nachdem die Kirche 1808 für mehrere Jahrzehnte geschlossen wurde, brachte man die Skulptur in die neue Nationalkirche der Spanier Santa Maria di Monserrato, wo sie in einer Kapelle des rechten Kirchenschiffs Aufstellung fand. Am ursprünglichen Aufstellungsort der Statue in der heute Nostra Signora del Sacro Cuore genannten Kirche befindet sich nun eine Gipskopie des *Heiligen Jakobus*.

Bibl.: Boucher 1991, Bd. II, S. 321–322.

92 Die bereits aus dem 4.–5. Jahrhundert stammende und dem Heiligen Marcellus I. geweihte Basilika am Corso war in der Nacht vom 22. auf den 23. März 1519 abgebrannt. Im 14. Jahrhundert war sie zu einer Art inoffiziellen Florentiner Nationalkirche avanciert, was den mediceischen Papst zu einem raschen Wiederaufbau des von seinen Landsleuten bevorzugten Kultortes bewog. In einer Bulle vom 8. Oktober 1519 ordnete Leo X. die sofortige Neuerrichtung der Servitenkirche an und betraute Sansovino damit. Die Unterstützung des Bauprojekts durch

den Papst bestand neben einer finanziellen Summe von 2.200 Scudi auch darin, durch Ablaßversprechen private Spender zu ermutigen. Bis Sansovino 1521 Rom für zwei Jahre verließ, müssen zumindest die Grundstrukturen seines Plans umgesetzt worden sein, da im selben Jahr bereits mit der Innenausstattung der Kirche begonnen wurde. Mit einigen Unterbrechungen dauerten die Bauarbeiten an der Kirche bis 1593 an, als man die letzten beiden Kapellen anfügte. Die Fassade der heutigen Kirche stammt von Domenico Fontana.

Bibl.: Morresi 2000, S. 44–48.

93 Die Loggia für Marco Coscia († 1524), einen vermögenden und zu Roms gesellschaftlicher Elite gehörenden Auftraggeber, dessen Genealogie erst kürzlich erforscht wurde, entstand vermutlich zwischen 1519 und 1521. Vasari gibt in seiner Beschreibung als Lage des Bauwerks fälschlicherweise die Via Appia an. Die Loggia lag jedoch an der Via Flaminia, die von der Porta del Popolo zum Ponte Milvio – einer aus römischen Zeiten stammenden Tiberbrücke – im Norden Roms führt. Möglicherweise sind Fragmente der Konstruktion Sansovinos in dem von Pirro Ligorio für Papst Pius IV. errichteten Palast (1561–1564) an der Ecke Via Flaminia und Via di Villa Giulia enthalten, in den auch die *mostra* der Acqua Vergine von Ammannati (1552–1553) integriert wurde. Bei besagten Fragmenten würde es sich um die untere Umfassungsmauer sowie eventuell um das auf die Via Flaminia zeigende Portal handeln.

Bibl.: Morresi 2000, S. 68–71.

94 Das Prozessionskruzifix ist verschollen.

95 Antonio Maria Ciocchi del Monte (* 1461/62 Monte San Savino – † 1533 Rom), 1511 von Julius II. zum Kardinal erhoben

96 Man geht davon aus, daß es sich bei der hier beschriebenen und nur in Anfängen ausgeführten Villa um einen Vorgängerbau der Villa Giulia an der Via Flaminia handelt und letztere womöglich auf bereits vorhandenen Strukturen des sansovinianischen Projekts aufbaut. Kardinal Antonio del Monte war der Onkel von Kardinal Giovanni Maria del Monte, dem späteren Papst Julius III. Dokumente belegen den Kauf von mehreren Grundstücken durch Antonio del Monte in der Gegend der heutigen Villa Giulia ab Januar 1519. Dieser Zeitpunkt sowie der Januar 1521, als Sansovino aufgrund seines Ausschlusses aus der Bauaufsicht über die Kirche San Giovanni dei Fiorentini Rom verließ, markieren die Eckdaten des Zeitraums, innerhalb dessen Sansovino vermutlich mit dem Projekt für Antonio del Monte beschäftigt war. Bis zum ›Sacco di Roma‹ (1527) könnte ein Teil des Baus realisiert worden sein, spätestens aber mit dem Tod des Kardinals (1533) wurde das Projekt nicht mehr weiterverfolgt.

Bibl.: Nova 1988, S. 58–61; Morresi 2000, S. 66–67.

[97] Fabiano Ciocchi del Monte (*1545 Montepulciano – †1569 Chatellerault), Graf von Monte San Savino, war ein außerehelicher, legitimierter Sohn Balduino del Montes, der denselben Vornamen wie der im Jahr seiner Geburt in einer Schlacht in der Picardie gefallene Erstgeborene Balduinos erhielt.

[98] Das runde Marmorrelief mit dem Porträt Kardinal Antonio Maria Ciocchi del Montes (∅ 60 cm) befindet sich heute in der Skulpturensammlung der Staatlichen Museen zu Berlin. Erworben wurde es 1877 in Florenz. Vasaris Zweifel an der Autorschaft Jacopos werden heute bestätigt, indem man das Relief aus stilistischen Gründen Andrea Sansovino und nicht seinem Schüler zuschreibt.

Bibl.: Schottmüller 1933, S. 176.

[99] Der Palast von Luigi Leoni existiert nicht mehr.

[100] Filippo Strozzi der Jüngere (*1488 Florenz – †1538 ebenda) war einer der berühmtesten Florentiner *fuorusciti*. Nachdem er als Gegner Cosimo de' Medicis 1537 zusammen mit den anderen republikanischen Exilflorentinern bei der Schlacht von Montemurlo geschlagen worden war, nahm er sich während seiner Haft in der Fortezza da Basso das Leben.

[101] Der Palazzo Gaddi steht in der heutigen Via del Banco di Santo Spirito (damals Canale di Ponte) unweit der Engelsbrücke. Auftraggeber des Familienpalastes war Luigi Gaddi, Bruder von Giovanni Gaddi, der nach dem Tod des Vaters die Leitung der Bankgeschäfte übernommen hatte. Die Arbeiten am Palast, der auf bereits vorhandenen Strukturen aufbaut, wurden 1519 aufgenommen. Sansovino war vermutlich bis zu seinem definitiven Fortgang aus der Stadt infolge des ›Sacco di Roma‹ 1527 mit dem Projekt beschäftigt. Es ist nicht sicher, inwieweit der Bau zu diesem Zeitpunkt vollendet war.

Bibl.: Morresi 2000, S. 50–65.

[102] Bei den Kirchen der genannten drei Nationen handelt es sich um die Kirche der Deutschen, Santa Maria dell'Anima, und die der Franzosen, San Luigi dei Francesi, beide jeweils in der Nähe der Piazza Navona, sowie um die spanische Nationalkirche San Giacomo degli Spagnoli (heute Nostra Signora del Sacro Cuore) direkt an der Piazza Navona.

[103] Die damals in Rom ansässigen Florentiner zählten zur wohlhabendsten Bevölkerungsgruppe überhaupt und waren größtenteils in der Kongregation der Florentiner Nation zusammengeschlossen. Zu ihrem Kreis zählten Akademiker, im Dienste des Papstes stehende Künstler sowie Bankiers, die durch Geschäfte mit der päpstlichen Kurie ihr Vermögen erworben hatten. Man wohnte im exklusivsten und teuersten Viertel Roms, im Rione Ponte an der Engelsbrücke gegenüber dem

Vatikan, wo auch die repräsentative Nationalkirche errichtet werden sollte.

104 Lodovico di Gino Capponi (*1482 – †1534) war ein bedeutendes Mitglied der Florentiner Gemeinde in Rom, wo er eine Bank geleitet hatte. Auf Gründung und Bau der dortigen Florentiner Nationalkirche San Giovanni dei Fiorentini hatte er als Konsul der Stadt Florenz maßgeblichen Einfluß. Neben seiner Karriere als Bankier trat er als Auftraggeber von Fra Bartolomeo, Francesco Penni und dem Glasmaler Guillaume de Marcillat in Erscheinung. Kurz nach dem Tod Leos X. kehrte Capponi 1521 nach Florenz zurück, wo er sich vor allem in der Zeit der letzten Republik aktiv an der Politik beteiligte. 1525 erwarb er eine Kapelle in Santa Felicita, die er in den Folgejahren von Pontormo ausstatten ließ (Vasari, *Pontormo*, S. 43–45) und in welcher er mit großem Aufwand und Pomp 1534 bestattet wurde.

Bibl.: Kent 1977, S. 94–95 und S. 105–106.

105 Antonio da Sangallo (*um 1460 Florenz – †1534 ebenda)

106 Baldassare Peruzzi (*1481 Anciano bei Siena – †1536 Rom)

107 Sebastiano Serlio (*1475 Bologna – †1554 Fontainebleau) siedelte 1514 nach Rom über, wo er Schüler und Mitarbeiter von Baldassare Peruzzi war. 1527 verließ er seine Heimatstadt Bologna und ging nach Venedig, im selben Jahr, in dem Sansovino in der Lagunenstadt ankam. Bleibenden Ruhm verschaffte sich Serlio weniger durch die wenigen von ihm konzipierten Bauten als vielmehr durch seine Rolle als Lehrmeister, als der er sich sah und aus der sein einflußreiches architekturtheoretisches Werk in sieben Büchern entsprang, die zwischen 1537 und 1576 an verschiedenen Orten (Venedig, Paris, Frankfurt am Main) publiziert wurden. Mit Serlios »zweitem Buch« meint Vasari wahrscheinlich das in der Reihenfolge der Erscheinung zweite Buch, nämlich Buch III (*Delle Antichità*, Venedig 1540), das sich mit Tempelbau und Antike befaßt.

Bibl.: Howard 1996b, S. 466–472; Frommel 1998; Deswarte-Rosa 2004.

108 Hadrian VI., eigentlich Adriaan Florensz (*1459 Utrecht – †1523 Rom). Papst Leo X. starb am 1. Dezember 1521. Es folgte das Pontifikat Hadrians VI. (Januar 1522–September 1523), der im Gegensatz zu seinem Vorgänger nicht bereit war, die von ihm als ›unchristlich‹ empfundenen kulturellen Aktivitäten in Kunst, Literatur und Musik sowie den Karneval mit öffentlichen Geldern zu fördern. Allerdings muß Vasaris negative Schilderung des Papstes als eines Kunstverächters in weiten Teilen revidiert werden. So nahm dieser, trotz geringer finanzieller Mittel, im Jahr 1522 Jan Scorel in seine Dienste, dem er die Aufsicht über die Belvedere-Sammlung übertrug. Scorel entwarf zudem einen offiziellen

Porträttyp des neuen Papstes, welcher sich lediglich als Kopie erhalten hat (Löwen, Universität).

Bibl.: Aurigemma 1996, S. 321–333.

109 Papst Clemens VII., eigentlich Giulio de' Medici (*1478 Florenz – †1534 Rom), Kardinal seit 1513, Papst ab 1523

110 Die genannten Konkurrenzentwürfe der vier gefragtesten Architekten im damaligen Rom für San Giovanni dei Fiorentini entstanden zwischen 1518 und 1519. Der Baugrund im Tiberbogen am Ende der Via Giulia gehörte der Erzbruderschaft della Pietà, die in enger Verbindung zur Florentiner Gemeinde in Rom stand. Den Anstoß für den Bau der Kirche gab der Abriß eines zu der Erzbruderschaft gehörenden Oratoriums am 11. August 1508, das der geradlinigen Verlängerung der Via Giulia zum Tiber hin weichen mußte. Auf die Proteste der Erzbruderschaft hin gestattete Julius II. den Florentinern in einem Erlaß vom 10. September 1508 den Bau einer neuen Kirche. Die ersten Entwürfe für das Projekt stammen von Bramante, den Vasari an dieser Stelle nicht erwähnt, und von Antonio da Sangallo. Wie Vasari berichtet, wurde der Entwurf Sansovinos ausgewählt, der jedoch nicht überliefert ist. Die offizielle Gründung der Kirche geht auf den 24. September 1508 zurück. Am 29. Januar 1509 erklärte Leo X. in einer päpstlichen Bulle die Kirche zur Pfarrei der Florentiner Nation, samt Taufquelle und Friedhof. Die Grundsteinlegung erfolgte am 31. Oktober 1519 durch Kardinal Giulio de' Medici in seiner Funktion als Erzbischof von Florenz. Die Gründe für Sansovinos Verlassen der Baustelle sind unklar, der von Vasari angegebene Unfall ist umstritten. Aus verschiedenen Dokumenten geht hervor, daß es Streitigkeiten zwischen Architekt und Bauherren gab und man Sansovino finanzielle Bereicherung vorwarf. Die letzten belegten Zahlungen an Sansovino datieren auf den 7. Januar 1521, die von Vasari überlieferte Rückkehr Sansovinos an die Baustelle ist eher unwahrscheinlich. Nach Sansovino übernahm Antonio da Sangallo die Leitung des Projekts. Der endgültige, über mehrere Jahrzehnte von verschiedenen Architekten realisierte Bau hat folglich nichts mehr mit Sansovinos Entwurf gemein. Die Fassade der Kirche wurde 1736 von Alessandro Galilei vollendet.

Bibl.: Morresi 2000, S. 20–25; Günther 2001, S. 451–464.

111 Louis d'Aragon (*1474 Neapel – †1519 Rom), Sohn des Königs von Neapel, Ferdinand I., war eine bedeutende Persönlichkeit am Hof Leos X. und diente als dessen Jagdmeister. Er war zunächst Bischof von Antwerpen und dann von Léon. 1496 verlieh ihm Alexander VI. den Kardinalshut. Womöglich traf Louis d'Aragon Sansovino bereits 1508, als beide im Palazzo dei Penitenzieri in Rom wohnten. Die Grabstätte des

Kardinals hätte sich in Santa Maria sopra Minerva befinden sollen, wurde aber nie vollendet.

Bibl.: De Caro 1961, S. 698–701.

112 Wahrscheinlich handelt es sich hier um Leonardo Grosso della Rovere (*1463 Savona – †1520 Rom), ab 1487 Bischof von Agen in Frankreich. Er war der Neffe Sixtus' IV. und Cousin Julius' II., der ihn 1505 zum Kardinal ernannte. Das besagte Grabmal kam nicht zur Ausführung. Der Kardinal wurde ohne jegliche Inschrift in der Kirche Santa Maria Maggiore bestattet, deren Erzpriester er war.

Bibl.: Teodori 2003, S. 14–17.

113 Die Modelle sind nicht erhalten.

114 An dieser Stelle werden in der Neuedition der Vita zusätzliche Informationen über Sansovinos hohen gesellschaftlichen Rang eingeflochten, was die Tragik des Bruchs verstärkt, den die Kriegsereignisse für seine Karriere bedeuteten. In der Neuedition ist zu lesen, daß Sansovino von drei Päpsten hochgeschätzt worden sei, vor allem aber von Papst Leo, der ihm die Ritterwürde von Sankt Peter verliehen habe, welche Sansovino während seiner Krankheit verkaufte, an der er zu sterben glaubte.

115 Der sogenannte ›Sacco di Roma‹ hatte Einfluß auf zahlreiche Künstlerkarrieren und taucht als markanter, teils traumatischer Einschnitt in den Lebensbeschreibungen vieler Künstler auf, die zu jener Zeit in Rom tätig waren. Die im Zuge des Krieges zwischen Kaiser Karl V. und Franz I. von Frankreich 1527 erfolgte Plünderung Roms und des Vatikans durch kaiserliche Söldnertruppen wurde durch das Ausbleiben von Soldzahlungen ausgelöst und nahm verheerende Ausmaße an.

Bibl.: Chastel 1983; Gouwens 1998.

116 Franz I., König von Frankreich (*1494 Cognac – †1547 Fontainebleau). Seine Regentschaft (1515–1547) war vom Glanz eines großzügigen Mäzenatentums begleitet, das Kunst und Wissenschaft gleichermaßen bedachte. Von seinem Vorgänger Ludwig XII. hatte er eine Reihe von italienischen Gemälden des späten Quattro- und frühen Cinquecento geerbt (hauptsächlich Porträts, die 1499 beim Einzug in Mailand konfisziert wurden), die er durch gezielten Ankauf, vorzugsweise florentinischer Werke, aber auch durch Schenkungen zu einer bis dahin in Frankreich beispiellosen Sammlung aufstockte. Auf seinen diversen Feldzügen in Italien (1515 eroberte er in der Schlacht von Marignano das Herzogtum Mailand) festigte Franz I. seine Überzeugung vom Primat der italienischen Kunst. Er holte zahlreiche berühmte italienische Meister an seinen Hof. So trat unter anderen Leonardo, der ja bereits für Ludwig XII. tätig gewesen war, in den Dienst des französischen

Herrschers, auf dessen Einladung auch Andrea del Sarto, Rosso Fiorentino und Primaticcio kamen. Andere hingegen – Tizian und Michelangelo etwa – kamen dem königlichen Wunsch nicht nach oder boten wie Benvenuto Cellini ihre Dienste eigenständig an. Bereits zu Lebzeiten trug Franz I. den Beinamen ›Vater der Künste‹.

Bibl.: Cox-Rearick 1995; Tauber 2002.

117 Andrea Gritti (*1455 Bardolino bei Verona – †1538 Venedig) begann seine Karriere als Kaufmann in Konstantinopel, wo er mit Getreide handelte, aber auch als Diplomat und Spion tätig war. 1509 führte er die venezianischen Truppen in der Liga von Cambrai zur Befreiung Paduas an. 1512 wurde er von den Franzosen gefangengenommen und nach Frankreich verbracht, wo er sich mit König Franz I. anfreundete. 1517 führte er die Venezianer in das zurückeroberte Verona. Trotz seiner militärischen Erfolge galt er bei der Wahl zum Dogen im Jahr 1523 nicht als Favorit und erreichte erst nach mehreren Wahlgängen und Verhandlungen die erforderliche Stimmenzahl. Tizian, von Gritti nach dessen Amtsantritt zum offiziellen Maler der Republik Venedig ernannt, schuf ein Porträt des Dogen (National Gallery, Washington), der ein großzügiges Mäzenatentum betrieb und zahlreiche öffentliche Projekte mit privaten Mitteln finanzierte. Für Sansovinos Berufung zum offiziellen Baumeister der Republik war er maßgeblich verantwortlich.

Bibl.: Tafuri 1984; Howard 1996a, S. 678–679; Benzoni 2002b, S. 726–734.

118 Die Statik der Kuppeln von San Marco war bereits zu Beginn des 15. Jahrhunderts als prekär eingestuft worden. Ein Feuer Mitte des 15. Jahrhunderts sowie ein Erdbeben im Jahr 1511 hatten den Zustand weiter verschlechtert, so daß eine Befestigung der Kuppelstrukturen dringend notwendig erschien. Allerdings stimmt Vasaris Schilderung, wie Sansovino zu der ehrenvollen Aufgabe der Instandsetzung der Kuppeln von San Marco gekommen sei, nicht mit den überlieferten historischen Fakten überein. Andrea Gritti war seit dem 20. Mai 1523 Doge, und Domenico Grimani starb bereits am 27. August desselben Jahres in Rom. Die Konsolidierung der Kuppeln (vielleicht auch nur der zentralen Kuppel) fand vermutlich erst zwischen 1536 und 1538 statt, wie aus entsprechenden Zahlungsbelegen hervorgeht. Zu diesem Zeitpunkt lebte Sansovino schon eine Weile in Venedig und hatte bereits die Oberaufsicht über alle venezianischen Bauwerke inne.

Bibl.: Morresi 2000, S. 165–169.

119 Auf Empfehlung des Dogen Andrea Gritti wurde Sansovino im April 1529 als Nachfolger von Bartolomeo Bon zum *proto di San Marco* ernannt. Die Verleihung dieses Amtes oblag der obersten Baubehörde

(*Procuratia de Supra*), deren Unterabteilung, die *Procuratia di San Marco*, für die Pflege und Instandhaltung aller am Markusplatz gelegenen Gebäude mit Ausnahme des Dogenpalastes verantwortlich war. Die von Vasari erwähnte zugehörige ›Amtswohnung‹ befand sich an prominenter Stelle neben dem Uhrturm am Markusplatz in den Gebäuden der gerade neu erbauten Procuratie Vecchie mit Blick auf die Piazzetta und San Giorgio Maggiore. Sansovinos Gehalt betrug zunächst 80 Dukaten und stieg bis 1544 auf eine Summe von 200 Dukaten an. Im Mai 1530 wurde Sansovino außerdem die Oberaufsicht über alle venezianischen Bauwerke übertragen. Diese Information wird in der Neuedition der Vita gestrichen. Anstelle dessen wird ein längerer Abschnitt über Sansovinos städtebauliche Veränderungen in Venedig eingefügt (siehe Appendix 2).

Bibl.: Howard 1997, S. 316–317; Wolters 2000, S. 42–44.

120 Sansovino war von 1536 bis 1549 mit dem Neubau der staatlichen Münze von Venedig beschäftigt. Ein Feuer im Juli 1532 hatte das seit dem Ende des 13. Jahrhunderts bestehende Gebäude an der Mole neben der Piazzetta di San Marco beschädigt. Doch auch weitere Gründe sprachen für einen moderneren, prächtigeren und sichereren Bau. Unter dem Dogen Andrea Gritti (1523–1538) wurden verschiedene Maßnahmen getroffen, um die venezianische Wirtschaft anzukurbeln. Dazu gehörte auch der 1526 erteilte Erlaß an venezianische, auf der Terraferma gelegene Behörden, die dort kursierenden lokalen Währungen zurückzuweisen und lediglich venezianisches Geld zu akzeptieren. Gleichzeitig wurden wohlhabende venezianische Bürger zu staatlichen Zwangsanleihen verpflichtet. Der von Sansovino konzipierte Neubau – in dessen zentralem Innenhof sich heutzutage der Lesesaal der Libreria Marciana befindet – hatten neben repräsentativen Aufgaben den vielfältigen funktionalen Erfordernissen des Gebäudes als Münzprägestätte und Staatsbank mit zahlreichen Werkstätten, Lagern und Büros zu genügen. Der Entwurf Sansovinos wurde am 28. März 1536 vom Rat der Zehn unter insgesamt drei Vorschlägen ausgewählt. Nach Abschluß des zweistöckigen Baus durch Sansovino 1549 wurden in späteren Jahren zahlreiche Modifikationen und Erweiterungen vorgenommen. In der Neuedition der Vita heißt es außerdem, die Münze sei ganz aus Eisen, ohne ein Stück Holz gebaut und so vor Feuer geschützt.

Bibl.: Morresi 2000, S. 182–191.

121 In der Neuedition der Vita wird zudem erwähnt, die Säulenordnung sei dorisch und korinthisch.

122 Giovanni Battista Franco, auch Battista dei Franchi, il Semolei (*1498? Venedig? – †1561? Venedig)

[123] Die berühmte Bibliothek des Kardinals Giovanni Bessarione (*1403 Trebisonda – †1472 Ravenna), die zahlreiche griechische und lateinische Handschriften umfaßte und die dieser 1468 der Serenissima zum Geschenk machte, war Anlaß für das Projekt eines öffentlichen Bibliotheksgebäudes in Venedig. Ein konkreter Auftrag für den Bau des neuen Gebäudes an prominenter Stelle gegenüber dem Dogenpalast wurde jedoch erst im Jahr 1536 an Sansovino vergeben. Sein Entwurf wurde vor allem aufgrund der Verwendung der antiken Säulenordnung gepriesen, die für Venedig eine Neuheit darstellte.

Die von 1537 bis 1556 andauernden Bauarbeiten unter Sansovinos Aufsicht wurden Ende des Jahres 1545 für einige Monate unterbrochen, als ein Teil eines Deckengewölbes einstürzte und Sansovino dafür eine Freiheitsstrafe abbüßen mußte. Bezeichnenderweise erwähnt Vasari nichts von diesem aufsehenerregenden Vorfall, der auch ihm zu Ohren gekommen sein mußte. In den Jahren von 1545 bis 1564 wurden die Bücher Bessariones eingestellt. Allerdings diente nur ein Teil des Obergeschosses als Bibliothek. Daneben fanden auch Büroräume der Prokuratoren Platz, im Untergeschoß wurden Läden eingerichtet. Der ursprüngliche Entwurf Sansovinos für die Fassadenfront der Libreria Marciana hatte 17 Arkaden vorgesehen. Erst später wurde die Front auf insgesamt 21 Arkaden ausgedehnt und bis auf Höhe der Fassade der staatlichen Münze hin verlängert. Die Fassadengestaltung der Marciana diente später als Modell für Scamozzis Procuratie Nuove (1582).

Bibl.: Labowsky 1967, S. 686–696; Morresi 2000, S. 191–213.

[124] An dieser Stelle heißt es in der Neuedition der Vita, Sansovinos Werke hätten die Venezianer dazu veranlaßt, ihre Häuser nach den Regeln Vitruvs zu errichten.

[125] Bereits vor Sansovinos Ankunft hatte der seit 1523 amtierende Doge Andrea Gritti damit begonnen, seinen persönlichen Machtbereich in Venedig und auf der Terraferma durch verstärkte Einflußnahme auf die künstlerische Produktion in der Stadt auszudehnen. Für seine großangelegte *renovatio urbis* bevorzugte Gritti einen römisch geprägten Stil, der an die republikanische und zugleich imperiale Tradition des alten Rom erinnern und anknüpfen sollte, und dergestalt waren die meisten von ihm bis dahin vergebenen Aufträge. Sansovino, der in Rom mit Bramante verkehrt, die Antiken vor Ort studiert und zudem in seiner florentinischen Zeit Erfahrung mit triumphaler Festarchitektur gesammelt hatte, bot ein Profil, das sich auf kongeniale Weise mit dem stilistischen Streben des Dogen verband. Dessen weitgespanntes Netz venezianischer Beziehungen gab Sansovino den nötigen Rückhalt, so daß er die architektonische Szene bis zu seinem Tode weitestgehend be-

herrschte. Neben der Protektion des Dogen Gritti hatte er einige einflußreiche Prokuratoren auf seiner Seite. Zudem war er mit Aretino, Tizian und anderen bedeutenden venezianischen Künstlern befreundet, wie Vasari gegen Ende des vorliegenden Textes erwähnt, die ihn auch in Krisenzeiten (zum Beispiel beim Einsturz des Gewölbes der Marciana 1545) unterstützten.

Von entscheidender Bedeutung für Sansovinos Entwicklung war das Wirken Sebastiano Serlios, was auch umgekehrt gilt. Howard zufolge war ein Gang entlang der Bauwerke, die Sansovino im Herzen Venedigs geschaffen hatte, wie das Umblättern der Seiten in Serlios Buch IV (*Regole Generali*, Venedig 1537), dessen mit Illustrationen versehene Beschreibungen der neuen Gebäude der gebildeten venezianischen Öffentlichkeit den römischen Stil erläuterten. In besagtem Buch stellte Serlio die fünf Säulenordnungen zum erstenmal in einem hierarchischen Verhältnis zueinander »wie Personen in einem Theaterstück« dar und betonte damit das theatralische Potential der Bauten.

Bibl.: Tafuri 1984; Tafuri 1985, S. 162–169; Howard 1997, S. 316–339.

[126] In der Neuedition der Vita wurde die Reihenfolge der Aufzählung der von Sansovino in Venedig errichteten Privatpaläste verändert, wahrscheinlich um die fehlerhafte Chronologie zu verbessern. Zudem wurde der Text um einige Details, wie zum Beispiel Ortsangaben, ergänzt. Außerdem wurde der Aufzählung der Palazzo Garzoni hinzugefügt (siehe Appendix 3).

[127] Die Baugeschichte des Palazzo Corner und seiner Auftraggeber ist komplex. Nachdem der von der Familie Corner um 1478 erworbene Palazzo Malombra am unteren Ende des Canale Grande 1532 abgebrannt war, beschlossen die vier Söhne und Erben Giorgio Corners (*1454 Venedig– †1527 ebenda), Francesco, Giovanni, Girolamo und Giacomo, den Familienpalast neu zu errichten und beauftragten Sansovino mit diesem Projekt. 1532 beantragten die vier Brüder erfolgreich finanzielle Unterstützungsmittel der Republik Venedig für den Neubau ihres Palastes am Canale Grande, da das Feuer ihrer Argumentation zufolge nicht nur der Familie selbst, sondern auch der Stadt – und ihrem äußeren Bild – Schaden zugefügt habe. Doch erst als das Erbe 1545 unter den damals noch lebenden Brüdern und deren Nachfahren aufgeteilt wurde und das Erbteil des abgebrannten Palazzo sich im Besitz des Sohnes von Giacomo, Giorgio Corner, genannt Zorzetto, befand, nahm dieser den Bau des Palazzo in Angriff, der sich über Jahrzehnte erstreckte und 1581 noch nicht vollendet war.

Der Palazzo Corner zeichnet sich durch seine in den Canale Grande vorgerückte Position aus, ein Privileg, das bis dahin nur wenigen privaten Bauten – meist den Privatpalästen der Dogen – zugestanden wurde. Die Tatsache, daß die Corner ihren Palast bei dem leitenden Staatsarchitekten Venedigs in Auftrag gaben, unterstreicht, so Tafuri, die hohen Aspirationen der Familie. Nie zuvor habe man architektonische Formen, die bisher öffentlichen Bauten vorbehalten gewesen seien, derart unverhohlen an einem privaten Gebäude verwandt. In der Neuedition der Vita wird der Palast denn auch als schönster Italiens gepriesen.

Bibl.: Tafuri 1992, S. 328–338; Morresi 2000, S. 118–129.

128 Der zwischen 1536 und 1547 entstandene Palazzo Dolfin steht unweit der Rialtobrücke auf der Seite der Kirche San Salvador direkt am Canale Grande. In der Neuedition der Vita wird der Palast genau lokalisiert und derselbe Preis in Dukaten statt in Scudi angegeben.

Bibl.: Morresi 2000, S. 171–182.

129 Die Case Moro, ein Wohnkomplex, der in seiner äußeren Ausschmückung bescheidener ist als die beiden zuvor erwähnten Palazzi am Canale Grande, stehen am Rio di San Girolamo in Cannaregio und entstanden in den Jahren 1544 bis 1562. Die originalen Außenfassaden sind nur noch teilweise erhalten. In der Neuedition der Vita heißt es, der Palastkomplex ähnele einem Schloß.

Bibl.: Morresi 2000, S. 267–271.

130 Nachdem der Campanile von San Marco und die sich an seinem Fuße befindliche spätmittelalterliche Loggia 1537 durch einen Blitz beschädigt worden waren, beschloß man, ein neues Bauwerk von Sansovino errichten zu lassen, der diese Aufgabe ab demselben Jahr bis 1540 ausführte. Unter Mithilfe einiger seiner Schüler schmückte er das Bauwerk von 1541 bis 1546 mit Skulpturen aus. Die Loggetta diente den venezianischen Patriziern als Versammlungsort. Der heutige Bau ist eine detailgetreue Rekonstruktion des sansovinianischen Bauwerks, die nach dem Einsturz des Campanile 1902 ausgeführt wurde. Allerdings war ursprünglich nur die mittlere Arkade als Durchgang konzipiert, vor den beiden seitlichen befand sich eine hüfthohe Brüstung.

Bei den vier von Vasari genannten Bronzestatuen von vollendeter Schönheit handelt es sich um *Minerva* (150,2 cm), *Apoll* (144,6 cm), *Merkur* (146 cm) und *Pax* (144,5 cm). Sie befinden sich in Nischen, die von je einer Säule flankiert werden und die drei Arkaden der Loggetta rahmen.

In der Neuedition der Vita wird die Information hinzugefügt, an der Loggetta seien auch diverse Szenen und Figuren in Flachrelief von der Hand Sansovinos zu sehen.

Bibl.: Davis 1985, S. 396–400; Poeschke 1992, S. 152; Morresi 2000, S. 76–83; Blake McHam 2001, S. 89–105.

[131] Der Campanile von San Marco geht vermutlich auf einen alten Wachturm aus dem 9. Jahrhundert zurück. Nach ersten Umbauten im 12. Jahrhundert erfolgten mehrere Restaurierungsmaßnahmen, bis der Turm 1489 durch einen Blitzeinschlag erneut schwere Schäden davontrug. Unter der Leitung von Bartolomeo Bon, des damaligen *Proto di San Marco*, wurde der Turm auf der Basis von Entwürfen Giorgio Spaventos 1511–1514 in seine heutige Gestalt umgebaut und durch einen neuen, höheren Aufbau ergänzt. Nachdem der Turm zu Beginn des 20. Jahrhunderts eingestürzt war, baute man ihn an gleicher Stelle nach den alten Plänen zwischen 1903 und 1912 wieder auf.

Bibl.: Touring Club 2005, S. 282–283.

[132] In der Neuedition der Vita werden nach der Beschreibung des Campanile von San Marco die hier schon an früherer Stelle beschriebene Münze sowie einige weitere Bauwerke Sansovinos in Venedig erwähnt.

[133] Die 1308 gegründete Bruderschaft von Santa Maria Valverde hatte bereits seit 1310 ihren Sitz in der Abtei der Misericordia in Cannaregio. Ende des 15. Jahrhunderts wurde beschlossen, die gotische Scuola durch einen repräsentativen Neubau zu ersetzen. Nach einem vorausgegangenen Wettbewerb wurde Sansovinos Entwurf 1531 ausgewählt.

In Konkurrenz zur Scuola Grande di San Rocco errichtet, befand sich die Scuola Grande della Misericordia von Anfang an im Nachteil. Die erhofften großzügigen Spender blieben aus und das Bauprojekt kam nur schleppend voran. 1589 wurde der fertige Backsteinbau eingeweiht, dessen geplante steinerne Außenverkleidung niemals angebracht wurde. Die hohe Qualität der Backsteinmauern veranlaßte Gianni Fabbri im Zuge seiner Restaurierungsforschungen zu der Annahme, daß diese als Hinweis auf Sansovinos Einsicht zu deuten sein könnten, daß sein Bauwerk immer unverkleidet bleiben werde. In der Neuedition der Vita wird der Preis des Gebäudes auf nunmehr 130.000 Scudi korrigiert. Außerdem heißt es in diesem Zusammenhang, wenn das Gebäude einmal vollendet sein sollte, werde es das prächtigste in ganz Italien sein.

Bibl.: Howard 1997, S. 334–336; Fabbri 1999; Morresi 2000, S. 95–114.

[134] Der Wiederaufbau von San Francesco della Vigna (1534) war Sansovinos erster von insgesamt sechs Auftragsarbeiten für venezianische Kirchen. Die für die Franziskanerobservanten konzipierte Kirche sollte einerseits deren asketische Ideale widerspiegeln, andererseits wurde das Projekt vom Dogen Andrea Gritti persönlich gefördert, dessen Wohnhaus in direkter Nachbarschaft zur Kirche lag und der den Altarraum als Grabkapelle für seine Familie gepachtet hatte, während sich die Seitenkapellen im Besitz der mächtigsten venezianischen Adelsfamilien befanden. Die eher asketische Ausprägung von Sansovinos Bau, die dem Vorbild von

Cronacas Florentiner Observantenkirche San Salvatore al Monte verpflichtet war, wurde durch die zu Beginn der sechziger Jahre von Palladio hinzugefügte Prachtfassade *all'antica* stark kontrastiert. In der Neuedition der Vita wird an dieser Stelle ohne Erwähnung von Palladios Namen die vage Information hinzugefügt, die Fassade sei von einem anderen Meister geschaffen worden. Palladio wird allerdings in der vorliegenden Version der Vita in einem Abschnitt, der für die Neuedition gestrichen wurde, in besagtem Zusammenhang genannt (vgl. Anm. 267).

Bibl.: Foscari/Tafuri 1983; Davis 1994; Howard 1997, S. 336–337; Morresi 2000, S. 134–152.

135 Die auf einem Fels sitzende, 140 cm hohe Marmorskulptur *Johannes' des Täufers* (1535–1540) krönte ursprünglich das von Vasari erwähnte Weihwasserbecken, das Daniele Giustinian zusammen mit der Satue zu Beginn der 1530er Jahre in Auftrag gab. Im Zuge der Restaurierung der Skulptur 1987–1988 wurde der rechte Arm des Täufers als eine Anfügung des 19. Jahrhunderts erkannt und entfernt. Ob es sich dabei um eine Nachbildung des originalen Arms handelte, ist ungewiß. Der *Johannes der Täufer* befindet sich noch immer in der Franziskanerkirche Santa Maria Gloriosa dei Frari, wurde jedoch von seinem ursprünglichen Aufstellungsort an einer Säule in der Nähe des späteren Pesaro-Monuments in die Cappella Corner verbracht.

Bibl.: Boucher 1991, Bd. II, S. 323; Poeschke 1992, S. 148–149.

136 Hier handelt es sich um das *Wunder an Carilla*, eines Mädchens aus Padua, das ertrunken war und nach Anrufung des Heiligen Antonius wieder zum Leben erweckt wurde. Die Reliefplatte aus Carrara-Marmor hat die Maße 127 x 243 cm und schmückt die Kapelle der Arca del Santo in der Kirche Sant'Antonio. Den Vertrag hierzu unterzeichnete Sansovino 1536, das Relief entstand aber erst um 1545–1550.

Bibl.: Boucher 1991, Bd. II, S. 337–338; Poeschke 1992, S. 153–154.

137 Die Kolossalstatuen des *Mars* und des *Neptun* flankieren das obere Ende der sogenannten ›Scala dei Giganti‹ im Hof des Dogenpalastes. Beide Statuen sind aus Carrara-Marmor gehauen und haben eine Höhe von ca. 4,40 m. Die Treppe selbst wurde bereits nach 1483 von Antonio Rizzo errichtet. Sansovino unterschrieb den Vertrag für die beiden Statuen 1554 unter der Bedingung, sie innerhalb eines Jahres fertigzustellen. Letztendlich zogen sich die Arbeiten jedoch mehr als zwölf Jahre in die Länge. Die beiden Kolosse fanden erst 1567 an ihrem gegenwärtigen Standort Aufstellung.

Bibl.: Boucher 1991, Bd. II, S. 341–342; Poeschke 1992, S. 156–157.

138 Ercole II. d'Este (*1508 Ferrara – †1559 ebenda), Herzog von Ferrara, regierte von 1534 bis 1559.

[139] Die 2,55 m hohe Statue des *Herkules* aus istrischem Stein wurde in den frühen 1550er Jahren von Ercole d'Estes II. venezianischem Agenten Girolamo Feruffino bei Sansovino in Auftrag gegeben. Sie sollte die Porta Erculea in Modena schmücken, fand aber letztendlich auf der Piazza Matteotti in Brescello (einer befestigten Stadt des Herzogs) Aufstellung, wo sich noch heute eine Kopie des *Herkules* befindet. Das Original wird im Palazzo Comunale von Brescello aufbewahrt.

Bibl.: Boucher 1991, Bd. II, S. 341.

[140] Die beiden Bronzereliefserien mit *Szenen aus dem Leben des Evangelisten Markus* (48,5 x 63,5 cm und 48,3 x 65,4 cm) befinden sich an zwei Kanzeln an der Nord- und Südwand des Chors von San Marco. Es handelt sich daher nicht um vier, sondern um acht Reliefs. Die aus zweierlei Sorten Marmor bestehenden rechteckigen Kanzeln wurden 1536 und 1541 von Sansovino errichtet. Jede Kanzelfront enthält je drei nach demselben Kompositionsschema aufgebaute Reliefs mit Markusszenen, die von einem marmornen Zierband umrahmt und durch kannelierte Säulen dorischer Ordnung voneinander getrennt werden. An den westlichen Schmalseiten ist je ein kleineres Relief mit der Figur des Heiligen angebracht.

Bibl.: Boucher 1991, Bd. II, S. 329–330; Poeschke 1992, S. 149–152.

[141] Die ursprünglich wohl als Portalbekrönung des Dogenpalastes geschaffene *Madonna mit Kind* aus Carrara-Marmor (155 cm hoch, 97 cm breit, 56,3 cm tief) entstand um 1536–1573, fand aber dort nie Aufstellung. Um 1574 schenkte Francesco Sansovino die Skulptur dem venezianischen Staat. Zunächst plazierte man sie im großen Ratssaal, Ende des 16. Jahrhunderts wurde die Skulpturengruppe dann in der Privatkapelle des Dogen auf einem von Vincenzo Scamozzi entworfenen Altar aufgestellt, wo sie sich noch heute befindet.

Bibl.: Boucher 1991, Bd. II, S. 327–328; Poeschke 1992, S. 149.

[142] Die von einem marmornen Türrahmen und einem Tympanon bekrönte Sakristeitür befindet sich in der Apsis von San Marco. Die Bronzetür mit den Maßen 215,5 x 117 cm ist im wesentlichen in zwei quadratische Flachrelieffelder unterteilt (jeweils 61,5 x 59,5 cm), auf denen die *Grablegung* und die *Auferstehung Christi* dargestellt sind. Nachdem das erste Modell für die Tür 1546 erstellt wurde, erfolgten die letzten Zahlungen für sie erst bei ihrer Fertigstellung im Jahr 1570.

Bibl.: Boucher 1991, Bd. II, S. 331–332; Poeschke 1992, S. 155; Wolters 2000, S. 157–158.

[143] Die sogenannte *Arsenal-Madonna* (Marmor, 120 x 52 cm, 1534), Sansovinos erste in Venedig geschaffene Skulptur, befindet sich heute im Vestibül des venezianischen Arsenals an der Wand linker Hand des Festland-Eingangs in einer Ädikula. Eine Inschrift im Fries der Ädikula be-

zeugt Sansovinos Autorschaft und gibt durch Jahreszahl, Wappen und entsprechende Kürzel Aufschluß über die Auftraggeber. Dabei handelte es sich um die *patroni* des Arsenals im Jahr 1534: Gasparo Contarini, Girolamo Zane und Antonio Kalbò.

Bibl.: Boucher 1991, Bd. II, S. 324; Poeschke 1992, S. 148.

144 Vasari nimmt hier auf Sansovinos Fähigkeit Bezug, je nach Anlaß ökonomisch oder verschwenderisch zu bauen. Zwar führte er den imperialen römischen Prachtstil in Venedig ein – vor allem an den Repräsentativbauten der Serenissima um die Piazza San Marco und an einigen Adelspalästen –, er konnte sich aber auch in einer zurückhaltenderen architektonischen Sprache gewandt ausdrücken. Durch diese *mediocritas* zeichnen sich vor allem einige etwas abgelegenere Bauten aus, wie das Wohnhaus für den Dogen Andrea Gritti bei San Francesco della Vigna, die quadratische Wohnanlage mit vier Ecktürmen für den Senator Leonardo Moro am Rio di San Girolamo, das Armenhaus Ca' di Dio am gleichnamigen Kanal, die Häuser an den Fondamenta San Maurizio und nicht zuletzt Sansovinos eigenes Wohnhaus in San Trovaso.

Bibl.: Howard 1997, S. 332 und S. 339.

145 Francesco Sansovino (*1521 Rom – †1583 Venedig), der Sohn Jacopos, war Rechtsanwalt und Autor. Nach Pietro Aretinos Tod 1556 übernahm er dessen Rolle als Propagandist des neuen architektonischen Erscheinungsbildes von Venedig. Das erste in diesem Zusammenhang stehende, 1556 unter dem Pseudonym Guisconi veröffentlichte Werk trug den Titel *Dialogo di tutte le cose notabili che sono a Venetia.* 1560 erschien es erneut unter Francesco Sansovinos Namen. Inhalt des Buches ist ein Gespräch, in dem ein Venezianer einem Ausländer die venezianische Architektur und ihre Ikonographie erläutert. Weit bekannter ist jedoch Francescos 1581 publizierter Venedig-Führer *Venetia città nobilissima et singolare descritta*, der unter anderem ausführliche Erläuterungen zur patriotischen Ikonographie der Loggetta enthält. Francesco gilt zudem als erster Biograph seines Vaters.

Bibl.: Bonora 1994; Battilotti 1996.

146 Der Absatz über Sansovinos Gesundheit und seine Familie wurde in der Neuedition der Vita gestrichen und durch neue und deutlich ausführlichere Informationen über Werke Sansovinos im Besitz seines Sohnes, über Sansovino in jungen Jahren, seinen Charakter sowie sein Erscheinungsbild und seine Lebensweise im Alter ersetzt (siehe Appendix 5).

147 Tiziano Vecellio (*1485/90 Pieve di Cadore – †1576 Venedig)

148 Der Dichter Pietro del Tura, genannt Pietro Aretino (*1492 Arezzo – †1556 Venedig), war einer der bedeutendsten Kunstschriftsteller seiner

Zeit. Um 1517 nach Rom gekommen, verkehrte Aretino im Kreis um den Sieneser Bankier Agostino Chigi, dessen legendärer Reichtum sich dem päpstlichen Alaun-Monopol verdankte. Dort lernte er Raffael, Sansovino, Sebastiano del Piombo und Giulio Romano kennen und machte sich einen Namen als Schriftsteller, Chronist und Pamphletist. Berühmt und berüchtigt waren seine *Pasquinate*, Sonette und Spottgedichte, mit denen er gegen seine Zeitgenossen und insbesondere während des langen Konklaves 1521/22 gegen alle potentiellen Nachfolger von Papst Leo X. Stimmung machte.

Als Hadrian VI. 1522 Papst wurde, verließ Aretino mit seinem Gönner Giulio de' Medici Rom und suchte Zuflucht bei Federigo Gonzaga, dem Markgrafen von Mantua, dem er unter anderem mit der Beschaffung antiker Werke diente. Danach hielt er sich im Feldlager des mit ihm befreundeten Condottiere Giovanni de' Medici (genannt delle Bande Nere) in Reggio auf und reiste nach Florenz und Bologna.

Nachdem Giulio de' Medici 1523 unter dem Namen Clemens VII. zum Papst ernannt worden war, kehrte Aretino nach Rom zurück, wo Bischof Giovanni Matteo Giberti im Zusammenhang mit der Publikation der *Modi* und der Inhaftierung Raimondis sein ärgster Widersacher wurde. Nachdem Aretino 1525 einem Anschlag nur knapp entkommen war, verließ er Rom erneut und ging über Mantua nach Venedig, wo er sich 1527 für den Rest seines Lebens niederließ und einen Palast am Canale Grande bewohnte. Seine Karriere als Dichter, Dramatiker und Prosa-Schriftsteller vorantreibend, bemühte er sich zur gleichen Zeit als Kunstagent um die Gunst der europäischen Fürsten, doch blieb sein mehr als zwei Jahrzehnte andauernder Versuch erfolglos, den französischen König als Mäzen für sich zu gewinnen.

In Venedig führte er ein offenes Haus und war neben Sansovino auch mit Tizian befreundet. Salviati, Rosso und Vasari, die nur für kurze Zeit in der Lagunenstadt weilten, fanden während dieser Zeit bei Aretino Unterkunft.

Bibl.: Adhémar 1954, S. 311–318; Shoemaker 1981, S. 150–152; Cox-Rearick 1995, S. 88–95; Land 2000, S. 83–84.

[149] Niccolò di Raffaello de' Pericoli, genannt il Tribolo (*1497 Florenz – †1550 ebenda?)

Bibl.: Baldini 2001.

[150] Von Solosmeo da Settignano, eigentlich Antonio di Giovanni da Settignano, sind keine Lebensdaten überliefert. Er war zwischen 1515 und 1536 aktiv.

[151] Piero de' Medici (*1472/71? – †1503), Sohn von Lorenzo il Magnifico, ertrank am 28. Dezember 1503 nach der Schlacht von Garigliano, in

der er an der Seite der Franzosen gekämpft hatte, im Fluß Liri, der sich in der Nähe von Montecassino (Latium) mit dem Gari zum Fluß Garigliano vereinigt.

[152] Das Grab Piero de' Medicis befindet sich an der linken Wand des Presbyteriums der Abteikirche von Montecassino. Es entstand nach einem Entwurf und unter der Leitung von Antonio und Francesco da Sangallo zwischen 1531 und 1539. Neben Solosmeo arbeitete auch Matteo Quaranta aus Neapel an dem Grabmal.

Bibl.: Touring Club 2005, S. 634.

[153] Girolamo Lombardo (*um 1505/10 Ferrara – †zwischen 1584 und 1589 Loreto oder Recanati)

Bibl.: Zani 2005.

[154] Benvenuto Garofalo (*1481 Ferrara – †1559 ebenda)

[155] Girolamo Lombardo war zwischen 1537 und 1540 am Neubau der Loggetta beteiligt sowie zwischen 1532 und 1548 an dem der Libreria Marciana. Für die Loggetta meißelte er unter anderem vier Marmorreliefs mit mythologischen Themen.

[156] Girolamo Lombardo hielt sich erstmals von 1543 bis Anfang der 50er Jahre in Loreto auf, wo er für die Santa Casa im Dom einige Prophetenfiguren schuf, manche davon in Zusammenarbeit mit seinem Bruder Aurelio (*um 1501 Venedig – †1563 Recanati). Ab 1552 begab er sich mit seinen Brüdern Aurelio und Ludovico nach Recanati, wo die drei eine Bronzegießerei eröffneten und Girolamo und Ludovico 1566 die Stadtbürgerrechte erhielten.

Bibl.: Grimaldi/Sorti 1987; Zani 2005, S. 514.

[157] Giacomo Fantoni, auch Jacopo Colonna genannt (*1530 Venedig – †1543 Bologna)

Bibl.: Boucher 1991, Bd. I, S. 144, 148, 167, 173, 268, 272; Rossi 1995, S. 36–37 und S. 134–137.

[158] Anders als Vasari angibt, handelt es sich hier um die Statue eines *Heiligen Laurentius*, die Jacopo Colonna im Wettstreit mit Danese Cattaneos *Heiligem Hieronymus* 1530 geschaffen hat. Vasari verwechselte jeweils die Urheber der Statuen. Beide Marmorskulpturen erfüllen noch heute ihre Funktion als Orgelverkleidung in der Kirche San Salvador.

[159] Der um 1535 für die heute zerstörte Kirche Santa Croce geschaffene *Christus, der seine Wunden zeigt* befindet sich in der Galleria Franchetti (Ca' d'Oro) in Venedig.

[160] Die drei erwähnten, wohl um 1530 entstandenen Skulpturen sind zerstört.

[161] Das um 1530 für Santa Marina erschaffene Reiterstandbild ist nicht erhalten.

[162] Die 1533 entstandenen Stuckfiguren der *Heiligen Antonius von Padua* und *Daniel* (nicht Bernhardin von Siena, wie Vasari fälschlicherweise angibt) befinden sich noch heute in der Cappella dell'Arca del Santo in besagter Kirche.

[163] Alvise (Luigi) Corner oder Cornaro (*1484 Venedig – †1566 Padua) spielte eine bedeutende Rolle in einem Kreis paduanischer Intellektueller, dem auch Andrea Palladio, Daniele Barbaro, Giangiorgio Trissino und Giovanni Maria Falconetto angehörten. Nachdem er den Grundbesitz seines Onkels in Padua geerbt hatte, beauftragte er Falconetto, der eigentlich Maler war, mit aufwendigen An- und Umbauten des Palasts in der Via del Santo, so daß er für Theater- und Musikaufführungen genutzt werden konnte. Corner verfaßte einen 1550–1553 erschienenen *Trattato di architettura*, der auch Palladio beeinflußte.

Bibl.: Puppi 1980a; Gullino 1983, S. 142–146.

[164] Die hier genannten Figuren sind nicht erhalten.

[165] Federico Gonzaga, Herzog von Mantua (*1500 Mantua – †1540 ebenda)

[166] Über den Verbleib des steinernen *Merkur* ist nichts bekannt.

[167] Tiziano Minio (*um 1511/12 Padua – †1552 ebenda) erhielt vermutlich unter seinem Vater Guido eine Ausbildung als Gießer. Als Stukkateur wird er erstmals 1533 im Kontext der Arbeiten in Sant'Antonio in Padua erwähnt. 1535–1536 schuf Minio sein erstes eigenständiges Werk: den Stuckaltar für die Bruderschaft des Heiligen Rochus in Padua. Im gleichen Jahr begann er für Sansovino zu arbeiten.

Bibl.: Boucher 2000, S. 1093–1094.

[168] Welche Figuren an Sansovinos Loggetta (1537–1544) von Minio stammen, ist nicht eindeutig geklärt.

[169] Minios erhalten gebliebene Deckelelemente zur Abdeckung des Taufsteins sind Teil eines größeren, von Sansovino 1545 entworfenen Gesamtkomplexes. Sie zeigen vier Szenen aus dem Leben Johannes des Täufers und der vier Evangelisten.

Bibl.: Boucher 2000, S. 1093.

[170] Dokumente belegen lediglich Tizianos Tätigkeit als Stukkateur in der Kapelle der Arca del Santo, der Grabkapelle des Heiligen Antonius, in Sant'Antonio in Padua unter dem Architekten Giovanni Maria Falconetto zusammen mit Danese Cattaneo und Silvio Cosini im Jahr 1533.

Bibl.: Boucher 2000, S. 1093.

[171] Für Aretinos Komödie *La Talanta*, die 1534 als Auftragsarbeit für die römische Compagnia della Calza entstand und zum Karneval 1542 in Venedig erstmals aufgeführt werden sollte, wurde Vasari von der venezianischen Calza-Bruderschaft, genannt ›Sempiterni‹ (›Die Ewigen‹),

zur Gestaltung des Bühnenbilds und zur Ausschmückung des Theatersaals engagiert. In einem Brief an Ottaviano de' Medici vom Februar 1542 beschreibt Vasari ausführlich den von ihm gestalteten Bühnenprospekt sowie die von ihm an Decke und Wände gemalten allegorischen Sujets (Frey 1923, Bd. I, S. 111–119), von denen außer ein paar Zeichnungen nichts mehr erhalten ist (vgl. auch die *Ricordanze*: Frey 1930, Bd. II, S. 859, Ricordo 120). Aretinos Komödie erschien im Laufe des Jahres 1542 bei Francesco Marcolini im Druck. Ein Druckexemplar sandte Aretino im Januar 1543 zusammen mit einem Brief an Herzog Cosimo I., in dem er Vasaris Verdienst an der Aufführung der Komödie hervorhob (Frey 1923, Bd. I, S. 118).

Bibl.: Pallen 1999, S. 35–37; Romanelli 1999, S. 48–53; Cheney 2002; Cheney 2003.

172 Schnelligkeit (*prestezza*, *prontezza* oder *speditezza*) in der Ausführung ist eine Eigenschaft, die je nach Kontext positiv oder negativ konnotiert sein kann und die Vasari insbesondere auch Bramante zuerkennt (zu dem Begriff siehe: Vasari, *Kunsttheorie*, S. 260). An dieser Stelle lobt Vasari die Fähigkeit Tiziano da Padovas, in einem ökonomischen und zeitsparenden Verfahren Bühnenbilder und andere ephemere Dekorationen zu gestalten – in ähnlicher Weise, wie er dies im *Proemio della terza parte* (1568) auch in bezug auf die Malerei tut, wenn er schreibt, daß gegenwärtig von einem Meister sechs Tafeln in einem Jahr gefertigt würden, während frühere Meister für die Anfertigung einer Tafel derer sechs gebraucht hätten (vgl. Vasari, *Kunsttheorie*, S. 102).

173 Pietro da Salò, eigentlich Pietro di Lorenzo Grazioli da Salò (*unbekannt – †um 1561/63 Venedig), stammt aus einer italienischen Familie von Bildhauern. Er war in Venedig und Padua tätig und ist ab 1535 nachweisbar. Pietro wie auch sein Sohn Domenico waren Schüler Sansovinos, dessen Einfluß sich erkennbar in ihren Werken niederschlug.

Bibl.: Davis 1995, S. 309, Anm. 35; Hirthe 1996.

174 Hierbei handelt es sich um sechs bronzierte Terrakottastatuen von Heiligen, die sich noch heute vor Ort befinden.

175 Die überlebensgroße Statue des *Mars* für den Balkon des Dogen an der Richtung Piazzetta weisenden Fassade des Dogenpalasts, den Scarpagnino und Sansovino nach einem Entwurf des letzteren 1536 schufen, wurde von Pietro da Salò im selben Jahr ausgeführt und signiert.

Bibl.: Hirthe 1996.

176 Die Statuen am Balkon des Dogenpalastes wurden von Pietro da Salò und Danese Cattaneo ausgeführt.

177 Danese Cattaneo (*um 1509 Colonnata, Carrara – †1572 Padua) wuchs in den Bergen von Carrara auf, seine Familie war im Handel mit

Marmor tätig. Vasari zufolge zählte er bereits vor der Plünderung Roms 1527 zu Sansovinos Schülern und folgte ihm nach Venedig. Danese stand mit Vasari in engem Kontakt und gab ihm Auskünfte über die venezianischen Künstler.

Bibl.: Rossi 1995; Boucher 1996, S. 89–90.

178 Bei den hier erwähnten Figuren handelt es sich um seitliche Stützfiguren für je einen Kamin in der Sala dei Tre Capi del Consiglio dei Dieci und der Sala della Bussola im Dogenpalast, die zwischen 1553 und 1554 entstanden. Danese Cattaneo schuf die linke, Pietro da Salò die rechte der Karyatiden für den Kamin der Sala dei Tre Capi del Consiglio dei Dieci. Für den Kamin in der Sala della Bussola schuf Danese den rechten und Pietro den linken Telamon.

Bibl.: Wolters 2000, S. 168–169; Attardi 2002, S. 133; Touring Club 2005, S. 267–268.

179 Die genannten Figuren entstanden zwischen 1555 und 1558 für das monumentale Grabmal des Kapitäns Alessandro Contarini (*1486 Venedig – †1553 Padua) in Sant'Antonio in Padua, an dem auch Alessandro Vittoria (vgl. Anm. 185) und Danese Cattaneo (vgl. Anm. 227) mitwirkten.

Bibl.: Baiocchi 1983, S. 72–74; Davis 1995, S. 180–195.

180 Über diese vermutlich zerstörte Statue ist nichts bekannt.

181 Pietro da Salòs *Gobbo di Rialto* (›Buckel vom Rialto‹) genannte Statue steht noch heute auf dem Campo San Giacomo di Rialto. Dabei handelt es sich um eine kniende Figur, die mit ihrem Rücken eine Treppe stützt, welche auf die sogenannte *colonna del bando* führt, eine Empore aus ägyptischem Granit, von der aus der öffentliche Ausrufer Gesetze und Verordnungen verlas.

Bibl.: Touring Club 2005, S. 346.

182 Über den Verbleib des beschriebenen Werks ist nichts bekannt.

183 Alessandro Vittoria (*um 1525 Trient – †1608 Venedig) war der Sohn eines Schneiders und erhielt seine erste Ausbildung vermutlich unter den paduanischen Bildhauern Vincenzo und Giovanni Girolamo Grandi. 1543 kam er nach Venedig, wo er in die Werkstatt Sansovinos eintrat.

Zu Beginn der 50er Jahre machte er sich selbständig, arbeitete aber noch gelegentlich mit Sansovino zusammen. Zeitweilig kam es zum Zerwürfnis zwischen dem Meister und seinem ehemaligen Schüler, doch auf Vermittlung Aretinos wurde der Streit nach zwei Jahren beigelegt und Vittoria arbeitete weiterhin an Sansovinos prestigeträchtigen Großprojekten in San Marco mit.

Bibl.: Attardi 1998, S. 15–33; Bacchi 1999.

[184] Die beiden zwischen 1553 und 1555 entstandenen Karyatiden, auch als *Feminone* bekannt, befinden sich noch heute *in situ.*
Bibl.: Finocchi Ghersi 1998, S. 95–96 und S. 125–128.
[185] Die zwei *Sklaven,* die *Fama* und die *Thetis* für das Grabmal von Alessandro Contarini in Sant'Antonio in Padua entstanden zwischen 1555 und 1558 und befinden sich noch *in situ.*
Bibl.: Davis 1995, S. 180–195; Finocchi Ghersi 1998, S. 81–92.
[186] Der aus Stein gehauene *Engel* wurde 1555 in Auftrag gegeben und befindet sich heute im Hof des Veroneser Bischofspalastes.
[187] Über die Figuren ist nichts bekannt.
[188] Über den Verbleib der genannten Silberfiguren ist nichts bekannt.
[189] Die beiden kleinen, 1561 vollendeten Marmorskulpturen der *Heiligen Antonius Abbas* und *Markus* befinden sich in Nischen zu beiden Seiten des Altars in der Grimani-Kapelle in San Sebastiano und bilden mit der Büste Marco Antonio Grimanis an der linken Kapellenwand (vgl. Anm. 199) ein Ensemble aus der Hand Vittorias.
Bibl.: Finocchi Ghersi 1998, S. 142–153.
[190] Das Marmorrelief einer *Pietà mit dem Heiligen Franziskus und dem Dogen Francesco Venier* entstand 1557–1558 für die Lünette des Familiengrabmals der Venier in San Salvador, bei dessen Errichtung Jacopo Sansovino die Oberaufsicht führte.
Bibl.: Finocchi Ghersi 1998, S. 92–95.
[191] Der steinerne *Merkur* für die auf die Piazzetta zeigende Fassade des Dogenpalastes entstand 1558–1559.
[192] Die drei aus Rovigo-Stein skulptierten, von Vasari genannten Heiligenfiguren *Antonius Abbas, Sebastian* und *Rochus* wurden für den Altar der Cappella Montefeltro in besagter Kirche gefertigt, der dem erstgenannten Heiligen geweiht war. Die zwischen 1561 und 1564 entstandenen Figuren befinden sich noch heute vor Ort.
Bibl.: Finocchi Ghersi 1998, S. 133–141.
[193] Hier ist vermutlich das Oratorio dei Crociferi in Cannaregio gemeint. Über den Verbleib der Stuckfiguren ist nichts bekannt, vielleicht wurden sie im Zuge der Umgestaltung der Kirche gegen Ende des 16. Jahrhunderts entfernt.
[194] An der Stuckdekoration des Gewölbes oberhalb der Scala d'Oro von Sansovino arbeitete Vittoria von 1557 bis 1559.
[195] Die Gewölbestukkaturen des Treppenaufgangs der Libreria Marciana entstanden mit Unterbrechungen in den Jahren 1556 und 1559–1560.
[196] Bei dem hier beschriebenen Ensemble handelt es sich um das 1566/68 begonnene Wandgrab für die Familie Zane in Santa Maria Glo-

riosa dei Frari. Der Altar wurde im 18. Jahrhundert stark beschädigt. Heute existieren lediglich noch die zentrale Marmorskulptur des *Heiligen Hieronymus* sowie vier Stuckfiguren. Fragmente des Grabmals befinden sich noch heute in der Frari-Kirche. Auch wenn Vasari die Statue des *Heiligen Hieronymus* bereits nennt, wird ihr Entstehungsdatum auf Mitte der 1570er Jahre geschätzt, was dadurch zu erklären sein könnte, daß Vasari Kenntnis von dem Gesamtprojekt hatte und es beschreibt, als sei es bereits fertig ausgeführt.

Bibl.: Finocchi Ghersi 1998, S. 156–164.

197 Die Marmorbüste von Giovanni Battista Ferretti (87 cm hoch) entstand 1557 für dessen Grabmonument in Santo Stefano, wo sie 1742 durch eine Kopie aus Stein ersetzt wurde. Das Original befindet sich heute im Pariser Louvre.

Bibl.: Martin 1998, S. 105–106.

198 Außer dieser Bemerkung Vasaris existiert keinerlei historische Referenz auf die Büste Camillo Trevisans (*um 1515 – †1564 Venedig) in Santi Giovanni e Paolo. Allerdings ist es durchaus wahrscheinlich, daß Vittoria besagte Büste tatsächlich anfertigte, da Trevisan einer seiner Auftraggeber war und sich von ihm seinen Palazzo in Murano mit Stuck dekorieren ließ.

Bibl.: Martin 1998, S. 155–156.

199 Die 70 cm hohe Büste von Marco Antonio Grimani (*1486 Venedig – †1566 ebenda), die Vittoria zwischen 1560 und 1561 für diesen skulptierte, befindet sich noch heute an ihrem ursprünglichen Aufstellungsort auf der linken Seite der Grimani-Kapelle in San Sebastiano.

Bibl.: Martin 1998, S. 109–110; Dal Borgo 2002, S. 639–640.

200 Die 1560–1561 entstandene Büste des Pfarrers von San Geminiano, Benedetto Manzini, mißt inklusive Sockel 72 cm. Ursprünglich war sie zwischen zwei Säulen zur Rechten des Hochaltars angebracht, als Pendant zur Büste eines früheren Pfarrers der Kirche auf der anderen Altarseite. Die von Sansovino erbaute Kirche San Geminiano an der Piazza San Marco gegenüber der Kirche von San Marco mußte zu Beginn des 19. Jahrhunderts dem sogenannten napoleonischen Flügel weichen. Die Büste Manzinis befindet sich heute in der Ca' d'Oro, dem Sitz der Galleria Franchetti in Venedig.

Bibl.: Martin 1998, S. 118–120.

201 Die Porträtbüste von Andrea Loredan (*1490 – †1569) wurde vermutlich von ihm selbst für private Zwecke in Auftrag gegeben und ist heute verloren. Loredan besaß seinerzeit eine der größten Antikensammlungen Venedigs.

Bibl.: Martin 1998, S. 154.

[202] Die in der ersten Hälfte der 1560er Jahre geschaffene überlebensgroße Büste des Prokurators Priamo da Lezze wurde in den 1580er Jahren auf dessen Familiengrab in Santa Maria Assunta (Chiesa dei Gesuiti) in Venedig aufgestellt und befindet sich noch heute *in situ.*

Bibl.: Martin 1998, S. 116–118.

[203] Die Porträtbüsten der beiden Brüder Vincenzo (*1518 Padua – †unbekannt) und Giovanni Battista Pellegrini (Lebensdaten unbekannt) gelten als verloren. Vincenzo Pellegrini war Vittorias Anwalt und zählte zu den führenden Advokaten seiner Zeit. Es wird berichtet, daß er im Kreise Camillo Trevisans verkehrt habe. Bei einer Büste im Museo Civico in Vicenza könnte es sich womöglich um eine Kopie des Marmorporträts von Giovanni Battista Pellegrini handeln.

Bibl.: Martin 1998, S. 154–155.

[204] Die genauen Lebensdaten Tommaso Lombardos aus dem Tessin sind ebensowenig bekannt wie sein Geburts- und Sterbeort. Vermutlich stammte er aus Bissone am Luganer See, wo er die Stuckmadonna für den Altar der Kirche San Carpoforo schuf. Ab Mitte der 30er bis Mitte der 40er Jahre war Tommaso Sansovinos wichtigster Mitarbeiter, in den fragmentarisch erhaltenen Rechnungsbüchern der Werkstatt wird er von 1536 bis 1546 geführt.

Bibl.: Ybl 1946; Foscari 1995; Zanuso 2005.

[205] Die Zusammenarbeit zwischen Sansovino und Tommaso Lombardo an der Libreria Marciana ist plausibel, es fehlen jedoch Dokumente, die diese näher belegen könnten.

[206] Die um 1546 entstandene *Madonna mit Kind und Johannesknaben* befindet sich noch heute in der Cappella Melio in San Sebastiano. An der Plinthe ist die Inschrift OPVS TOMASI LOMBARDI F. angebracht.

Bibl.: Ybl 1946.

[207] Die heute verschollene Marmorbüste Kaiser Karls V. befand sich früher in der venezianischen Kirche Santa Giustina.

[208] Jacopo Medici, genannt Bresciano: Seine Lebensdaten sind nicht bekannt.

[209] Jacopo Medici unterzeichnete 1561 einen Vertrag über einen *Markuslöwen* (zerstört) für die ehemalige Piazza Vecchia in Brescia. Außerdem ist die Arbeit von Jacopo am Portal des Palazzo Martinengo Cesaresco und an der Loggia in derselben Stadt belegt. Über die in Venedig entstandenen Werke ist nichts bekannt.

Bibl.: Thieme/Becker, Bd. XXIV, S. 328.

[210] Bartolomeo Ammannati (*1511 Settignano bei Florenz – †1592 Florenz) war sowohl als Architekt wie auch als Bildhauer erfolgreich. Früh verwaist, lebte er von 1523 bis 1527 in Baccio Bandinellis Florentiner

Akademie, bis er aufgrund von politischen Unruhen Florenz in Richtung Venedig verließ. Er erreichte die Lagunenstadt im selben Jahr wie Sansovino, wo er vermutlich an dessen frühen Werken mitarbeitete. Als gebürtiger Toskaner nimmt er für Vasari unter den Schülern Sansovinos eine Sonderstellung ein.

Bibl.: Ghisetti Giavarina 2000, S. 43–47.

211 Marco Mantova Benavides, auch Marco da Mantova (*1489 Padua – †1582), trug den Namen jener Stadt in seinem Nachnamen, in welcher sich seine aus Spanien stammende Familie niedergelassen hatte. Sein Vater lehrte Medizin in Padua, wo Marco 1510 einen Abschluß in Jurisprudenz erhielt. Anfänglich war er Advokat, bis ihm 1515 ein Lehrstuhl der Rechtswissenschaften verliehen wurde. Er gilt als einer der berühmtesten Juristen des 16. Jahrhunderts. Nebenbei betätigte er sich als Antiquar und sammelte Gemälde und Skulpturen. Vasari irrt, wenn er ihn als hervorragenden Doktor der Medizin bezeichnet, ein Metier, in dem sich neben Marcos Vater auch sein Bruder hervortat, nicht aber er selbst.

Bibl.: Kiene 1995, S. 34.

212 Die 7,13 m hohe Kolossalstatue eines *Herkules*, die auf einem 1,78 m hohen Sockel steht, wurde von Ammannati während seines Aufenthaltes in Padua und Vicenza zwischen 1544 und 1548 geschaffen. Sie befindet sich noch heute im Hof des Palazzo Mantova Benavides in Padua an ihrem ursprünglichen Aufstellungsort.

Bibl.: Kiene 1995, S. 35–37.

213 Das Grabmal für Marco Mantova Benavides, das Ammannati zusammen mit Sansovino schuf, befindet sich in der Chiesa degli Eremitani in Padua und wurde 1546 enthüllt. In der Gestaltung des monumentalen Grabmals finden sich deutliche Anleihen an Michelangelos Medici-Wandgräber in der Neuen Sakristei von San Lorenzo in Florenz.

Bibl.: Kiene 1995, S. 42–45.

214 Papst Julius III., mit weltlichem Namen Giovanni Maria Ciocchi del Monte (*1487 Rom – †1555 ebenda), Papst ab dem 7. Februar 1550

215 Unmittelbar nach seiner Wahl zum Papst im Jahr 1550 beschloß Julius III., für seinen Onkel und Mentor Kardinal Antonio del Monte, der 1533 in San Pietro in Montorio bestattet worden war, ein monumentales Grabmal anfertigen zu lassen. Wenig später wurde das Bauvorhaben ausgedehnt, indem eine ganze Kapelle gleich neben dem Hochaltar der Kirche entstehen sollte. Vasari, der bei diesem Projekt die künstlerische Leitung innehatte, während Michelangelo die Oberaufsicht führte, beauftragte Ammannati mit der Kapellenausstattung (vgl. Bettarini/

Barocchi, *Vite*, Bd. VI, S. 82–83). Der Auftrag bezog sich auf zwei Grabmäler: das für den Onkel des Papstes, besagten Kardinal Antonio Ciocchi del Monte, sowie jenes für Fabiano Ciocchi del Monte. Die allegorischen Statuen der *Religion* und der *Gerechtigkeit* wurden 1553 vollendet.
Bibl.: Nova 1984, S. 150–154; Ghisetti Giavarina 2000, S. 44.

216 Die Architekten der Villa Giulia für Julius III. waren Vignola, Vasari, Ammannati und Michelangelo, wobei letzterer als leitender Architekt von Sankt Peter vorwiegend beratend tätig wurde. Ammannati führte zusammen mit Vignola vor allem die Gartenanlage der Villa Giulia aus, und dort insbesondere das Nymphäum und den Hof nach Entwürfen Vasaris.
Bibl.: Nova 1988; Kiene 1995, S. 49–73.

217 Bei den hier nicht näher spezifizierten Statuen handelte es sich hauptsächlich um Brunnenskulpturen, so zum Beispiel die Ende der 1550er Jahre in Auftrag gegebene *Juno* für einen Brunnen in der Sala Grande des Palazzo Vecchio (heute im Bargello in Florenz) oder die über einem Teich aufragende gebückte Kolossalstatue des *Apennin* (Bronze, 1563–1565, *in situ*) für den Garten der Villa in Castello.
Bibl.: Ghisetti Giavarina 2000, S. 45.

218 Die Bronzegruppe des *Herkules und Antaeus* (2 m hoch) entstand 1559–1560 als Bekrönung eines von Niccolò Tribolo gestalteten Brunnens für den Garten der Medici-Villa in Castello. Heute wird die Gruppe aus konservatorischen Gründen in einem Raum der nahegelegenen Villa Medicea di Petraia präsentiert.
Bibl.: Acidini Luchinat 1995, S. 31; Morét 2003, S. 43–49 und S. 151–165.

219 Der von Vasari hier beschriebene überlebensgroße Marmorkoloß des *Neptun* (ca. 9 m hoch) entstand zwischen 1560 und 1575. Ammannati griff dabei auf einen Marmorblock zurück, den Baccio Bandinelli bereits vor seinem Tod 1560 bearbeitet hatte, was seine Gestaltungsmöglichkeiten einschränkte. Der *Neptun* bildet noch heute den Mittelpunkt eines skulpturalen Brunnenensembles auf der Piazza della Signoria in Florenz.
Bibl.: Heikamp 1995, S. 19–30; Morét 2003, S. 55–58 und S. 185–224; Else 2005.

220 Wahrscheinlich spielt Vasari hier auf Raffaello Borghini (*1537? Florenz – 1588 ebenda) an, der Ammannati in seinem 1584 erstmals in Florenz erschienenen *Riposo* eine längere Passage widmete (Borghini, *Riposo*, S. 590–594). Das Werk lautet mit vollständigem Titel *Il Riposo di Raffaello Borghini in cui della pittura e della scultura si favella, de' più illustri pittori e scultori e delle più famose opere loro si fa mentione, e le cose principali appartenenti a dette arti s'insegnano* und besteht aus vier Büchern, wovon zwei hauptsächlich theoretisch, die anderen beiden hingegen geschicht-

lich ausgerichtet sind. In seiner in Dialogform konzipierten Abhandlung über die in Florentiner Palästen, Kirchen und Villen versammelten Kunstwerke macht Borghini auch Anleihen bei Vasaris *Vite*.

Bibl.: Ceserani 1970, S. 677–680.

221 Das Werk gilt als verloren.

222 Die Skulptur gilt als verschollen.

223 Von diesem Werk ist nichts bekannt.

224 Die Mocenigo zählen zu den bedeutendsten Familien Venedigs. Sechsmal wurde ein Doge aus ihren Reihen gewählt, so auch Alvise I. Mocenigo (*1507 – †1577). Auf welches Haus der Mocenigo Vasari in seiner Beschreibung Bezug nimmt, ist nicht klar. Die wichtigsten Paläste der Familie befanden sich in San Samuele und in San Stae. Die Statue des *Bacchus* ist heute verloren.

225 Während der 1540er und 1550er Jahre war Danese Cattaneo regelmäßig an Sansovinos venezianischen Großprojekten beteiligt, insbesondere an der Libreria Marciana und der Loggetta des Campanile von San Marco. Gesichert ist die Zuschreibung einer Statue der *Personifikation des Friedens*, die sich in einer Nische der Loggetta befindet, sowie am selben Bauwerk das Relief einer *zyprischen Venus* oberhalb des rechten Loggienbogens und das einer *Viktoria* im linken Zwickel des mittleren Bogens.

Bibl.: Rossi 1995, S. 25.

226 Pietro Bembo (*1470 Venedig – †1547 Rom), als dessen berühmtestes literarisches Werk *Gli Asolani* (1505 veröffentlicht) gilt, wurde 1513 apostolischer Notar und Sekretär Papst Leos X. und 1539 von Papst Paul III. zum Kardinal erhoben.

Bibl.: Dionisotti 1966, S. 133–151.

227 Die Büste Pietro Bembos (Marmor, 1547–1548) ist das früheste Werk, das heute von Danese Cattaneo bekannt ist. Bembo hatte vermutlich zu Lebzeiten im Sinn, seine letzte Ruhestätte in der Basilica del Santo in Padua zu finden. Nach seinem Tod entschieden seine Erben aber, ihn in Santa Maria sopra Minerva in Rom zu bestatten, wo sich sein Grabmonument befindet, während man ihm im Santo ein Denkmal errichtete. Dessen architektonischer Rahmen wird Michele Sanmicheli zugeschrieben, während die Inschrift von Paolo Giovio stammt.

Daneses Büste des Alessandro Contarini ist Teil des bereits weiter oben im Text erwähnten monumentalen Grabmonuments in derselben Kirche (vgl. Anm. 179 und 185), das außerdem von Michele Sanmicheli, Pietro da Salò, Alessandro Vittoria und Agostino Zoppo gestaltet und ausgestattet wurde. Die Büste wurde noch zu Lebzeiten Contarinis unabhängig vom Grabmal geschaffen und wird in dessen Testament erwähnt.

Beide Porträtbüsten fanden große Bewunderung bei Daneses Zeitgenossen Aretino, Tizian und Sansovino.

Bibl.: Davis 1995, S. 180–195; Rossi 1995, S. 39–56.

[228] Daß in der 1783 profanierten Kirche San Giovanni di Verdara in Padua je eine Porträtbüste Girolamo Gigantis (*? Fossombrone – †um 1561/66) existiert hat, wird bezweifelt. Stattdessen nimmt man an, daß sich Vasari bei der Identifizierung des Porträts irrte und die Bronzebüste des am 10. Februar 1562 verstorbenen Gelehrten und Literaten Lazzaro Bonamico (Bassano del Grappa, Museo Civico) meinte, die sich einst in besagter Kirche befand. Vielleicht kam die Verwechslung aufgrund einer Bronzemedaille (London, British Museum) aus der Hand Cattaneos zustande, die das Porträt Gigantes im Profil zeigt.

Bibl.: Rossi 1995, S. 60–62.

[229] Giustiniano Giustinian (*1525 Venedig – †1596 ebenda) entstammte einer wohlhabenden und prestigeträchtigen venezianischen Familie. Zeit seines Lebens spielte er eine bedeutende Rolle im politischen Leben Venedigs und bekleidete zahlreiche hohe Ämter: So war er beispielsweise mehrmals Mitglied im Rat der Zehn, fungierte als *Provveditore al Sale* und als *Provveditore sopra i Beni Comunali*.

Bibl.: Gullino 2001, S. 247–249.

[230] Die Porträtbüste von Giustiniano Giustinian ist verschollen, wurde aber in dem 1581 erschienenen Venedig-Führer Francesco Sansovinos noch erwähnt, und zwar als Teil des Grabmals der Cappella Giustinian in Santa Croce della Giudecca (Sansovino, *Venetia*, S. 90b) und nicht in Sant'Antonio della Giudecca, wie Vasari schreibt. Von der Büste des Generals Tiepolo fehlt hingegen jegliche Spur.

[231] Ercole Fregoso (*1494 Rom – †1565 oder 1570/71 Verona) war der zweite Sohn Giano II. Fregosos. Er war zunächst Domkanoniker von Padua und ab 1533 Kanoniker von Sant'Anastasia in Verona.

[232] Giano II. Fregoso (*1455 Genua – †1529 Brescia) hatte eine ausgezeichnete humanistische und militärische Ausbildung erhalten. 1482 wurde er von seinem Vater zum Grafen von Korsika ernannt, wobei er die Insel nur für ein Jahr regierte. 1488 befehligte er die päpstlichen Streitkräfte und von 1512 bis 1513 hatte er das Amt des Dogen von Genua inne. Nachdem er bereits 1510 General der venezianischen Streitkräfte gewesen war, erhielt er dieses Amt erneut 1514. Zwei Jahre vor seinem Tod, im Jahr 1527, stieg er als Nachfolger von Francesco Maria della Rovere zum obersten Heerführer (›*generalissimo*‹) Venedigs auf.

Bibl.: Cavanna Ciappina 1998, S. 410–414.

[233] In dem 1565 als Familiengrab konzipierten Fregoso-Monument in Sant'Anastasia in Verona verband Danese das Grabmal eines *condottiere*

mit einem dem Erlöser geweihten Altar. Wie es seine ausführliche Beschreibung nahelegt, hat Vasari das Grabmal 1566 selbst gesehen und vermutlich zudem von Cattaneo genaue Informationen über das ikonographische Programm des Monuments erhalten.

Bibl.: Hiesinger 1976, S. 283–293; Rossi 1995, S. 104–112; Rossi 1996.

234 Zeit seines Lebens hegte Danese Cattaneo literarische Ambitionen. Seine Karriere als Schriftsteller erreichte 1562 ihren Höhepunkt, als er ein Gedicht mit dem Titel *L'Amor di Marfisa* veröffentlichte. Außerdem verfaßte er zahlreiche unveröffentlichte heroische Gedichte und zwei Theaterstücke, und die Poesie schien ihn manchmal stärker zu fesseln als die Bildhauerei. Zu Daneses engsten Freunden zählten Francesco Sansovino, dem er als zweiter Vater galt, und Bernardo Tasso, der Vater Torquato Tassos. Danese war Mitglied eines Zirkels paduanischer Intellektueller, der sich um Pietro Bembo und Alvise Corner gebildet hatte.

Bibl.: Rossi 1995; Boucher 1996, S. 90.

235 Die Statue des Sonnengottes *Apoll* für die Bekrönung des Brunnens im Hof der venezianischen Münze entstand Anfang bis Mitte der 1540er Jahre und stellte einen für ein Profangebäude ungewöhnlichen, jedoch prestigeträchtigen Auftrag dar, den Danese sehr wahrscheinlich auf Vermittlung Sansovinos, als Architekt der Münze, erhielt. Heute befindet sich die Skulptur samt Brunnen im Hof der Ca' Pesaro.

Bibl.: Rossi 1995, S. 9–24.

236 Leonardo Loredan (*1436 Venedig – †1521 ebenda), 1501 zum Dogen gewählt

237 Das aufwendig gestaltete marmorne Grabmonument des Dogen Leonardo Loredan im Chor von Santi Giovanni e Paolo wurde von dem Architekten Giovan Girolamo Grapiglia um 1566 konzipiert und erst zwischen 1604 und 1616 vollendet. Die skulpturale Ausstattung stammt von Danese Cattaneo, mit Ausnahme der Figur des Dogen, die sein Schüler Girolamo Campagna nach Daneses Tod anfertigte und signierte. Von Danese stammen die den sitzenden Dogen flankierenden *Personifikationen der Liga von Cambrai* und der bewaffneten *Venetia*, die in den beiden äußeren Nischen aufgestellten *Personifikationen des Friedens* und *des Überflusses* sowie mehrere Reliefs.

Bibl.: Sponza 1999, S. 192–199.

238 Vittore Carpaccio (*1460/66 Venedig? – †1525/26 ebenda)

239 Andrea Mantegna (*1430/31 Isola di Carturo bei Padua – †1506 Mantua)

240 Bartolomeo Montagna (*um 1450 Orzinuovi bei Brescia oder Biron bei Vicenza – †1523 Vicenza)

241 Francesco Verla war ein Vicentiner Maler, über den keine genauen

Lebensdaten bekannt sind. Er war tätig in Vicenza, Rom (1503), Trient (1514) und Rovereto, wo er vor 1521 starb.

242 Giovanni Speranza (*um 1480 Vicenza – †um 1532 ebenda)

243 Diese Person ist aufgrund der vagen Angaben Vasaris nicht identifizierbar.

244 Girolamo Pironi war um 1530/35 in Vicenza und Padua tätig und gilt als erster Lehrer Palladios.

245 Andrea di Pietro della Gondola, genannt Andrea Palladio (*1508 Padua – †1580 Vicenza oder Maser), betätigte sich als Architekt, Theoretiker und Schriftsteller. Seine erste Ausbildung erhielt er bei einem Baumeister ab dem Alter von 13 Jahren in Padua. 1524 kündigte er seinen Vertrag und siedelte nach Vicenza über, wo er in die Werkstatt der Baumeister Giovanni und Girolamo Pedemuro eintrat. Die erste aus dieser Zeit rekonstruierbare Arbeit Andreas geht auf 1537 zurück, als die Werkstatt der Brüder Pedemuro mit der Erweiterung der Villa Giangiorgio Trissinos in Cricoli beauftragt wurde. Von Trissino erhielt Andrea 1540 den Namen ›Palladio‹ als Allusion auf einen himmlischen Botschafter aus Trissinos Epos *Italia liberata dai Goti* (1547 erschienen). Durch Trissino kam Palladio in Kontakt mit dem Kreis paduanischer Intellektueller um Alvise Corner, deren Einfluß entscheidend für seine weitere Entwicklung sein sollte.

Bibl: Beyer 2000, S. 1164–1174.

246 Noch heute gilt der Palazzo della Ragione in Vicenza (1546–1549, vollendet 1614) als Palladios berühmtester Bau. Dabei handelt es sich nicht um einen kompletten Neubau, vielmehr ummantelte Palladio einen bereits aus dem 15. Jahrhundert stammenden Gebäudekörper mit einer zweietagigen ringsherum verlaufenden Loggia. Allerdings sind die Säulen des ersten Obergeschosses nicht dorischer, sondern ionischer Ordnung.

Bibl.: Puppi/Battilotti 1999, S. 266–271.

247 Bei dem genannten Stadtpalast handelt es sich um den Palazzo Thiene in Vicenza, der ab 1542 für Marc'Antonio und Adriano Thiene, Mitglieder der reichsten Familie der Stadt, vermutlich nach einem Entwurf von Giulio Romano errichtet wurde. Nach dessen Tod 1546 übernahm Palladio das Projekt, das zugleich sein architektonisches Debüt in Vicenza markiert, und modifizierte die Pläne. 1558 wurden die nahezu vollendeten Bauarbeiten abgebrochen. Vasari, der sich vermutlich handgeschriebener Notizen aus zweiter Hand bediente, irrt an dieser Stelle gleich zweimal, indem er den Namen Thiene fälschlicherweise als ›Vieri‹ entziffert und Ottavio, den Sohn Marc'Antonios, als Auftraggeber angibt.

Bibl.: Puppi/Battilotti 1999, S. 251–254; Beltramini/Padoan 2000, S. 22–25.

[248] Mit dem Palast für den Grafen Iseppo da Porto in Vicenza schuf Palladio sozusagen den Prototyp des palladianischen Palazzo. Die Porto gehörten zu den vornehmsten Familien Vicenzas und waren eng mit den Thiene alliiert, was durch die Heirat Iseppo da Portos mit Livia Thiene, der Schwester der Auftraggeber des Palazzo Thiene, 1542 besiegelt wurde. Die Arbeiten am Palazzo da Porto Festa begannen um 1545, der Vertrag für die Fassade wurde im Jahr 1548 geschlossen.
Bibl.: Beltramini/Padoan 2000, S. 26–29.
[249] Vasari schreibt im italienischen Originaltext ›Valerio Coricatto‹ und meint damit Valerio Chiericati (*1528 Vicenza – †1576 Kreta), der mit Dorotea Thiene, der Schwester von Odoardo Thiene, verheiratet war.
Bibl.: Puppi 1980b, S. 693–696.
[250] Der Palast wurde ab dem Jahr 1551 nicht für Valerio, sondern für Girolamo Chiericati in Vicenza errichtet. Nachdem ungefähr ein Drittel des geplanten Gebäudes errichtet worden war, wurden die Bauarbeiten 1557 abgebrochen. Der Bau wurde erst hundert Jahre später vollendet.
Bibl.: Puppi/Battilotti 1999, S. 281–286; Beltramini/Padoan 2000, S. 45–49.
[251] Der Palazzo Valmarana, heute Braga, für die Grafen von Valmarana in Vicenza wurde ab 1565 erbaut.
Bibl.: Puppi/Battilotti 1999, S. 369–371.
[252] Im italienischen Originaltext steht an dieser Stelle der Name ›Valerio Chireggiolo‹, womit erneut Valerio Chiericati und damit der nur wenige Sätze zuvor erwähnte, im Auftrag von dessen Bruder Girolamo begonnene Palast gemeint ist (vgl. Anm. 249 und 250). Die Fassade dieses Palastes ging auf eine unregelmäßige Piazza hinaus, die *isola* genannt wurde. Aufgrund der stark divergierenden Schreibweisen ›Coricatto‹ und ›Chireggiolo‹ in seinen Notizen wurde Vasari offenbar zu der Annahme verleitet, es handele sich hier um zwei verschiedene Bauten und Auftraggeber.
[253] Die Villa Poiana in Poiana Maggiore (Provinz Vicenza), heute im Besitz des Ente per le Ville Venete, wird auf die späten 1540er Jahre datiert und war noch im Jahr 1555 unvollendet. Bonifazio Poiana gehörte einer alten Vicentiner Familie an.
Bibl.: Puppi/Battilotti 1999, S. 274–277.
[254] Die Villa Saraceno, heute Lombardi, in Finale di Agugliaro (Provinz Vicenza) für Biagio Saraceno, einen Deputierten des Vicentiner Stadtrats, wurde etwa zeitgleich mit der Villa Poiana ab 1548 erbaut. Noch 1556 wird die Villa als unvollendet beschrieben.
Bibl.: Puppi/Battilotti 1999, S. 258–259.
[255] Villa Pisani, heute De Lazara Pisani, in Bagnolo di Lonigo (Provinz

Vicenza), um 1542/45. Bei den Auftraggebern handelt es sich vermutlich um Giovanni Pisani, der das Land bereits 1523 erworben hatte, und seine Söhne Vittore, Marco und Daniele. Die Pisani zählten derzeit zu den vier reichsten Patrizierfamilien Venedigs.

Bibl.: Puppi/Battilotti 1999, S. 254–257.

256 Villa Valmarana, heute Scagnolari, in Lisiera di Bolzano Vicentino (Provinz Vicenza) für Gianfrancesco Valmarana, 1563–1564?, teilweise zerstört und wiederaufgebaut

Bibl.: Puppi/Battilotti 1999, S. 350–351.

257 Das um 1567 zu datierende Projekt der Villa Trissino in Melodo di Sarego (Provinz Vicenza) wird in Palladios *Quattro Libri* ausführlich beschrieben. Das später tatsächlich errichtete Gebäude geht jedoch auf einen anonymen Vicentiner Baumeister zurück und ist ungefähr auf 1575 datierbar.

Bibl.: Puppi/Battilotti 1999, S. 385–388.

258 Villa Repeta in Campiglia dei Berici (Provinz Vicenza), durch ein Feuer zerstört, um 1557–1558?, zunächst für den Vicentiner Edelmann Francesco Repeta konzipiert, nach dessen Tod 1556 von seinem Sohn Mario fortgeführt

Bibl.: Puppi/Battilotti 1999, S. 318–320.

259 Villa Godi, heute Malinverni, in Lonedo di Lugo Vicentino (Provinz Vicenza). Palladios früheste Villa wurde bereits 1537 begonnen und um 1542 vollendet.

Bibl.: Puppi/Battilotti 1999, S. 238–240.

260 Villa Angarano, heute Bianchi Michiel, in Angarano (Provinz Vicenza), teilweise umgebaut, um 1548

Bibl.: Puppi/Battilotti 1999, S. 271–273.

261 Villa Thiene, heute das Rathaus in Quinto Vicentino (Provinz Vicenza), 1545–1546

Bibl.: Puppi/Battilotti 1999, S. 261–265.

262 Der Begriff *quadro* bezeichnet ein in der Renaissancearchitektur übliches proportionales Verhältnis, gemäß dem eine Seite stets ein ganzzahliges Vielfaches der anderen darstellt. Eine Fläche kann demnach in ein, zwei oder mehr *quadri* eingeteilt werden. Im Deutschen existiert kein entsprechender Fachausdruck.

Bibl.: Palladio 2001 (1570), S. 458.

263 Konventsgebäude der Lateranensischen Chorherren (Augustiner-Chorherren) von Santa Maria della Carità, heute Sitz der Accademia di Belle Arti, unvollendet und teilweise zerstört, 1560–1561. Da Vasari über diesen Bau auffallend gut informiert ist, wie auch über einige andere Bauten Palladios, ist es gut möglich, daß er den Architekten persönlich traf und dieser ihm die Informationen überließ.

Bibl.: Puppi/Battilotti 1999, S. 333–336.

[264] Refektorium und Wirtschaftsräume des Klosters San Giorgio Maggiore auf der Isola di San Giorgio gegenüber von San Marco, 1560–1562
Bibl.: Puppi/Battilotti 1999, S. 338–339.
[265] Die ersten Zahlungen in Verbindung mit einem Modell der Kirche San Giorgio Maggiore erfolgten 1565. Offenbar sah Vasari das Modell der Kirche in Venedig.
Bibl.: Puppi/Battilotti 1999, S. 363–369.
[266] Giovanni Grimani (*um 1500 Venedig – †1593 ebenda) war der Neffe von Domenico Grimani. Das Patriarchat von Aquileia fiel 1545 an ihn. Die Grimani pflegten enge Beziehungen zum Heiligen Stuhl und hielten sich deshalb häufig in Rom auf, wo sie eine *vigna* an der Piazza Barberini (damals Piazza Grimani) besaßen. Der Großvater von Giovanni, Antonio Grimani, hatte während seiner Verbannung aus Venedig im Jahr 1500 in Rom eine Antikensammlung begründet, die dann später nach Venedig gebracht wurde und als erste öffentliche Einrichtung dieser Art großen Einfluß auf die gesamte Kultur der Lagunenstadt hatte, als Venedig, das bis dahin zu einem neuen Byzanz stilisiert worden war, nun ein neues Rom werden sollte. Francesco Salviati schuf für Giovanni Grimani eine *Psyche*, die an der Decke eines Salons im Palazzo Grimani am Campo Santa Maria Formosa in Venedig angebracht wurde.
Bibl.: Paschini 1956, S. 851–862.
[267] Palladio übernahm das Projekt des Baus einer neuen Fassade für San Francesco della Vigna 1562.
Bibl.: Puppi/Battilotti 1999, S. 345–347.
[268] Villa Foscari, heute Landsberg, in Gambarare di Mira, Malcontenta (Provinz Venezia), um 1559–1560. Einer Inschrift Palladios am Fries der Loggia zufolge wurde die Villa für Niccolò und Alvise (venezianisch für ›Luigi‹) Foscari erbaut.
Bibl.: Puppi/Battilotti 1999, S. 328–330.
[269] Villa Mocenigo in Marocco (Provinz Treviso), um 1559–1562. Die für Leonardo Mocenigo erbaute Villa wurde zu Beginn des 19. Jahrhunderts zerstört.
Bibl.: Puppi/Battilotti 1999, S. 330–331.
[270] Villa Cornaro in Piombino Dese (Provinz Treviso), 1553, heute im Besitz des Ente per le Ville Venete. Der Auftraggeber Giorgio di Giacomo Corner ist derselbe, der auch den Palazzo Corner am Canale Grande von Sansovino entwerfen ließ (vgl. Anm. 127).
Bibl.: Puppi/Battilotti 1999, S. 292–295.
[271] Villa Pisani, heute Placco, in Montagnana (Provinz Padova), 1552. Der Name des Auftraggebers, Francesco Pisani, prangt an prominen-

ter Stelle im Fries direkt unterhalb des Tympanons der Straßenfassade.
Bibl.: Puppi/Battilotti 1999, S. 288–290.

[272] Die Villa Thiene in Cicogna di Villafranca Padovana wurde um 1556–1563 konzipiert und blieb unvollendet. Heute existiert lediglich noch die *barchessa* (Wirtschaftsgebäude). Auftraggeber waren vermutlich Graf Francesco Thiene und in der Folge seine beiden Söhne Odoardo und Teodoro.
Bibl.: Puppi/Battilotti 1999, S. 311–313.

[273] Hier handelt es sich um einen Stadtpalast, den Palazzo Antonini in Udine, 1556, heute Sitz der Banca d'Italia. Floriano Antonini kam als Botschafter Udines des öfteren in die Lagunenstadt, wo er erste Kontakte zu Palladio geknüpft haben könnte.
Bibl.: Beltramini/Padoan 2000, S. 204–209.

[274] Villa Zeno in Donegal di Cessalto (Provinz Treviso), um 1556. Marco Zeno hatte von 1558 bis 1559 das Amt des Bürgermeisters von Vicenza inne. Die von ihm in Auftrag gegebene Villa befindet sich heute in äußerst schlechtem Zustand.
Bibl.: Puppi/Battilotti 1999, S. 373–375.

[275] Villa Badoer in Fratta Polesine (Provinz Rovigo), 1556, heute im Besitz des Ente per le Ville Venete. Francesco Badoer hatte das Land in Fratta Polesine durch seine Frau Lucietta Loredan geerbt.
Bibl.: Puppi/Battilotti 1999, S. 308–310.

[276] Daniele Matteo Alvise Barbaro (*1514 Venedig – †1579 ebenda) entstammte einer alten venezianischen Adelsfamilie und erhielt eine ausgezeichnete humanistische Ausbildung. Ab Mai 1550 war er gewählter Patriarch von Aquileia, das heißt er stand dem amtierenden Patriarchen von Aquileia, Domenico Grimani, zur Seite und war dazu auserkoren, dessen Nachfolge anzutreten, wozu es jedoch nicht kam, da Grimani ihn überlebte. Daniele arbeitete ab 1550 mit Palladio zusammen. Unter anderem verfaßte er eine hoch gerühmte, mit Kommentierungen versehene Übersetzung von Vitruvs *Zehn Büchern über die Architektur*, die mit Illustrationen von Palladio 1556 in Venedig erschien. In seinem 1581 erschienenen Werk über Venedig kürte Francesco Sansovino Daniele Barbaro zu einem der drei besten Architekten der Stadt, neben seinem Vater Jacopo und Andrea Palladio. Danieles Rolle als Architekt bleibt jedoch unklar. Tizian porträtierte seinen berühmten Zeitgenossen zweimal (Ottawa, National Gallery und Madrid, Museo del Prado). Ein weiteres Porträt Daniele Barbaros malte Paolo Veronese (Amsterdam, Rijksmuseum).
Bibl.: Alberigo 1964, S. 89–95.

[277] Marcantonio Barbaro (*1518 Venedig – †1595 ebenda), der jüngere Bruder Danieles, bekleidete zahlreiche bedeutende politische Ämter in

Venedig, darunter ab 1564 auch jenes des *Provveditore al Sale*, dessen Aufgabe es unter anderem war, die von der Republik in Auftrag gegebenen Kunstwerke zu bezahlen. Zwischen 1564 und 1568 war Marcantonio ständig in Venedig ansässig. In den darauf folgenden Jahren erfüllte er politische Missionen in Konstantinopel und kehrte erst 1574 dauerhaft nach Venedig zurück, wo er bis zu seinem Tod politisch aktiv blieb. In den 1580er Jahren beauftragte er Palladio mit dem Bau einer Familienkapelle auf dem Gelände des Landsitzes in Maser.

Bibl.: Gaeta 1964, S. 110–112.

278 Villa Barbaro, heute Luling Buschetti Volpi, in Maser (Provinz Treviso), 1557–1558. Die Barbaro besaßen seit dem 15. Jahrhundert ein Gut in Maser. Wahrscheinlich wurde der ältere Bau in den palladianischen Komplex integriert. Anders als in den meisten Projekten Palladios nahmen Daniele und Marcantonio Barbaro deutlich Einfluß auf den Entwurf. Die Villa Barbaro ist besonders berühmt für ihre Innenfreskierung von der Hand Paolo Veroneses sowie für die aufwendigen Stukkaturen Alessandro Vittorias.

Bibl.: Puppi/Battilotti 1999, S. 314–318.

279 Bei dem Brunnen im Garten der Villa Barbaro handelt es sich, wie in der Villa Giulia, um ein Nymphäum, an dessen reicher skulpturaler Ausstattung Marcantonio Barbaro in seiner Freizeit maßgeblich mitarbeitete.

280 Dies ist eine Fehlinformation. Der im 19. Jahrhundert zerstörte Palazzo Giustiniani in Genua wurde nicht von Palladio gebaut. Für Luca Giustiniani, über den außer seiner Herkunft aus einer Genueser Patrizierfamilie und der engen Verbindung zu der ebenfalls bedeutenden Familie Sauli kaum etwas bekannt ist, errichtete Galeazzo Alessi zwischen 1545 und 1548 eine Villa in Albaro bei Genua, die 1787 in den Besitz der Familie Cambiaso überging und heute die Fakultät für Ingenieurswesen der Universität von Genua beherbergt (heutzutage vorwiegend als Villa Cambiaso bekannt). Es kann also sein, daß Vasari diese Informationen verwechselte oder daß sich Luca Giustiniani tatsächlich an Palladio wandte, mit diesem aber nie einen Bau realisierte.

Bibl.: Carpeggiani 1975, S. 305–310.

281 Palladios *Quattro libri dell'architettura* erschienen in zwei Etappen im Jahr 1570. In ihnen entwirft Palladio einen architektonischen Kanon, der sowohl auf den Gesetzmäßigkeiten antiker Gebäude als auch auf dem von ihm daraus abgeleiteten und modernisierten Idiom seiner eigenen Architektur beruht. Das vierte und längste der *Vier Bücher* ist mit Ausnahme des *Tempietto* von Bramante ausschließlich den antiken Bauten gewidmet. Im zweiten und dritten Buch stellt Palladio seine eige-

nen Profan- und Sakralbauten geordnet nach den ihnen zugrundeliegenden klassischen Modellen vor. Das erste Buch befaßt sich mit allgemeinen technischen und stilistischen Regeln der Architektur. Vasaris Informationen über die Struktur der Bücher stammen höchstwahrscheinlich von Palladio selbst, den er vermutlich auf seiner kurzen Reise über Venedig 1566 getroffen hat, womit sie den damaligen Stand von Palladios Vorstellungen über die Form der Publikation seiner Architekturtraktate widerspiegeln würden.

Bibl.: Palladio 2001 (1570); Beyer 2000, S. 1171–1172.

[282] Giuseppe Salviati (*1520 Castelnuovo di Garfagnana – †1575 Venedig)

[283] Tintoretto (*1519 Venedig – †1594 ebenda)

[284] Battista Farinato, eigentlich Battista Zelotti (*um 1526 Verona – †1578 Mantua)

[285] Die Florentiner Akademie der Zeichenkünste wurde 1563 unter der Schirmherrschaft Herzog Cosimos I. de' Medici und Michelangelos, der im folgenden Jahr verstarb, von Vasari gegründet. Den Künstlern der Akademie, seinen Zeitgenossen, widmet er am Ende des dritten Teils der *Vite* eine eigene Sammelvita. In der Vita des Montorsoli hingegen beschreibt er die Gründung besagter Akademie (Bettarini/Barocchi, *Vite*, Bd. V, S. 506–508). Palladio wurde kurz nach Gründung der Akademie im Jahr 1566 zusammen mit Tizian und den anderen von Vasari genannten Künstlern als Mitglied aufgenommen.

Bibl.: Waźbiński 1987, Bd. II, S. 497; Barzman 2000.

[286] Bonifacio de' Pitati, auch Bonifacio Veneziano oder Bonifacio Veronese (*1487 Verona – †1553 Venedig), war der Sohn eines Waffenschmieds aus Verona. In den Quellen wird er erst 1528 als Mitglied der Werkstatt Palma il Vecchios erwähnt. Nach Palmas Tod im selben Jahr begann Bonifacios eigen-, aber unbeständige künstlerische Laufbahn in Venedig.

Bibl.: Westphal 1931; Simonetti 1986, S. 83–134.

[287] Bonifacio de' Pitatis *Christus im Kreise seiner Jünger* (Öl auf Holz, 189 x 160 cm, um 1533/34, Venedig, Gallerie dell'Accademia), mit den zentralen Figuren Christus und Philippus auf einer Rampe im Vordergrund und den anderen Jüngern im Hintergrund, bestand ursprünglich aus zwei Teilen, die als Türen eines der Trinität geweihten Reliquienaltars dienten. Wie Vasari schreibt, wurden sie für Santa Maria dei Servi geschaffen, einer zu Beginn des 19. Jahrhunderts zerstörten Kirche in Cannaregio. Das Zitat, das Vasari Philippus in den Mund legt, ist Teil einer lateinischen Bildunterschrift des Gemäldes, die unter der Figur des Philippus angebracht ist. Der architektonische Rahmen des Reliquienaltars wurde 1533 von Anselmo Gradenigo bei Jacopo Sansovino in Auftrag gegeben.

Bibl.: Moschini Marconi 1962, S. 32–33; Herman 2003, S. 122–128.

288 Bei diesem Gemälde handelt es sich um die heute in den Gallerie dell'Accademia befindliche Darstellung des *Pfingstwunders* (Öl auf Leinwand, 332 x 172 cm, 1545) von Polidoro da Lanciano (*1515 Lanciano bei Chieti – †1565 Venedig), einem der besten Mitarbeiter aus der Werkstatt Bonifacio de' Pitatis.

Die Tafel schmückte den Hochaltar der Kirche Santo Spirito alle Zattere, bis diese im Jahr 1806 profaniert wurde. Seit 1834 befindet sie sich in der venezianischen Accademia.

Bibl.: Moschini Marconi 1962, S. 171; Herman 2003, S. 129–131.

289 Von Jacopo Fallaro oder Foller sind keine Lebensdaten bekannt. Vermutlich ist er jedoch mit einem »Jacopo depentor dicto Foller« identifizierbar, der 1547 urkundlich erwähnt wird.

Bibl.: Thieme/Becker, Bd. XI, S. 235.

290 Diese Zuschreibung Vasaris an Jacopo Fallaro ist nicht mehr verifizierbar, da die beiden Orgelflügel für Santa Maria dei Gesuati verschollen sind.

291 Jacopo Pisbolica, eigentlich Pistoia: Maler aus Bergamo, der zwischen 1540 und 1572 in Venedig aktiv war

292 Nicht identifiziert

293 Fabrizio Veneziano wird ausschließlich bei Vasari, lediglich an dieser Stelle und nur mit diesem Werk erwähnt.

294 Diese Darstellung der *Segnung der Taufquelle* befindet sich nicht mehr in Santa Maria del Giglio, über ihren Verbleib ist nichts bekannt. Die Kirche wird auch Santa Maria Zobenigo genannt, nach der Familie Jubanico, die sie im 5. Jahrhundert gründete.

295 Der lange Abschnitt über Sansovinos Schüler und andere bedeutende Künstler Venedigs und Umgebung wurde für die Neuedition der Vita gestrichen. Anstelle dessen werden dort nur die Namen der Schüler und Nachfolger Sansovinos aufgezählt. Daran schließt sich ein völlig neuer Schlußteil an. Dieser handelt zunächst davon, wie sehr Sansovino von verschiedenen bedeutenden Persönlichkeiten geschätzt und umworben wurde, geht dann auf Sansovinos besondere künstlerische Qualitäten ein und endet schließlich mit der Beschreibung seines Grabmals in San Geminiano (siehe Appendix 6).

# Bibliographie zur Beschreibung der Werke des Jacopo Sansovino


AKL

*Allgemeines Künstlerlexikon: Die bildenden Künstler aller Zeiten und Völker*, begründet und mithg. v. Günter Meißner, München 1992–2006, 52 Bde.

Bettarini/Barocchi, *Vite*

Bettarini, Rosanna/Barocchi, Paola (Hgg.): *Giorgio Vasari. Le vite de' più eccellenti pittori, scultori e architettori nelle redazioni del 1550 e 1568*, Florenz 1966–1987, 6 Bde.

Bocchi, *Bellezze*

Bocchi, Francesco: *Le bellezze della città di Fiorenza*, Florenz 1591.

Borghini, *Riposo*

Borghini, Raffaello: *Il Riposo*, hg. v. Mario Rosci, Mailand 1967 (fotomechanischer Nachdruck der Florentiner Originalausgabe von 1584).

Cellini, *Autobiographie*

Cellini, Benvenuto: *Mein Leben. Die Autobiographie eines Künstlers aus der Renaissance*, hg. v. Jacques Laager, Zürich 2000.

DBI

*Dizionario Biografico degli Italiani*, hg. v. Istituto della Enciclopedia Italiana, Rom 1960–2006, 67 Bde.

Frey

Frey, Hermann-Walther/Frey, Karl (Hgg.): *Der literarische Nachlaß Giorgio Vasaris*, München 1923–1940, 3 Bde.

Palladio 2001 (1570)

Palladio, Andrea: *Die vier Bücher zur Architektur*, aus dem Italienischen übertragen und hg. v. Andreas Beyer und Ulrich Schütte, Basel 2001 (EA 1570).

Richter, *Leonardo*

Richter, Jean P. (Hg.): *The Literary Works of Leonardo da Vinci*, London 1970, 2 Bde.

Sansovino, *Venetia*

Sansovino, Francesco: *Venetia città nobilissima*, Bergamo 2002 (fotomechanischer Nachdruck der venezianischen Originalausgabe von 1581).

Thieme/Becker
Thieme, Ulrich/Becker, Felix (Hgg.): *Allgemeines Lexikon der bildenden Künstler von der Antike bis zur Gegenwart*, Leipzig 1907–1950, 37 Bde.
Turner 1996
Turner, Jane (Hg.): *The Dictionary of Art*, London/New York 1996, 34 Bde.
Turner 2000
Turner, Jane (Hg.): *Encyclopedia of Italian Renaissance and Mannerist Art*, London/New York 2000, 2 Bde.
Vasari, *Andrea del Sarto*
*Giorgio Vasari. Das Leben des Andrea del Sarto*, kommentiert und hg. v. Sabine Feser, Berlin 2005.
Vasari, *Kunsttheorie*
*Giorgio Vasari. Kunsttheorie und Kunstgeschichte. Eine Einführung in die Lebensbeschreibungen berühmter Künstler*, kommentiert und hg. v. Matteo Burioni und Sabine Feser, Berlin 2004.
Vasari, *Leonardo*
*Giorgio Vasari. Das Leben des Leonardo da Vinci*, kommentiert und hg. v. Sabine Feser, Berlin 2006.
Vasari, *Pontormo*
*Giorgio Vasari. Das Leben des Pontormo*, kommentiert und hg. v. Katja Burzer, Berlin 2004.
Vasari, *Raffael*
*Giorgio Vasari. Das Leben des Raffael*, kommentiert und hg. v. Hana Gründler, Berlin 2004.
Vasari/Chastel
*Vasari, Giorgio: Les vies des meilleurs peintres, sculpteurs et architectes*, übersetzt und kommentiert unter der Leitung von André Chastel, Paris 1989 (3. überarbeitete und korrigierte Auflage), 12 Bde.
Vasari/Milanesi
Milanesi, Gaetano (Hg.): *Le opere di Giorgio Vasari con nuove annotazioni e commenti*, Florenz 1973, 9 Bde. (Nachdruck der Originalausgabe von 1906).

Acidini Luchinat 1995
Acidini Luchinat, Cristina: ›Bartolomeo Ammannati artefice di fontane‹, in: Niccolò Rosselli del Turco/Federica Salvi (Hgg.): *Bartolomeo Ammannati. Scultore e Architetto 1511–1592*, Atti del Convegno di Studi, Firenze/Lucca, 17–19 Marzo 1994, Florenz 1995, S. 31–40.

Adhémar 1954
Adhémar, Jean: ›Aretino: Artistic Advisor to Francis I‹, in: *Journal of the Warburg and Courtauld Institutes*, 1954, Bd. XVII, S. 311–318.
Alberigo 1964
Alberigo, Giuseppe: ›Daniele Matteo Alvise Barbaro‹, in: DBI, 1964, Bd. VI, S. 89–95.
Andreae 1998
Andreae, Bernard: ›Das Laokoon-Problem‹, in: Matthias Winner/Bernard Andreae/Carlo Pietrangeli (Hgg.): *Il Cortile delle Statue. Der Statuenhof des Belvedere im Vatikan.* Akten des internationalen Kongresses zu Ehren von Richard Krautheimer, Rom, 21.–23. Oktober 1992, Mainz 1998, S. 161–163.
Arrighi 1998
Arrighi, Vanna: ›Giovanni Gaddi‹, in: DBI, 1998, Bd. LI, S. 156–158.
Arrighi 2004
Arrighi, Vanna: ›Lanfredino Lanfredini‹, in: DBI, 2004, Bd. LXIII, S. 602–605.
Attardi 1998
Attardi, Luisa: ›Alessandro Vittoria nella bottega di Jacopo Sansovino‹, in: *Arte veneta*, 1998, Bd. LIII, S. 15–33.
Attardi 2002
Attardi, Luisa: *Il camino veneto del Cinquecento. Struttura architettonica e decorazione scultorea*, Costabissara 2002.
Aurigemma 1996
Aurigemma, Maria Giulia: ›Il fiammingo Adriano VI, le arti e la cultura‹, in: *Storia dell'Arte*, 1996, Bd. LXXXVIII, S. 321–333.
Avery 1996
Avery, Charles: ›Bartolomeo Ammannati‹, in: Turner 1996, Bd. I, S. 789–793.
Bacchi 1999
Bacchi, Andrea et al. (Hgg.): *'La bellissima maniera': Alessandro Vittoria e la scultura veneta del Cinquecento*, Ausst.-Kat., Museo Castello del Buonconsiglio, Trient 1999.
Baiocchi 1983
Baiocchi, Angelo: ›Alessandro Contarini‹, in: DBI, 1983, Bd. XXVIII, S. 72–74.
Baldini 2001
Baldini, Nicoletta: ›Nuovi documenti e alcune ipotesi su Niccolò di Raffaello di Niccolò detto il Tribolo‹, in: Elisabetta Pieri/Luigi Zangheri (Hgg.): *Niccolò detto il Tribolo tra arte, architettura e paesaggio*, Poggio a Caiano 2001, S. 19–28.

Balogh 1924–1926
Balogh, Jolán: ›Nanni Unghero‹, in: *Az Orszzágos Magyar Szépmüvészeti Múzeum: Évkönyvei*, 1924–1926, Bd. IV, S. 91–115.
Barolsky 1995
Barolsky, Paul: *Warum lächelt Mona Lisa? Vasaris Erfindungen*, Berlin 1995.
Bartalini 1996
Bartalini, Roberto: *Le occasioni del Sodoma. Dalla Milano di Leonardo alla Roma di Raffaello*, Rom 1996.
Barzman 2000
Barzman, Karen-edis: *The Florentine Academy and the Early Modern State. The Discipline of Disegno*, Cambridge 2000.
Battilotti 1996
Battilotti, Donata: ›Francesco Sansovino‹, in: Turner 1996, Bd. XXVII, S. 774–775.
Beltramini/Padoan 2000
Beltramini, Guido/Padoan, Antonio (Hgg.): *Andrea Palladio. Atlante delle architetture*, Venedig 2000.
Benzoni 2002a
Benzoni, Gino: ›Domenico Grimani‹, in: DBI, 2002, Bd. LIX, S. 599–606.
Benzoni 2002b
Benzoni, Gino: ›Andrea Gritti‹, in: DBI, 2002, Bd. LIX, S. 726–734.
Berenson 1938
Berenson, Bernard: *The Drawings of the Florentine Painters*, Chicago 1938, 3 Bde.
Beyer 1996
Beyer, Andreas: ›Andrea Palladio‹, in: Turner 1996, Bd. XXIII, S. 861–872.
Beyer 2000
Beyer, Andreas: ›Andrea Palladio‹, in: Turner 2000, Bd. II, S. 1164–1174.
Blake McHam 2001
Blake McHam, Sarah: ›The Role of Pliny's Natural History in the Sixteenth-Century Redecoration of the Piazza San Marco, Venice‹, in: Luba Freedman/Gerlinde Huber-Rebenich (Hgg.): *Wege zum Mythos*, Berlin 2001, S. 89–105.
Bonora 1994
Bonora, Elena: *Ricerche su Francesco Sansovino. Imprenditore librario e letterato*, Venedig 1994.

Bortolloni 2002
Bortolloni, Luca: ›Domenico Grimani‹, in: DBI, 2002, Bd. LIX, S. 606–609.
Boucher 1991
Boucher, Bruce: *The Sculpture of Jacopo Sansovino*, New Haven/London 1991, 2 Bde.
Boucher 1996
Boucher, Bruce: ›Danese Cattaneo‹, in: Turner 1996, Bd. VI, S. 89–90.
Boucher 2000
Boucher, Bruce: ›Tiziano Minio‹, in: Turner 2000, Bd. II, S. 1093–1094.
Brummer 1970
Brummer, Hans Henrik: *The Statue Court in the Vatikan Belvedere*, Stockholm 1970.
Cantagalli 1964
Cantagalli, Roberto: ›Gherardo Bartolini Salimbeni‹, in: DBI, 1964, Bd. VI, S. 630–631.
Carpeggiani 1975
Carpeggiani Paolo: ›Alessi architetto di villa: parallelismi con Giulio Romano e Palladio‹, in: *Galeazzo Alessi e l'architettura del Cinquecento*, Akten der internationalen Tagung, Genua, 16.–20. April 1974, Genua 1975, S. 305–310.
Cavanna Ciappina 1998
Cavanna Ciappina, Maristella: ›Giano Fregoso‹, in: DBI, 1998, Bd. L, S. 410–414.
Ceserani 1970
Ceserani, Remo: ›Raffaello Borghini‹, in: DBI, 1970, Bd. XII, S. 677–680.
Chastel 1978 (1973)
Chastel, André: ›L'aria: théorie du milieu à la Renaissance‹, in: André Chastel: *Fables, Formes, Figures*, Paris 1978 (EA 1973), Bd. I, S. 393–405.
Chastel 1983
Chastel, André: *The Sack of Rome 1527*, Princeton, N.J. 1983.
Cheney 2002
Cheney, Liana D.: ›Vasari's Early Decorative Cycles: The Venetian Commissions. Part I‹, in: *Explorations in Renaissance Culture*, 2002, Bd. XXVIII, S. 239–284.
Cheney 2003
Cheney, Liana D.: ›Vasari's Early Decorative Cycles: The Venetian Commissions. Part II‹, in: *Explorations in Renaissance Culture*, 2003, Bd. XXIX, S. 23–58.

Ciseri 1990
Ciseri, Ilaria: *L'ingresso trionfale di Leone X in Firenze nel 1515*, Florenz 1990.
Civai 1990
Civai, Alessandra: *Dipinti e sculture in casa Martelli: Storia di una collezione patrizia fiorentina dal quattrocento all'ottocento*, Florenz 1990.
Collareta 1986
Collareta, Marco: ›Battesimo di Cristo‹, in: Antonio Paolucci (Hg.): *Restauro del marmo: opere e problemi*, Florenz 1986, S. 151–171.
Cox-Rearick 1984
Cox-Rearick, Janet: *Dynasty and Destiny in Medici Art. Pontormo, Leo X, and the Two Cosimos*, Princeton 1984.
Cox-Rearick 1995
Cox-Rearick, Janet: *The Collection of Francis I. Royal Treasures*, Antwerpen 1995.
Dal Borgo 2002
Dal Borgo, Michela: ›Marco Antonio Grimani‹, in: DBI, 2002, Bd. LIX, S. 639–640.
Davis 1981
Davis, Charles: ›Giorgio Vasari. Vita di M(esser) Iacopo Sansovino Scultore, & Architetto eccellentissimo della Serenissi(ma) Rep(ublica) di Venetia‹, in: *La Toscana nel '500. Giorgio Vasari*, Ausst.-Kat., Arezzo, 26 settembre–29 novembre 1981, Florenz 1981, S. 293–295.
Davis 1984
Davis, Charles: ›La Grande 'Venezia' a Londra‹, in: *Antichità viva*, 1984, Bd. XXIII, Nr. 6, S. 32–44.
Davis 1985
Davis, Charles: ›Jacopo Sansovino's 'Loggetta di San Marco'‹, in: *Mitteilungen des Kunsthistorischen Institutes in Florenz*, 1985, Bd. XXIX, S. 396–400.
Davis 1994
Davis, Charles: ›Jacopo Sansovino and the Engraved Memorials of the Cappella Badoer-Giustiniani in San Francesco della Vigna‹, in: *Münchner Jahrbuch der bildenden Kunst*, 1994, Dritte Folge, Bd. XLV, S. 133–164.
Davis 1995
Davis, Charles: ›Il monumento di Alessandro Contarini al Santo di Padova‹, in: Howard Burns et al. (Hgg.): *Michele Sanmicheli. Architettura, linguaggio e cultura artistica nel Cinquecento*, Mailand 1995, S. 180–195 und S. 306–313.

Davis 1996
Davis, Charles: ›Camini del Sansovino‹, in: *Annali di architettura*, 1996, Bd. VIII, S. 93–114.
De Caro 1961
De Caro, Gaspare: ›Luigi d'Aragona‹, in: DBI, 1961, Bd. III, S. 698–701.
Deswarte-Rosa 2004
Deswarte-Rosa, Sylvie: ›Le traité d'architecture de Sebastiano Serlio, l'œuvre d'une vie‹, in: dies. (Hg.): *Sebastiano Serlio a Lyon: architecture et imprimerie*, Lyon 2004, S. 30–65.
Dionisotti 1966
Dionisotti, Carlo: ›Pietro Bembo‹, in: DBI, 1966, Bd. VIII, S. 133–151.
Else 2005
Else, Felicia M.: ›'La maggior porcheria del mondo': Documents for Ammannati's Neptune Fountain‹, in: *The Burlington Magazine*, 2005, Bd. CXLVII, S. 487–491.
Fabbri 1999
Fabbri, Gianni (Hg.): *La Scuola Grande della Misericordia di Venezia: storia e progetto*, Mailand 1999.
Finiello Zervas 1996
Finiello Zervas, Diane (Hg.): *Orsanmichele a Firenze – Orsanmichele Florence*, Modena 1996, 2 Bde.
Finocchi Ghersi 1998
Finocchi Ghersi, Lorenzo: *Alessandro Vittoria: architettura, scultura e decorazione nella Venezia del tardo Rinascimento*, Udine 1998.
Foscari/Tafuri 1983
Foscari, Antonio/Tafuri, Manfredo: *L'armonia e i conflitti: la chiesa di San Francesco della Vigna nella Venezia del '500*, Turin 1983.
Foscari 1995
Foscari, Antonio: ›Tommaso Lombardo da Lugano nella bottega di Jacopo Sansovino‹, in: *Venezia arti*, 1995, Bd. IX, S. 141–145.
Frommel 1998
Frommel, Sabine: *Sebastiano Serlio architetto*, Mailand 1998.
Gaeta 1964
Gaeta, Franco: ›Marcantonio Barbaro‹, in: DBI, 1964, Bd. VI, S. 110–112.
Gallo 1986
Gallo, Daniela (Hg.): *Iacopo Sansovino: il Bacco e la sua fortuna*, Ausst.-Kat., Museo Nazionale del Bargello, Florenz 1986.
Garrard 1970
Garrard, Mary D.: *The Early Sculpture of Jacopo Sansovino: Florence and Rome*, Ann Arbor, Mich. 1970 (Ph. Diss. Johns Hopkins University, Baltimore 1970).

Ghisetti Giavarina 2000
Ghisetti Giavarina, Adriano: ›Bartolomeo Ammannati‹, in: Turner 2000, Bd. I, S. 43–47.
Gouwens 1998
Gouwens, Kenneth: *Remembering the Renaissance. Humanist Narratives of the Sack of Rome*, Leiden 1998.
Grimaldi/Sorti 1987
Grimaldi, Floriano/Sorti, Katy (Hgg.): *Scultori a Loreto: Fratelli Lombardi, Antonio Calcagni e Tiburzio Vergelli. Documenti,* Ancona 1987.
Günther 2001
Günther, Hubertus: ›Die Planung von San Giovanni dei Fiorentini (Rom) im Wettstreit zwischen fürstlichen Mäzenen und bürgerlichen Auftraggebern‹, in: Klaus Bergdolt/Giorgio Bonsanti (Hgg.): *Opere e giorni. Studi su mille anni di arte europea dedicati a Max Seidel,* Venedig 2001, S. 451–464.
Gullino 1983
Gullino, Giuseppe: ›Alvise Corner‹, in: DBI, 1983, Bd. XXIX, S. 142–146.
Gullino 2001
Gullino, Giuseppe: ›Giustiniano Giustinian‹, in: DBI, 2001, Bd. LVII, S. 247–249.
Heikamp 1995
Heikamp, Detlef: ›La fontana del Nettuno in Piazza della Signoria e le sue acque‹, in: Niccolò Rosselli del Turco/Federica Salvi (Hgg.): *Bartolomeo Ammannati. Scultore e Architetto 1511–1592*, Atti del Convegno di Studi, Firenze/Lucca, 17–19 Marzo 1994, Florenz 1995, S. 19–30.
Herman 2003
Herman, Todd A.: *Out of the Shadow of Titian: Bonifacio de' Pitati and 16th Century Venetian Painting*, Ann Arbor 2003 (Ph. Diss. Case Western Reserve University).
Hiesinger 1976
Hiesinger, Kathryn B.: ›The Fregoso Monument. A Study in Sixteenth-Century Tomb Monuments and Catholic Reform‹, in: *The Burlington Magazine*, 1976, Nr. CXVIII, S. 283–293.
Hirthe 1996
Hirthe, Thomas: ›(Grazioli) da Salò‹, in: Turner 1996, Bd. XXVII, S. 637.
Holderbaum 1967
Holderbaum, James: ›The Birth Date and a Destroyed Early Work of Baccio Bandinelli‹, in: Douglas Fraser/Howard Hibbard/Milton J. Lewine (Hgg.): *Essays in the History of Art Presented to Rudolf Wittkower*, London 1967, S. 93–97.

Howard 1996a
Howard, Deborah: ›Andrea Gritti‹, in: Turner 1996, Bd. XIII, S. 678–679.
Howard 1996b
Howard, Deborah: ›Sebastiano Serlio‹, in: Turner 1996, Bd. XXVIII, S. 466–472.
Howard 1997
Howard, Deborah: ›Das goldene Zeitalter: Jacopo Sansovino und die 'römische' Architekturreform‹, in: Giandomenico Romanelli (Hg.): *Venedig. Kunst & Architektur*, Köln 1997, Bd. I, S. 316–339.
Kat. Altoviti 2003
Alan Chong et al. (Hgg.): *Raphael, Cellini, & a Renaissance Banker. The Patronage of Bindo Altoviti*, Ausst.-Kat., Boston/Florenz 2003/2004, Boston 2003.
Kent 1977
Kent, Francis W.: *Household and Lineage in Renaissance Florence. The Family Life of the Capponi, Ginori, and Rucellai*, Princeton 1977.
Keutner 1977
Keutner, Herbert: ›Andrea Sansovino e Vincenzo Danti: Il gruppo del Battesimo di Cristo sopra la Porta del Paradiso‹, in: *Scritti di storia dell'arte in onore di Ugo Procacci*, Mailand 1977, Bd. II, S. 370–380.
Kiene 1995
Kiene, Michael: *Bartolomeo Ammannati*, Mailand 1995.
Labowsky 1967
Labowsky, Lotte: ›Bessarione‹, in: DBI, 1967, Bd. IX, S. 686–696.
Land 2000
Land, Norman E.: ›Pietro Aretino‹, in: Turner 2000, Bd. I, S. 83–84.
Lingohr 1997
Lingohr, Michael: *Der Florentiner Palastbau der Hochrenaissance. Der Palazzo Bartolini Salimbeni in seinem historischen und architekturgeschichtlichen Kontext*, Worms 1997.
Marchini 1942
Marchini, Giuseppe: *Giuliano da Sangallo*, Florenz 1942.
Martin 1998
Martin, Thomas: *Alessandro Vittoria and the Portrait Bust in Renaissance Venice: Remodelling Antiquity*, Oxford 1998.
Merkel 1976
Merkel, Ettore: ›Giorgio Vasari e gli artisti del Cinquecento a Venezia: limiti e aporie di un critico moderno‹, in: *Il Vasari storiografo e artista*. Atti del Convegno internazionale nel IV centenario della morte, Arezzo/Firenze, 2–8 settembre 1974, Florenz 1976, S. 457–467.

Middeldorf 1936
Middeldorf, Ulrich: ›Sull'attività della bottega di Jacopo Sansovino‹, in: *Rivista d'arte*, 1936, Bd. XVIII, S. 245–236.
Morét 2003
Morét, Stefan: *Der italienische Figurenbrunnen des Cinquecento*, Oberhausen 2003.
Morresi 2000
Morresi, Manuela: *Jacopo Sansovino*, Mailand 2000.
Moschini Marconi 1962
Moschini Marconi, Sandra: *Gallerie dell'Accademia di Venezia. Opere d'arte del secolo XVI*, Rom 1962.
Muratova 1994
Muratova, Xenia: ›'Questa maniera fu trovata da i Goti…'‹, in: Valentino Pace/Martina Bagnoli (Hgg.): *Il Gotico europeo in Italia*, Neapel 1994, S. 23–56.
Myssok 1999
Myssok, Johannes: *Bildhauerische Konzeption und plastisches Modell in der Renaissance*, Münster 1999.
Myssok 2002a
Myssok, Johannes: ›Il ciclo degli apostoli per Santa Maria del Fiore secondo il progetto di Michelangelo‹, in: Carlo Cinelli/Johannes Myssok/Francesco Vossilla (Hgg.): *Il ciclo degli Apostoli nel Duomo di Firenze*, Florenz 2002, S. 15–17.
Myssok 2002b
Myssok, Johannes: ›San Jacopo Maggiore (1511–1518)‹, in: Carlo Cinelli/Johannes Myssok/Francesco Vossilla (Hgg.): *Il ciclo degli Apostoli nel Duomo di Firenze*, Florenz 2002, S. 50–53.
Nesselrath 1998
Nesselrath, Arnold: ›Il Cortile delle Statue: luogo e storia‹, in: Matthias Winner/Bernard Andreae/Carlo Pietrangeli (Hgg.): *Il Cortile delle Statue. Der Statuenhof des Belvedere im Vatikan.* Akten des internationalen Kongresses zu Ehren von Richard Krautheimer, Rom, 21.–23. Oktober 1992, Mainz 1998, S. 1–16.
Nova 1984
Nova, Alessandro: ›The Chronology of the De Monte Chapel in S. Pietro in Montorio in Rome‹, in: *The Art Bulletin*, 1984, Bd. LXVI, S. 150–154.
Nova 1988
Nova, Alessandro: *The Artistic Patronage of Pope Julius III (1550–55). Profane Imagery and Buildings for the De Monte Family in Rome*, New York 1988.

Paatz 1933
Paatz, Walter: ›Seit wann gehört zu Sansovinos Taufgruppe am Baptisterium eine Engelfigur?‹, in: *Mitteilungen des Kunsthistorischen Institutes in Florenz*, 1933, Bd. IV, S. 141.
Pallen 1999
Pallen, Thomas A.: *Vasari on Theatre*, Carbondale/Edwardsville 1999.
Paschini 1956
Paschini, Pio: ›Il mecenatismo artistico del patriarca Giovanni Grimani‹, in: *Studi in onore di Aristide Calderini e Roberto Paribene*, Mailand 1956, Bd. III, S. 851–862.
Pegazzano 2003
Pegazzano, Donatella: ›A Banker as Patron‹, in: Alan Chong et al. (Hgg.): *Raphael, Cellini & a Renaissance Banker. The Patronage of Bindo Altoviti*, Ausst.-Kat., Boston/Florenz 2003/2004, Boston 2003, S. 59–92.
Poeschke 1992
Poeschke, Joachim: *Die Skulptur der Renaissance in Italien. Michelangelo und seine Zeit*, München 1992.
Poeschke 1996
Poeschke, Joachim: ›Arnolfo di Cambio‹, in: Turner 1996, Bd. II, S. 480–485.
Puppi 1980a
Puppi, Lionello (Hg.): *Alvise Cornaro e il suo tempo*, Ausst.-Kat., Padua 1980.
Puppi 1980b
Puppi, Lionello: ›Valerio Chiericati‹, in: DBI, 1980, Bd. XXIV, S. 693–696.
Puppi/Battilotti 1999
Puppi, Lionello: *Palladio*, neue, aktualisierte und erweiterte Auflage, hg. v. Donata Battilotti, Mailand 1999.
Romanelli 1999
Romanelli, Giandomenico: ›Giorgio Vasari a Venezia‹, in: Giuseppe M. Pilo (Hg.): *Pittura veneziana dal Quattrocento al Settecento*, Mailand 1999, S. 48–53.
Rossi 1995
Rossi, Massimiliano: *La poesia scolpita: Danese Cataneo nella Venezia del Cinquecento*, Lucca 1995.
Rossi 1996
Rossi, Massimiliano: ›L'architettura come palinsesto: ancora qualche osservazione sul monumento Fregoso di Danese Cataneo‹, in: *Annali di architettura*, 1996, Bd. VIII, S. 127–134.

Samek Ludovici 1980
Samek Ludovici, Sergio: ›Cesare Cesariano‹, in: DBI, 1980, Bd. XXIV, S. 172–180.
Scantamburlo 2001
Scantamburlo, Elena: ›Nuovi documenti per la biografia di Jacopo Sansovino‹, in: *Venezia Cinquecento*, 2001, Bd. XXII, S. 17–21.
Scarpellini 1984
Scarpellini, Pietro: *Perugino*, Mailand 1984.
Schottmüller 1933
Schottmüller, Frida (Hg.): *Die italienischen und spanischen Bildwerke der Renaissance und des Barock, Bd. I – Die Bildwerke in Stein, Holz, Ton und Wachs*, Berlin/Leipzig 1933.
Settis 1999
Settis, Salvatore: *Laocoonte: fama e stile*, Rom 1999.
Shearman 1965
Shearman, John: *Andrea del Sarto*, Oxford 1965, 2 Bde.
Shoemaker 1981
Shoemaker, Innis H.: *The Engravings of Marcantonio Raimondi*, Ausst.-Kat., Lawrence, The Spencer Museum of Art, Lawrence 1981.
Simonetti 1986
Simonetti, Simonetta: ›Profilo di Bonifacio de' Pitati‹, in: *Saggi e memorie di storia dell'arte*, 1986, Bd. XV, S. 83–134.
Sponza 1999
Sponza, Sandro: ›Il mausoleo Loredan di Danese Cattaneo restaurato‹, in: *Arte Veneta*, 1999, Bd. LV, S. 192–199.
Stella 1960
Stella, Aldo: ›Bindo Altoviti‹, in: DBI, 1960, Bd. II, S. 574–575.
Tafuri 1984
Tafuri, Manfredo (Hg.): *'Renovatio Urbis'. Venezia nell'età di Andrea Gritti (1523–1538)*, Rom 1984.
Tafuri 1985
Tafuri, Manfredo: *Venezia e il Rinascimento. Religione, scienza, architettura*, Turin 1985.
Tafuri 1990
Tafuri, Manfredo: ›Raffaello, Jacopo Sansovino e la facciata di San Lorenzo‹, in: *Annali di Architettura*, 1990, Bd. II, S. 24–44.
Tafuri 1992
Tafuri, Manfredo: *Ricerca del Rinascimento. Principi, città, architetti*, Turin 1992.
Tauber 2002
Tauber, Christine: ›Italianità am Hof von François Ier (1515–1521)‹,

in: Götz-Rüdiger Tewes/Michael Rohlmann (Hgg.): *Der Medici-Papst Leo X. und Frankreich*, Tübingen 2002, S. 171–197.

Teodori 2003
Teodori, Rissa: ›Leonardo Grosso della Rovere‹, in: DBI, 2003, Bd. LX, S. 14–17.

Touring Club 2005
Touring Club Italiano (Hg.): *Venezia*, Mailand 2005.

Uginet 1989
Uginet, François-Charles: ›Domenico della Rovere‹, in: DBI, 1989, Bd. XXXVII, S. 334–337.

Waźbiński 1987
Waźbiński, Zygmunt: *L'Accademia Medicea del Disegno a Firenze nel Cinquecento. Idea e Istituzione*, Florenz 1987, 2 Bde.

Westphal 1931
Westphal, Dorothee: *Bonifazio Veronese*, München 1931.

Williams 1993
Williams, Robert J.: *Vincenzo Borghini and Vasari's 'Lives'*, Ann Arbor 1989 (Ph. Diss. Princeton University 1988).

Williamson 1996
Williamson, Paul (Hg.): *European Sculpture at the Victoria and Albert Museum*, London 1996.

Winner 1998
Winner, Matthias: ›Einleitung. 'Il Cortile delle Statue nel Belvedere'‹, in: Matthias Winner/Bernard Andreae/Carlo Pietrangeli (Hgg.): *Il Cortile delle Statue. Der Statuenhof des Belvedere im Vatikan.* Akten des internationalen Kongresses zu Ehren von Richard Krautheimer, Rom, 21.–23. Oktober 1992, Mainz 1998, S. IX–XI.

Wolters 2000
Wolters, Wolfgang: *Architektur und Ornament. Venezianischer Bauschmuck der Renaissance*, München 2000.

Ybl 1946
Ybl, Erwin: ›Tommaso Lombardis Altarstatuen in Bissone‹, in: *Zeitschrift für Schweizerische Archäologie und Kunstgeschichte*, 1946, Bd. VIII, S. 53–56.

Zani 2005
Zani, Vito: ›Girolamo Lombardo‹, in: DBI, 2005, Bd. LXV, S. 514–516.

Zanuso 2005
Zanuso, Susanna: ›Tommaso Lombardo‹, in: DBI, 2005, Bd. LXV, S. 528–530.

# Daten zu Leben und Werk Sansovinos

| | |
|---|---|
| 1486 | Jacopo wird als ältester Sohn des Matratzenmachers Antonio Tatti und seiner Frau Francesca in Florenz geboren und am 2. Juli getauft. Jacopos Großvater war Möbeltischler. |
| um 1502 | Jacopo tritt in die Werkstatt Andrea Sansovinos ein, der zu jener Zeit in Florenz zu den gefragtesten Bildhauern zählte und dessen Nachnamen er später annimmt. |
| um 1506/07 | Auf Einladung von Giuliano da Sangallo begibt sich Jacopo nach Rom, wo er die Antiken studiert. Möglicherweise arbeitete er zusammen mit seinem 1505 nach Rom aufgebrochenen ehemaligen Meister Andrea Sansovino an den Grabmälern der Kardinäle Ascanio Sforza und Girolamo Basso della Rovere in Santa Maria del Popolo. |
| 1507 oder 1508 | Laut Vasari gewinnt Sansovino einen von Bramante ausgelobten und von Raffael entschiedenen Wettbewerb um die beste Kopie des 1606 bei Grabungsarbeiten wiederentdeckten antiken *Laokoon*. |
| um 1510/11 | Rückkehr Sansovinos nach Florenz. |
| 1511 | Sansovino beginnt die Skulptur des *Heiligen Jakobus* für den Florentiner Dom, die erst 1518 vollendet wird. In jenem Zeitraum teilt er sich eine Werkstatt mit seinem Maler-Freund Andrea del Sarto. |
| 1512 | Der *Bacchus* für den Garten Giovanni Bartolini Salimbenis an der Via Gualfonda in Florenz wird vollendet. Mit der von Benedetto Varchi und Giorgio Vasari hochgepriesenen Skulptur präsentiert sich Sansovino zum ersten Mal einer breiteren Florentiner Öffentlichkeit als Bildhauer. |
| 1515 | Anläßlich des Besuchs des Medici-Papstes Leo X. kreiert Sansovino mehrere Triumphbögen, die Statue eines Pferdes aus Ton und Schurwolle und, zusammen mit Andrea del Sarto, eine hölzerne, ephemere Festfassade für den Florentiner Dom. |

| | |
|---|---|
| 1516 | Im Mai unterzeichnet Sansovino den Vertrag über die Ausführung einer *Madonna mit Kind* für die Familienkapelle der Martelli in Sant'Agostino in Rom, die 1518–1521 zur Ausführung kommt. |
| 1517 | In einem auf den 30. Juni datierten Brief beschwert sich Sansovino bei Michelangelo darüber, daß dieser sich weigert, einen Teil des großangelegten Projekts um die Neugestaltung der Fassade von San Lorenzo, der Florentiner Stammkirche der Medici, an ihn abzutreten, wie anfangs geplant. |
| 1518 | Sansovino begibt sich nach Rom, wo er mit Ausnahme einer zweijährigen Unterbrechung nach 1521 bis 1527 leben und arbeiten wird. |
| um 1518–19 | Sansovino skulptiert einen *Heiligen Jakobus* für die Grabkapelle Giacomo Serras in San Giacomo degli Spagnoli an der Piazza Navona. |
| 1519 | Mit seinem Entwurf gewinnt Sansovino den Wettbewerb um den Neubau der Florentiner Nationalkirche San Giovanni dei Fiorentini am Tiberufer. Als sowohl technische wie auch finanzielle Schwierigkeiten auftreten, wird er 1521 von Antonio da Sangallo abgelöst.<br>Im selben Jahr erhält Sansovino außerdem von Papst Leo X. den Auftrag für den Wiederaufbau der durch ein Feuer zerstörten Kirche San Marcello al Corso. Auch bei diesem Projekt wird er 1521 durch Antonio da Sangallo ersetzt. |
| 1519–21 | Für Marco Coscia baut Sansovino eine Loggia an der Via Flaminia, von der heute allenfalls Fragmente erhalten sind. |
| 1521 | Sansovinos Sohn Francesco wird in Rom geboren. |
| 1527 | Aufgrund des ›Sacco di Roma‹, der Plünderung Roms durch die Söldnertruppen Kaiser Karls V., flüchtet Sansovino nach Venedig, um sich von dort aus an den Hof des französischen Königs zu begeben, wozu es dann aber nicht kommt. Sansovino erreicht Venedig Anfang August und verbringt von diesem Zeitpunkt an sein restliches Leben in der republikanischen Lagunenstadt. |
| 1529 | Im April wird Sansovino zum *proto di San Marco*, zum Chefarchitekten der Prokuratoren von San Marco, ernannt und erhält eine Amtswohnung an der Piazza San Marco neben dem Uhrturm. |

| | |
|---|---|
| 1530 | Im Mai erhält Sansovino außerdem die Oberaufsicht über alle venezianischen Bauwerke. |
| 1531 | Sansovino gewinnt den Wettbewerb um den Neubau der Scuola Grande della Misericordia in Cannaregio. |
| um 1534–61 | Bau der Kirche San Francesco in Vigna. Palladio fügt später die heutige Fassade an. |
| 1536 | Jacopo erhält von den Prokuratoren von San Marco den Auftrag für den Bau der Libreria Marciana, die von 1537 bis 1556 gegenüber dem Dogenpalast errichtet wird. |
| 1536–38 | Konsolidierung der Kuppeln von San Marco. |
| 1536–49 | Neubau der staatlichen Münze neben der Libreria Marciana im Auftrag des Rats der Zehn. |
| 1537 | Die *Arsenal-Madonna*, Sansovinos erste in und für Venedig geschaffene Skulptur, wird vollendet. |
| 1537–46 | Errichtung der Loggetta am Fuß des Campanile von San Marco unter Mithilfe einiger Schüler. |
| 1538 | Baubeginn des Palazzo Dolfin am Canale Grande. |
| um 1540 | Sansovino beginnt mit der Errichtung der Villa Garzoni in Pontecasale bei Padua. |
| um 1540–53 | Bau der Kirche San Martino. |
| 1544–52 | Errichtung der Case Moro am Rio di San Girolamo. |
| 1545 | Baubeginn des Palazzo Corner am Canale Grande. Das Gewölbe der Libreria Marciana stürzt noch vor Fertigstellung des Gebäudes ein. Sansovino wird verhaftet und erhält eine Bußstrafe. |
| 1550 | Ab diesem Zeitpunkt läßt Sansovinos Aktivität als Bildhauer deutlich nach. In einem Brief an den Herzog von Ferrara, Ercole d'Este, bemerkt er, keine Zeit mehr dafür zu haben, den Meißel in die Hand zu nehmen, da er mit der Beaufsichtigung von Gebäuden voll beschäftigt sei. |
| 1552 | Am 7. April unterschreibt Sansovino den Kaufvertrag für ein Haus in der Pfarrei von San Trovaso, das er in den Jahren 1552–1554 und 1560–1570 ausbaut. |
| um 1552–57 | Sansovino errichtet die Kirche San Geminiano an der Piazza San Marco (1807 zerstört). |
| 1545 | Die Fabbriche Nuove bei Rialto entstehen. |
| 1553–70 | Errichtung der Kirche San Giuliano zusammen mit Alessandro Vittoria. |
| 1555–61 | Errichtung des Grabmonuments für den Dogen Francesco Venier in San Salvador. |

1565 Sansovino beginnt mit dem Bau der Kirche Santissimo Salvatore beim Ospedale degli Incurabili (1831 zerstört)

1570 Laut der von seinem Sohn Francesco überlieferten Grabinschrift verstirbt Sansovino am 27. November. Er wird in der von ihm selbst errichteten Kirche San Geminiano an der Piazza San Marco bestattet, die zu Beginn des 19. Jahrhunderts dem napoleonischen Flügel weichen mußte. Sansovinos sterbliche Überreste sind seit 1929 im Baptisterium von San Marco bestattet.

Die Angaben sind der Vita selbst, den in den Anmerkungen zu den einzelnen Werken angegebenen Publikationen sowie Morresi 2000 entnommen.

# Skulpturale Werke Sansovinos in Italien

(eine Auswahl)

Florenz, Dom
- *Der Heilige Jakobus*

Florenz, Museo Nazionale del Bargello
- *Bacchus*
- Medici-Tabernakel

Padua, Sant'Antonio
- *Wunder an dem Kind Parisio* (mit Antonio Minello)
- *Die Erweckung des Mädchens Carilla durch den heiligen Antonius*

Rom, Sant'Agostino, Martelli-Altar
- *Madonna mit dem Kind (Madonna del Parto)*

Rom, Santa Maria di Monserrato
- *Der Heilige Jakobus*

Venedig, Arsenal, Vestibül
- *Arsenal-Madonna*

Venedig, Dogenpalast
- *Mars und Neptun*
- Scala d'Oro (zusammen mit Michele Sanmicheli, Alessandro Vittoria und Battista Franco)

Venedig, Piazza San Marco
- Loggetta

Venedig, San Giuliano
- Denkmal für Tommaso Rangone (mit Alessandro Vittoria)

Venedig, San Marco
- Reliefs mit *Wundern des Heiligen Markus*
- Sakristeitür mit *Grablegung* und *Auferstehung Christi*
- vier Evangelisten

Venedig, San Salvador
- Grabmal für den Dogen Francesco Venier

Venedig, San Sebastiano
- Denkmal für den Erzbischof Livio Podocataro

Venedig, Santa Maria Gloriosa dei Frari
- *Johannes der Täufer*

## Skulpturale Werke Sansovinos außerhalb Italiens

(eine Auswahl)

Berlin, Staatliche Museen, Preußischer Kulturbesitz, Bode-Museum
- *Johannes der Evangelist*
- *Sacra Conversazione*

London, The Victoria & Albert Museum
- *Kreuzabnahme*

# Architektonische Werke Sansovinos in Italien

(eine Auswahl)

Pontecasale (Padua)
- Villa Garzoni

Venedig
- Ca' di Dio (Castello)
- Case Moro (Cannaregio)
- Fabbriche Nuove bei Rialto (San Polo)
- Libreria Marciana (San Marco)
- Loggetta am Fuße des Campanile von San Marco
- Münze (San Marco)
- Palazzo Corner (San Marco, am Canale Grande)
- Palazzo Dolfin (San Marco bei Rialto, am Canale Grande)
- San Francesco della Vigna (Castello)
- San Martino (Castello)
- Scuola Grande della Misericordia (Cannaregio)
- Wohnhaus Jacopo Sansovinos bei San Trovaso (Dorsoduro)

# Daten zu Leben und Werk Ammannatis

1511 Bartolomeo wird am 18. Juni in Settignano bei Florenz geboren.

1523 Im Alter von 12 Jahren wird der Junge Vollwaise.

1523–27 Bartolomeo verdient sich seinen Lebensunterhalt in der Florentiner Akademie Baccio Bandinellis.

1527 Ammannati verläßt Florenz und geht nach Venedig.

1536 Zusammenarbeit mit Stagio Stagi am Dom von Pisa, wo ihm eine Lünette mit *Gottvater* zugeschrieben wird.

1536–38 Zusammenarbeit mit Giovan Angelo Montorsoli am Grab für Jacopo Sannazaro für Santa Maria del Parto in Neapel, wo er die Statuen des *Apoll* (heute *David*), der *Minerva* (heute *Judith*), des *Heiligen Nazarius* und zweier *Putti* skulptiert.

1538 Ammannati erhält den Auftrag für das heute zerstörte Grab Francesco Maria I. della Roveres, des Herzogs von Urbino, in der Kirche Santa Chiara in Urbino, das er von 1542 bis 1543 ausführt.

1540 Jacopo Sansovino stattet seiner Heimatstadt Florenz einen Besuch ab. Kurz nachdem er nach Venedig zurückgekehrt ist, folgt ihm Ammannati nach.

1541/42 Ammannati skulptiert einen *Neptun* (heute zerstört) für die Balustrade des Daches von Sansovinos Libreria Marciana sowie weitere Details für die Fassade der Bibliothek.

1544–48 Aufenthalt in Padua und Vicenza. Die Kolossalstatue eines *Herkules* für den Hof des Palastes von Marco Mantova Benavides in Padua entsteht sowie ein Triumphbogen mit Statuen des *Jupiter* und *Apoll* für den Garten desselben Palastes.

1546 Das Grab für Marco Mantova Benavides in der Chiesa degli Eremitani in Padua wird enthüllt.

1550 Errichtung des Grabmals für den Soldaten Mario Nari in Santissima Annunziata in Florenz, das aufgrund religiöser Kontroversen nicht enthüllt und 1581 ganz entfernt wird.
Am 17. April heiratet Ammannati die Dichterin Laura Battiferri in Urbino.

1553 Ammannati vollendet die Gräber für Kardinal Antonio Maria Ciocchi del Monte und Fabiano del Monte in der römischen Kirche San Pietro in Montorio, mit denen ihn Papst Julius III. durch Vermittlung Vasaris beauftragt hatte.

1555 Vasari holt Ammannati nach Florenz, wo er ihn in die Dienste Cosimo I. de' Medicis vermittelt. Kurz darauf skulptiert Ammannati einen *Juno*-Brunnen für die Sala Grande des Palazzo Vecchio, der aber letztlich in Pratolino Aufstellung findet.

1559–60 Ammannati vollendet die Gruppe des *Herkules und Antaeus* für Tribolos *Herkules*-Brunnen im Garten der Medici-Villa in Castello.

1560–77 Umbau des Palazzo Pitti, den die Medici 1549 als Residenz für Eleonora di Toledo erworben hatten.

1563–65 *Apennin* für den Garten der Medici-Villa in Castello.

1567 Der 1560 begonnene *Neptun*-Brunnen auf der Piazza della Signoria in Florenz wird vollendet.

1567–70 Neubau der Trìnita-Brücke über den Arno.

1572 Seit diesem Jahr steht Ammannati in Kontakt mit dem Orden der Jesuiten in Florenz, dessen Konvent er erweitert.

1577 Ammannati errichtet den Palazzo degli Anziani (heute Palazzo Pubblico) in Lucca.

1579–85 Errichtung der Jesuitenkirche San Giovannino in Florenz.

1582 Ammannati verfaßt seinen, auf den 22. August datierten, berühmten Brief an die Florentiner Accademia del Disegno, in welchem er – beeinflußt durch das gegenreformatorische Klima und seinen Kontakt zu den Jesuiten – die öffentliche Zurschaustellung nackter Figuren aus moralischen Gründen verurteilt. Diese Auffassung bekräftigt er 1592 in einem Brief an Ferdinando I. de' Medici erneut.

1584 Ammannati beginnt mit einem heute verschollenen Traktat über Architektur und Stadtplanung.

1592 Am 13. April stirbt Ammannati in Florenz.

Die Angaben sind folgenden Werken entnommen: Kiene 1995, S. 240–242; Avery 1996.

# Skulpturale und architektonische Werke Ammannatis in Italien

(eine Auswahl)

Florenz
- *Apennin* (Villa Medicea, Castello)
- Brücke Santa Trìnita
- Fragmente des Grabmals für Mario Nari aus Santissima Annunziata (Bargello)
- *Herkules und Antaeus* (Villa Medicea di Petraia)
- *Juno*-Brunnen (Palazzo Pitti, Hof)
- *Juno* (Bargello)
- Kreuzgang von Santo Spirito
- *Neptun* (Piazza della Signoria)
- *Neptun*-Brunnen (Palazzo Pitti, Hof)
- Palazzo Grifoni (Ecke Via dei Servi/Piazza Santissima Annunziata)
- Palazzo Guigni (Via degli Alfani)
- Palazzo Pitti [Erweiterung und Hof]
- Palazzo Ramirez Montalvo (Borgo degli Albizzi)
- Piazza Pitti
- Säule auf der Piazzetta San Felice
- Säule vor San Marco
- Säule vor Santa Trìnita
- San Giovannino e Collegio dei Gesuiti (Via Cavour)

Lucca
- Palazzo degli Anziani, heute Palazzo Pubblico

Padua
- Grab für Marco Mantova Benavides (Chiesa degli Eremitani)
- *Herkules* (Palazzo Mantova Benavides, Hof)
- *Neptun* (Palazzo Strozzi)
- Triumphbogen (Palazzo Mantova Benavides, Garten)

Rom
- Brunnen an der Via Flaminia
- Palazzo Cordelli, heute Palazzo di Firenze (Piazza Firenze)
- Villa Giulia (Viale delle Belle Arti)
- Villa Medici (Viale Trinità dei Monti)

# Daten zu Leben und Werk Palladios

1508 Andrea wird am 8. November als Sohn des Müllers Pietro della Gondola und seiner Frau Marta in Padua geboren.

1521 Seine erste Ausbildung erhält er bei dem Baumeister Bartolomeo Cavazza da Sossano ab dem Alter von 13 Jahren in Padua. Sein Vater gibt ihn am 31. Oktober für sechs Jahre zu Sassano in die Lehre.

1524 Andrea kündigte seinen Vertrag und siedelt nach Vicenza über, wo er für die Werkstatt der Baumeister Giovanni und Girolamo Pedemuro arbeitet. Durch sie kommt er in Kontakt mit den wohlhabendsten Adelsfamilien Vicenzas.

1528 Andrea wird offiziell als Mitarbeiter in der Werkstatt von Giovanni di Giacomo da Pedemuro geführt.

1530 Am 29. März mietet Andrea eine Werkstatt unter dem Palazzo della Ragione in Vicenza, die er bald wieder aufgibt.

1534 Andrea heiratet eine Frau namens Allegradonna, mit der er fünf Kinder haben wird (Leonida, Marcantonio, Orazio, Silla, Zenobia).

1537 Die Werkstatt der Brüder Pedemuro wird mit der Erweiterung der Villa Giangiorgio Trissinos in Cricoli beauftragt. Der Erweiterungsbau ist zugleich Andreas erstes nachweisbares Werk. Im Zuge der Arbeiten lernt er Trissino kennen, durch den er in Kontakt mit einem Zirkel paduanischer Intellektueller kommt, zu dem auch Alvise Corner, Daniele Barbaro und Giovanni Maria Falconetto gehören.

Mit der Villa Godi-Malinverni in Lunedo di Lugo beginnt Andrea seinen ersten eigenständigen und von einer Werkstatt unabhängigen Bau, der 1542 vollendet wird.

1540 Andrea wird am 26. August öffentlich als Architekt ausgezeichnet.

Im selben Jahr erhält er von Giangiorgio Trissino den Namen ›Palladio‹ als Allusion auf einen himmlischen Botschafter aus Trissinos Epos *Italia liberata dai Goti* (1547 erschienen), unter welchem er fortan firmiert.

1541 Im Sommer reist Palladio zusammen mit Giangiorgio Trissino nach Rom.

Baubeginn der Villa Valmarana in Vigardolo.

1542 Baubeginn der Villa Pisani in Bagnolo und des Palazzo Thiene in Vicenza.

1545 Erneute Romreise zusammen mit Giangiorgio Trissino und Marco Thiene. Mit Unterbrechungen hält sich Palladio dort bis Juli 1547 auf und kehrt abermals in den Jahren 1549 und 1554 in die Stadt zurück.

1548 Palladio erhält von der Stadt Vicenza seinen ersten öffentlichen Auftrag: Das mittelalterliche Rathaus soll mit einer neuen Loggia ummantelt werden. Palladios Entwurf für den Palazzo della Ragione wurde erst 1617 vollkommen fertiggestellt.

1549 Erste Entwürfe für die Villa Barbaro in Maser bei Treviso, es folgen zahlreiche weitere Villenbauten auf der venezianischen Terraferma.

1565/66 Baubeginn der Villa Rotonda vor den Toren Vicenzas.

1566 Baubeginn der Kirche San Giorgio auf der Insel San Giorgio Maggiore in Venedig gegenüber von San Marco.

1570 Palladio zieht nach Venedig und übernimmt vermehrt Aufträge in der Lagunenstadt. Doch auch für Vicenza entstehen noch Bauten, darunter die Loggia del Capitaniato auf der Piazza dei Signori und der Palazzo Barbarano-Da Porto.
Im selben Jahr erscheinen Palladios *Quattro Libri* in zwei Etappen.

1576 Palladio beginnt mit der Errichtung der venezianischen Kirche Il Redentore auf der Giudecca.

1580 Palladio entwirft das Teatro Olimpico in Vicenza und stirbt am 8. November in Vicenza oder Maser.

Die Angaben sind folgenden Werken entnommen: Beyer 1996; Puppi/Battilotti 1999, S. 512–513.

# Bedeutende Bauwerke Palladios in Venetien und im Friaul

(eine Auswahl)

Cividale
- Palazzo Pretorio

Padua, Provinz
- Villa Pisani (Montagnana)

Rovigo, Provinz
- Villa Badoer, heute im Besitz des Ente per le Ville Venete (Fratta Polesine)

Treviso, Provinz
- Villa Barbaro, heute Luling Buschetti Volpi (Maser)
- Villa Cornaro, heute im Besitz des Ente per le Ville Venete (Piombino Dese)
- Villa Emo (Fanzolo)
- Villa Mocenigo (Marocco)
- Villa Zeno (Donegal di Cessalto)

Udine
- Palazzo Antonini, heute im Besitz der Banca d'Italia

Venedig
- Carità-Kloster, heute Sitz der Accademia delle Belle Arti
- Fassade von San Francesco della Vigna
- Il Redentore
- San Giorgio Maggiore
- Santa Maria della Presentazione [Chiesa delle Zitelle]

Venedig, Provinz
- Villa Foscari, heute Landsberg (Gambarare di Mira, Malcontenta)

Vicenza
- Loggia del Capitaniato
- Loggien des Palazzo della Ragione [Basilica]
- Palazzo Barbarano

- Palazzo Chiericati, heute Museo Civico
- Palazzo Porto, heute Festa
- Palazzo Valmarana, heute Braga, Sitz des Centro Internazionale di Studi d'Architettura ›Andrea Palladio‹
- Santa Maria Nova
- Teatro Olimpico
- Villa Almerico [La Rotonda]

Vicenza, Provinz
- Villa Angarano, heute Bianchi Michiel (Angarano)
- Villa Chiericati, heute Rigo (Vancimuglio di Grumolo delle Abbadesse)
- Villa Godi, heute Malinverno (Lonedo di Lugo Vicentino)
- Villa Pisani, heute De Lazara Pisani (Bagnolo di Lonigo)
- Villa Poiana, heute im Besitz des Ente per le Ville Venete (Poiana Maggiore)
- Villa Porto (Vivaro di Dueville)
- Villa Saraceno, heute Lombardi (Finale di Agugliaro)
- Villa Thiene, dient heute als Rathaus (Quinto Vicentino)
- Villa Valmarana, heute Bressan (Vigardolo di Monticello Co.Otto)
- Villa Valmarana, heute Scagnolari (Lisiera di Bolzano)

# Anmerkungen zum Leben des Michele Sanmicheli

*Zu Vasaris Text (Seite 83–121)*

1 Michele Sanmicheli (*1487/88 Verona – †1559 ebenda)

2 Giovanni (*1428 Porlezza – †1493 ?) und Bartolomeo Sanmicheli (*1426 Porlezza – †1512 Casale Monferrato) waren als Steinmetze in Verona tätig. Ursprünglich stammten sie aus Porlezza in der Lombardei. Wahrscheinlich kamen sie um 1470 nach Verona, um in der wirtschaftlich florierenden Stadt auf dem venezianischen Festland Arbeit zu suchen. Zu dieser Zeit hatten sich viele Steinmetze aus Porlezza und Umgebung in Verona niedergelassen, wodurch dort für sie ein heimatliches Umfeld existierte. Es gilt als eher unwahrscheinlich, daß der Vater und der Onkel von Sanmicheli dessen Lehrmeister waren, da bei offiziellem Beginn seiner Lehrjahre der Vater bereits tot war und der Onkel sich vermutlich im Piemont niedergelassen hatte. Über den tatsächlichen Lehrmeister von Michele Sanmicheli ist nichts Konkretes bekannt. Es könnte sich dabei um den älteren Bruder Jacopo gehandelt haben, der wie sein Vater den Beruf des Steinmetzes erlernt hatte. Eine andere Überlegung wird im Zusammenhang mit den ersten gesicherten Arbeiten von Michele Sanmicheli angestellt: Für den Altar der Magi im Dom von Orvieto fertigte er zwischen den Jahren 1513 und 1526 Reliefs an, ebenso für die dortige Cappella Petrucci. Das könnte ein Hinweis darauf sein, daß er auch eine Ausbildung als Bildhauer absolvierte – ein Aspekt, den Vasari vollkommen ausklammert und der die Forschungen zu Sanmicheli beeinflußte. Ein stilistischer Vergleich der beiden Werke im Dom von Orvieto mit den Arbeiten der venezianischen Bildhauerbrüder Tullio (*um 1455 – †1532) und Antonio Lombardo (*um 1468 – †1516) läßt diese als mögliche Lehrmeister von Michele erscheinen.
Bibl.: Davies/Hemsoll 2004, S. 15–19.

3 Die Anfangsjahre von Michele Sanmicheli waren nicht vom Schicksal begünstigt. Bereits als Neun- oder Zehnjähriger war er Vollwaise. Seine Mutter starb kurz nach seiner Geburt, und im Juli oder August des Jahres 1497 verlor er seinen Vater. In seinem Testament verwies sein Vater auf Geldrücklagen, die für eine angemessene Erziehung von Michele und Alessandro unter der Vormundschaft des ältesten Sohnes

Jacopo (* vor 1473 Verona? – † 1505 ebenda ?) und eines befreundeten Stoffhändlers, Pietro Velleti, genutzt werden sollten.

Bibl.: Davies/Hemsoll 2004, S. 20.

4 Der Bruder und Tutor von Michele, Jacopo Sanmicheli, erkrankte im August 1505 schwer und erlag seiner Krankheit nur wenige Wochen später.

5 Vasari irrt sich im Namen des Bruders. Er hieß Don Girolamo und war Regularkanoniker von Sant'Agostino.

Bibl.: Langenskiöld 1938, S. 3.

6 Vasari bleibt hier in seinen Ausführungen sehr vage. Erst der Künstlerbiograph Della Valle (1791) fand ein Dokument, in dem Michele Sanmicheli im Zusammenhang mit der Ausführung der Fassade des Doms genannt wird. Als Sanmicheli 1512 nach Orvieto kam, war die Fassade zum größten Teil bereits fertiggestellt. Er erhielt den Auftrag, das zentrale Tympanon auszuführen. Die Arbeiten dazu begannen am 19. August 1513. Möglicherweise handelt es sich bei den von Sanmicheli einzusetzenden ornamentalen Elementen um Stücke, die bereits lange zuvor skulptiert worden waren. Nach Beendigung dieser Arbeit realisierte er den sich rechts neben dem Tympanon befindlichen Pilaster. Das genaue Ausmaß seines Eingriffs muß noch geklärt werden.

Für den Dom plante Sanmicheli auch den *Drei-Königs-Altar* für die Cappella dei Magi. Mit den Arbeiten wurde bereits 1514 begonnen. Diese gingen jedoch so schleppend voran, daß der Altar noch nicht einmal zur Hälfte fertiggestellt war, als Sanmicheli 1526 Orvieto veließ. Im Jahr 1528 übernahm Antonio da Sangallo der Jüngere die Planung des Altars. Ausgeführt wurden die Arbeiten von Simone Mosca (* 1492 Settignano – † 1553 Orvieto), das Hauptrelief mit der *Anbetung der Heiligen Drei Könige* (Marmor, 2,20 x 2,86 m, *in situ*) stammt von Raffaello Sinibaldi, genannt Raffaello da Montelupo (* 1504 Florenz – † 1566 Orvieto), der es in den Jahren 1538 bis 1541 skulptierte.

In der Vita von Simone Mosca nennt Vasari Reliefs, die nach dem Entwurf von Sanmicheli die Cappella di marmo bis zur Sockelhöhe zierten; diese sind jedoch nicht mehr vorhanden (Bettarini/Barocchi, *Vite*, Bd. V, S. 341).

Bibl.: Langenskiöld 1938, S. 4 und S. 40–41; Magagnato 1960, S. 70–71; Puppi 1986, S. 20–21; Franci 2002, S. 32; Davies/Hemsoll 2004, S. 352–353.

7 Der Auftrag für den Dom von Montefiascone wird unter anderem durch die Tatsache plausibel, daß Kardinal Alessandro Farnese (der spätere Papst Paul III.), der Sanmicheli nachweislich protegierte, von 1501 bis 1519 Bischof jener Stadt war. Mit den Arbeiten am Dom wurde un-

gefähr 1496 begonnen. Nach Sanmichelis Plänen wurden das Oktogon im Inneren der Kirche, der Tambour und die Kuppel gestaltet. Letztere wurde nicht vollendet, da die Arbeiten am Dom in Montefiascone 1605 eingestellt wurden. Anstelle der geplanten Kuppel Sanmichelis wurde ein Holzdach eingezogen, das jedoch 1670 durch ein Feuer zerstört wurde. Die heutige Kuppel geht zurück auf die Pläne des Architekten Carlo Fontana.

Bibl.: Magagnato 1960, S. 71; Puppi 1986, S. 24.

8 Girolamo Petrucci gilt als frühester Förderer von Michele Sanmicheli. Der aus Siena stammende wohlhabende Petrucci mietete bereits 1509 ein Haus von der Opera del Duomo. Zwischen 1524 und 1525 war er Schatzmeister im Dom von Orvieto. Von seiner Freundschaft zu Sanmicheli zeugt auch die Tatsache, daß er ihn als Taufpaten seines Neffen, Lattanzio Lattanzi, wählte.

Bibl.: Davies/Hemsoll 2004, S. 24.

9 Sanmicheli begann 1515/16 mit den Arbeiten an der Cappella Petrucci in San Domenico in Orvieto, die 1524 beendet wurde. Die Kapelle, die heute nicht mehr in ihrer ursprünglichen Form existiert, wurde zweigeschossig angelegt. Die obere Kapelle ist von quadratischem Grundriß. Den Mittelpunkt bildet eine vierpassige Gedenktafel, die in den Boden eingelassen und dem Auftraggeber Girolamo Petrucci gewidmet ist. Hinter dem Hauptaltar führen zu beiden Seiten Treppen in das Untergeschoß der Kapelle. Dort befindet sich neben einer Vielzahl von untereinander verbundenen Räumen die eigentliche Grabkammer. Sie besitzt die Form eines Oktogons und erinnert durch ihre Formensprache an antike Vorbilder.

Die baulichen Veränderungen aus späterer Zeit waren durch die Verlegung des Chors in die Kapelle bedingt. Dazu wurden die beiden Treppen und der Altar weiter in den Raum hineingezogen, so daß auch das Gewölbe rekonstruiert werden mußte. Dieser Umgestaltung fielen zudem die beiden Öffnungen im Gewölbe der unterirdischen Krypta zum Opfer, die als Lichtquelle fungiert hatten, wodurch die Räume nun wesentlich dunkler wirken als ursprünglich von Sanmicheli geplant. Diese Arbeiten erfolgten in den 1570er Jahren. Die ungewöhnliche Form der Kapelle legt nahe, daß Sanmichelis Vorbild entweder eine Konfessio oder ein Hypogäum war.

Bibl.: Puppi 1986, S. 22–23; Davies/Hemsoll 2004, S. 75–87.

10 Die von Vasari erwähnten Privathäuser in Orvieto und Montefiascone existieren nicht mehr.

Bibl.: Magagnato 1960, S. 72.

11 Clemens VII., mit weltlichem Namen Giulio de' Medici (*1478 Flo-

renz – †1534 Rom), Papst von 1523 bis 1534, war ein illegitimer Sohn Giuliano de' Medicis. Er galt als einer der bedeutendsten Auftraggeber seiner Zeit – er gab unter anderem Michelangelo den Auftrag zur Gestaltung des *Jüngsten Gerichts* in der Sixtinischen Kapelle – und pflegte engen Kontakt zu Gelehrten wie Baldassare Castiglione und Paolo Giovio. Sein Pontifikat war von zwei einschneidenden Ereignissen geprägt: dem ›Sacco di Roma‹ im Jahr 1527, der den Papst zwang, aus Rom zu flüchten und in Urbino um Exil zu bitten, und der stetigen Ausbreitung des Protestantismus, dem er – so seine Kritiker – durch umfassende kirchliche Reformen hätte begegnen sollen. Zudem erlebte er den Zerfall der Florentiner Republik 1530 und das Wiedererstarken der Medici-Familie, deren kulturell und politisch engagiertestes Mitglied er war.

Bibl.: Reiss 1999, S. 55–69.

[12] Antonio Cordiani, genannt Antonio da Sangallo der Jüngere (*1484 Florenz – †1546 Terni)

[13] Sicherlich waren Parma und Piacenza nicht die beiden einzigen Städte, deren Befestigungen Sanmicheli und Sangallo d. J. untersuchten. In der zweiten Ausgabe der Vita von Antonio da Sangallo d.J. fügt Vasari eine Passage ein, welche die Architekten nennt, die Sangallo d.J. unterstützten. Dazu gehörten Giulian Leno (*nach 1467 Rom – †1530 ebenda), Antonio Labacco (*um 1495 Vigevano – †nach 1567 ebenda), Pier Francesco da Viterbo, bekannt unter dem Namen Pier Francesco Fiorenzuoli oder Firenzuoli da Viterbo (*um 1470 Florenz – †1534 ebenda), und Michele Sanmicheli (Bettarini/Barocchi, *Vite*, Bd. V, S. 39). Antonio da Sangallo d. J. war bei diesem Projekt federführend. Insbesondere bei der Befestigung von Piacenza, an der seit 1526 gearbeitet wurde, ist die Beteiligung Sanmichelis an den Planungen nicht sicher.

Bibl.: Magagnato 1960, S. 72; Davies/Hemsoll 2004, S. 355.

[14] Über die Dauer der Inspizierung der Festungsanlagen variieren die Angaben in den erhaltenen Dokumenten zwischen zwei und drei Monaten. Als gesichert gilt die Beendigung dieser Reise gegen Ende April 1526. Wahrscheinlich ist, daß Sanmicheli direkt im Anschluß an seine Reise nach Parma und Piacenza die Festungen in Verona (San Giorgio aus dem Jahr 1525), Treviso (Santi Quaranta und San Tomaso aus den Jahren 1518 bis 1520) und Padua (San Giovanni und Savonarola) begutachtete. Sanmicheli tat dies zum Mißfallen der venezianischen Obrigkeit, die durch die Kriege gegen die Liga von Cambrai Argwohn hegte. Sie mißtraute den Studienabsichten Sanmichelis derart, daß sie ihn inhaftieren ließ.

Der Sprachwissenschaftler Marco Praloran untersuchte vor einigen Jahren anhand der überlieferten Dokumente Sanmichelis Schriftsprache. Dabei kam er zu dem Ergebnis, daß sich der Architekt kaum geläufiger Sprachformeln bediente. Insbesondere dessen Bericht über die Fortifikationen in Verona und ihre Probleme attestieren, so Praloran, dem Architekten ein erstaunliches Theorievermögen und lassen ihn als einen komplexen Denker erscheinen.

Bibl.: Magagnato 1960, S. 73; Praloran 1995, S. 160–169; Davies/Hemsoll 2004, S. 29.

15 Es handelt sich hierbei um Francesco Maria I. della Rovere (*1490 Senigallia – †1538 Pesaro), der im Jahre 1523 das Amt des Generalgouverneurs der venezianischen Verteidigung antrat. Er war Nachfolger von Guidobaldo I. da Montefeltro, Herzog von Urbino, der ein Bruder seiner Mutter gewesen war. Da Guidobaldo kinderlos geblieben war, adoptierte er Francesco, damit das Herzogtum nicht an den Papst fallen konnte. Wahrscheinlich lernte Francesco Maria I. della Rovere Sanmicheli in Orvieto kennen, wo er sich zur Zeit des ›Sacco di Roma‹ aufhielt.

Bibl.: Magagnato 1960, S. 74; Kat. Della Rovere 2004, S. 40.

16 Bei der von Vasari erwähnten Festung handelt es sich um die Bastion Barbarigo, die teilweise auch den Namen Della Trinità trägt. Sanmicheli arbeitete an ihr seit 1530–1531.

Bibl.: Puppi 1986, S. 49.

17 Das kleine Städtchen Legnano an der Etsch war insbesondere durch seine topographische Lage von großer Bedeutung für die Serenissima, da sich dort eine der wichtigsten Brücken über den Fluß befand. Zugleich diente die Etsch als natürliche Abwehrbarriere insbesondere gegen Einfälle von Norden in Richtung Süden.

Bibl.: Davies/Hemsoll 2004, S. 30.

18 Bereits Sebastiano Serlio verwies 1537 in seinem Architekturtraktat auf die Tätigkeit Sanmichelis in Legnano, der dort seit Januar 1529 unter dem Generalkapitän Herzog Francesco Maria della Rovere arbeitete. Innerhalb von vier Monaten wurde eine provisorische ringförmige Fortifikation um die Stadt gezogen, die sukzessive zu einer hexagonalen Befestigungsanlage ausgebaut wurde. Am 15. Dezember 1530 wurde Sanmicheli offiziell als Leiter eingesetzt und löste damit seinen Vorgänger Sigismondo de Fantis ab.

Etliche Jahre später (1557) schrieb Sanmicheli selbst über die Bastionen der Fortifikation in Legnano und gab sich dabei nicht gerade bescheiden: »[…] per simil opera non si può veder meglio, nè più bella nè più considerate nè più forte, come ben sa chi l'ha veduta« (›[…] wer sie gesehen hat, weiß, daß man kein vergleichbares Bauwerk findet, das besser, schöner, durchdachter oder stärker ist […]‹, Davies/Hemsoll

2004, S. 67–68). Michele war so stolz auf sein Werk, daß er sich kurzfristig in ›Michele da Legnano‹ umbenannte.

Die Beschreibung Sanmichelis und diejenige Vasaris sind nahezu identisch. Die Vermutung liegt nahe, daß Vasari den Text des Architekten gekannt und übernommen hat.

Bibl.: Kat. Sanmicheli 1960, S. 113–115; Magagnato 1960, S. 74–75; Davies/Hemsoll 2004, S. 30–31 und S. 357–358.

19 Die Stadt Orzinuovi befindet sich in der Provinz von Brescia. Vasaris Angabe, daß Sanmicheli die Festung von den Fundamenten ab projektiert habe, ist nicht korrekt. Im allgemeinen werden ihm die vier Bastionen zugeschrieben, die er in den bereits existierenden gemauerten Befestigungsring der Stadt integrierte, und die dazwischen errichteten Kavaliere (eine erhöhte Plattform der Festung zur Beobachtung und zum Aufstellen von Kanonen). Der Entwurf Sanmichelis ist wahrscheinlich auf die Jahre um 1530 zu datieren. Mit den Arbeiten an der Fortifikation in Orzinuovi wurde 1538 begonnen.

Bibl.: Magagnato 1960, S. 75; Puppi 1971, S. 80; Puppi 1986, S. 56–57; Davies/Hemsoll 2004, S. 364.

20 Herzog Francesco II. Sforza von Mailand (*1495 Vigevano – †1535 Castello di Porta Giovia, Mailand)

21 Im Dezember des Jahres 1530 suchte der Herzog von Mailand, Francesco II. Sforza, nach einem geeigneten Architekten, der ihn bei der Befestigung einiger Städte seines Herrschaftsgebietes beraten sollte. Sein Botschafter in Venedig, Benedetto Corte, nannte ihm als Spezialisten Michele Sanmicheli. Als der Herzog daraufhin bei der venezianischen Regierung anfragte, erklärte diese sich einverstanden, daß Michele für einen Monat dem Herzog zur Seite stehen könne. Vermutlich verbarg sich hinter dieser überraschenden Großzügigkeit der Hintergedanke, die Republik Venedig als besonders generös erscheinen zu lassen.

Bibl.: Davies/Hemsoll 2004, S. 31.

22 Ende Januar oder Anfang Februar des Jahres 1531 brach Michele Sanmicheli in Begleitung von drei Assistenten zum Hof des Herzogs von Mailand in Vigevano auf. Dort kam er am 13. Februar 1531 an, um vier Tage später nach Alexandria aufzubrechen, mit dem Auftrag, die Verteidigungskapazität der Stadt zu ermitteln. Während seines Aufenthaltes fertigte Sanmicheli ein Holzmodell einer befestigten Stadtmauer an. Das Projekt wurde jedoch nicht realisiert.

Sein Eifer und die ausgeführten Modelle brachten ihm viel Lob und Ansehen ein, nicht nur von seiten des Mailänder Herzogs Sforza, sondern auch von der Republik Venedig: Der Doge Andrea Gritti wurde von seinem Botschafter in Mailand, Gabriele Venier, in einem sehr lobenden Brief ausführlich über Micheles Tätigkeiten informiert.

Dieser Umstand führte dann auch zur Verlängerung des ursprünglich auf einen Monat befristeten Aufenthalts Sanmichelis um weitere sechs Wochen, so daß er noch die Fortifikationen in Pavia und Lodi inspizieren konnte. Am 4. Mai 1531 forderte die venezianische Regierung die Rückkehr ihres Architekten.

Bibl.: Davies/Hemsoll 2004, S. 31–32.

23 Matteo Sanmicheli (* um 1480 Porlezza – † nach 1528 ?) war der Bruder von Paolo Sanmicheli (* 1487 Porlezza – † 1559 Verona) und Sohn des Bartolomeo. Der Cousin Sanmichelis arbeitete hauptsächlich im Piemont und für die Certosa in Pavia.

24 Das Kastell in Casale Monferrato stammt aus dem Jahr 1240. Nachweislich im Jahr 1320 erweitert, wurde es zwischen 1477 und 1483 renoviert. Demnach kann Matteo Sanmicheli unmöglich an diesen Arbeiten beteiligt gewesen sein, da er zu diesem Zeitpunkt noch gar nicht geboren war.

Bibl.: Gabrielli 1935, S. 32–33; Magagnato 1960, S. 75.

25 Das für die Auftraggeberin Maria di Serbia von Matteo Sanmicheli entworfene Grabmonument in San Francesco ist verlorengegangen.

26 Die Festung in Chiusa war seit 1551 geplant. Der Architekt und Ingenieur Alvise Brugnoli sollte dafür ein Modell ausarbeiten. Dieses überzeugte so wenig, daß im Jahr 1557 Giangirolamo Sanmicheli (* um 1510 Verona – † 1559 Famagosta), der Neffe Micheles, beauftragt wurde, ein neues Modell anzufertigen. Die Festung ist zerstört.

Bibl.: Davies/Hemsoll 2004, S. 372.

27 Von 1420 bis 1797 wurden die Inseln Dalmatiens und seine Küstenstädte von Venedig beherrscht. Heutzutage gehört Dalmatien zu Kroatien, kleinere Teile im Süden sind unter Montenegro, Bosnien und Herzegowina aufgeteilt.

28 Zu Beginn des 16. Jahrhunderts expandierte das osmanische Reich unter Selim I. (1512–1520) und später Suleiman II. (1520–1566) enorm. Die alten arabischen Kalifate in Syrien, Ägypten, Tunis und Algier fielen den Eroberungszügen Sultan Suleimans II. zum Opfer. Dies bedeutete für Italien größte Gefahr, denn die östliche und südliche Umrandung des Mittelmeeres befand sich in der Gewalt der Feinde, und vom Balkan her bedrohten die Türken Istrien und das nördliche Dalmatien. Im Jahr 1537 versuchte Suleiman II. einen Angriff auf Korfu. Diesen konnten die Venezianer zwar abwehren, jedoch wurden sie sich ihrer schlechten Verteidigungsanlagen gewahr. Daraufhin wurde Michele Sanmicheli durch den vom Herzog von Urbino forcierten Beschluß des Senats im Mai 1537

in das östliche Mittelmeer nach Zadar entsandt mit dem Auftrag, die dortigen Festungsanlagen zu überprüfen und zu verstärken.

Bibl.: Deanovic 1988, S. 125–128; Seidlmayer 1989, S. 312; Prijatelj 1995, S. 225–227.

29 Die Stadt Zadar liegt in Norddalmatien. Der Prätendent der ungarischen Krone, Ladislaus von Neapel, verkaufte 1409 Zadar und seine Rechte auf Dalmatien an Venedig. Als die Osmanen zu Beginn des 16. Jahrhunderts das Hinterland eroberten, wurde die Stadt zu einer starken Festung ausgebaut, die den venezianischen Handel an der Adria sicherte und als Verwaltungszentrum für die venezianischen Besitztümer in Dalmatien diente.

30 Giangirolamo Sanmicheli stand ungefähr seit seinem sechzehnten Lebensjahr als Assistent an der Seite von Michele. Nachdem er im Juni des Jahres 1536 den Auftrag des Senats erhalten hatte, über die Fortschritte bei der Befestigung von Zadar zu berichten, machte er sich umgehend auf den Weg. Im Gegensatz zu seinem Onkel blieb Giangirolamo zwischen 1537 und 1544 wesentlich länger in Dalmatien. Vasaris Zuschreibung der Befestigung von Zadar an Giangirolamo ist zutreffend. Sein Einfluß ist vor allem in den Veränderungen des mittelalterlichen Stadtgefüges zu erkennen, das sich der Befestigung samt Bastionen und neuen Stadttoren anzupassen hatte. Mit den Bauarbeiten der Befestigung San Niccolò in Šibenik wurde ungefähr im Jahr 1539 begonnen. Sie sollte die mittelalterliche Befestigung der Stadt ersetzen. Giangirolamos Plan sah eine im Grundriß trianguläre Festung vor, in deren Inneren sich eine kleine Kirche befand, die heute zerstört ist. Dank einer großzügig angelegten Renovierung im 20. Jahrhundert befindet sich die Befestigung der Stadt heute nahezu in ihrem originären Zustand.

Bibl.: Magagnato 1960, S. 76; Deanovic 1988, S. 128; Prijatelj 1995, S. 225–227; Davies/Hemsoll 2004, S. 57.

31 Nachdem Zypern fast 300 Jahre im Besitz der französischen Lusignans gewesen war, übergab ihre letzte Königin, die Venezianerin Caterina Cornaro, die mit dem 1473 verstorbenen Jakob II. von Lusignan verheiratet gewesen war, die Insel im Jahr 1489 an Venedig.

32 Die Hafenstadt Chania befindet sich an der Nordwestküste der Insel Kreta. Die Venezianer nahmen die Stadt im Jahr 1252 ein und benannten sie in ›La Canea‹ um. Die Stadt avancierte zur wichtigsten Verbindung zwischen Kreta und Venedig, worauf auch ihr Beiname ›Venedig Kretas‹ verweist.

In Venedig fiel im Februar 1538 der Beschluß, Chania von Michele Sanmicheli befestigen zu lassen. Die Arbeiten, die dann von Giangirolamo Sanmicheli weitergeführt wurden, begannen 1539.

Bibl.: Davies/Hemsoll 2004, S. 367.

33 Die griechische Stadt Rethimnon auf der Insel Kreta war von 1211 bis 1669 in venezianischer Hand. Sie fungierte vor allem als Zwischenhafen von Chania und Iraklion.

34 Die Hafenstadt Sitia befindet sich im Osten der Insel Kreta.

35 Seit 1211 befand sich die Hafenstadt Nauplion, die am Argolischen Golf auf dem Peloponnes in Griechenland liegt, im Besitz Venedigs und wurde in ›Napoli di Romania‹ umbenannt. Für die Venezianer wurde die Stadt zu einem wichtigen Umschlagplatz für den Levantehandel. Bereits im 15. Jahrhundert wurde die Befestigungsanlage ausgedehnt und die schmale Siedlungszone am Nordabhang von Akronauplia erweitert. Die Stadt konnte sich bis 1540 immer wieder erfolgreich gegen die Angriffe der Osmanen verteidigen.

36 Agostino Clusoni (Lebensdaten unbekannt)

37 Die Befestigung von Nauplion wurde in den Jahren 1539 und 1540 von Sanmicheli entworfen, jedoch nie realisiert.

Bibl.: Davies/Hemsoll 2004, S. 367.

38 Tommaso Mocenigo (*um 1471 ? – †1551 ?)

39 Der Senat von Venedig sah bereits im Jahr 1530 die Notwendigkeit, die Befestigung auf Korfu inspizieren und gegebenenfalls modernisieren zu lassen. Mit den Arbeiten wurde aber erst im Jahr 1537 begonnen.

Bibl.: Davies/Hemsoll 2004, S. 366.

40 Seit 1534 wurde in Venedig über die Befestigung der Stadt diskutiert. Da Michele Sanmicheli, der in jenem Jahr nach Venedig umsiedelte, noch über wenig Erfahrung im Festungsbau verfügte, schlug Francesco Maria della Rovere der venezianischen Regierung vor, ihm einen Spezialisten zur Seite zu stellen. Dieser Rat wurde angenommen und die *provveditori alle acque* (Amt für die Wasserstraßen Venedigs) wurde damit beauftragt. Am 21. Januar 1535 wurde der Projektbericht Sanmichelis im Senat vorgetragen; in diesem legte Sanmicheli dar, daß Venedig keinen allzu großen Bedarf an einer Fortifikation habe, da die Stadt von einer Lagune umgeben sei, die *per se* eine natürliche Umwallung darstelle. Er schlug vor, um die Lagune einen Kanal ausheben zu lassen und einen Erddamm zu errichten, zum einen um die Flut abfließen zu lassen, zum anderen um die Abwehrkapazität zu steigern. Ungünstig gelegene Orte sollten dabei besser befestigt werden: Darunter befanden sich die südlich von Venedig gelegene Stadt Chioggia, die topographisch gesehen den Eingang in die Lagune markiert, sowie das Castel Vecchio am nördlichsten Ende des Lido und das Castel Nuovo auf der nahe bei Venedig gelegenen Insel Sant'Andrea. Diese beiden Kastelle befanden sich an den zwei am weitesten voneinander entfernten Öff-

nungen in die Lagune. Die venezianische Regierung und auch der Rat der Zehn zeigten sich von Sanmichelis Bericht überzeugt und gaben ihm den Auftrag, mehrere Modelle für das Castel Nuovo zu konstruieren.

Sanmicheli hinterließ einen derart guten Eindruck, daß der Rat der Zehn ihn kurze Zeit später zum ranghöchsten Architekten der venezianischen Lagune und der Republik Venedig ernannte. Die Planung der Fortifikation geriet jedoch immer wieder ins Stocken, teilweise kam sie ganz zum Erliegen. Nach einer längeren Unterbrechung wurde das Projekt erst um 1540/41 wieder aufgenommen. Der Kapitän der venezianischen Artillerie, Antonio da Castello, veranlaßte, daß in den ursprünglichen Plan Sanmichelis eine brusthohe Mauer mit Schießscharten, die sogenannte Brustwehr, als oberer Abschluß hinzugefügt wurde. Des weiteren sah er vor, daß der existierende Donjon (ein befestigter, mächtiger Wohnturm mit Wehrnischen und Wehrgängen) zum Kavalier umfunktioniert werden sollte. Die Arbeiten an der Befestigung begannen schließlich 1543 und wurden 1549 auf Beschluß des Rates der Zehn eingestellt. Zwischen 1570 und 1571 wurden sie beendet.

Bibl.: Puppi 1986, S. 82–89; Koepf/Binding 1999; Davies/Hemsoll 2004, S. 39–40 und S. 253–255.

41 Auffallend an Vasaris Beschreibung der Fundamentierung der venezianischen Festung ist die Dramaturgie, mit der er diese Begebenheit erzählt. Ungeachtet der technischen Praktizierbarkeit handelt es sich dabei um eine große Huldigung, die der Künstlerbiograph indirekt dem Architekten und Planer Sanmicheli erweist.

42 Das Bossenmauerwerk zeichnet sich durch die nur roh zugerichtete und daher bucklige und unglatte Ansichtsseite eines Werksteins aus. Ursprünglich sollte dadurch das Abgleiten schwerer Steine von den Hebetauen verhindert werden.

43 Die äußerst selten von Vasari benutzte Bezeichnung ›Wunderwerk‹ (»miracolo«) verdeutlicht ein weiteres Mal, welch exzeptionelle Bedeutung Vasari dem Architekten Sanmicheli und seinen Arbeiten – in diesem Fall die venezianische Festung – zumaß.

44 Die mit weißem Stein verkleidete Fassade bildet das Zentrum der venezianischen Festung. Sie wird durch drei gleich hohe Rundbögen gegliedert, mit Scheitelsteinen aus skulptierten bärtigen Männerköpfen. Flankiert werden die Bögen von halbrunden dorischen Säulen. Das mittlere Portal war als Eingang gedacht, während sich hinter den linken und rechten Torbögen Schießscharten befanden. Im Fries befindet sich neben der Darstellung von Schiffen und dem Löwen von San Marco an zentraler Stelle das Monogramm Christi »IHS«. Der darunter plazierte

Scheitelstein des Eingangsbogens zeigt Christus, der hier als göttlicher Beschützer fungiert.

Auch an den Seiten der Fassade sind Schießscharten für die Artillerie angebracht. Das Motiv der dortigen Scheitelsteine ist ein Löwenkopf. Ursprünglich waren die einzelnen Scharten, die sich nur knapp über dem Wasserspiegel befinden, untereinander durch einen Gang verbunden. Sanmicheli integrierte den damals bereits existierenden Donjon, der Anfang des 15. Jahrhunderts unter dem Dogen Michele Steno (1400– 1413) errichtet worden war, in seine Planung und funktionierte ihn zu einem Wachturm um. Die grandiosen Ausmaße der Befestigung sollten neben der Funktionalität auch die Macht und Stärke der Republik Venedig repräsentieren.

Bibl.: Howard 2002, S. 164–169; Davies/Hemsoll 2004, S. 253–257.

45 Mit *pietra viva* ist wahrscheinlich eine erzhaltige Natursteinart gemeint, die Vasari außer in der vorliegenden Vita von Sanmicheli nur noch ein einziges Mal in der Vita von Leone Leoni im Zusammenhang mit einer Fassadengestaltung erwähnt.

46 Bei der Venezianischen Signoria handelte es sich um das höchste Kontrollorgan der Republik Venedig. Gleichzeitig war sie das Präsidium des Großen Rates, der seit 1297 zwar nicht als Legislative fungierte, jedoch alle wichtigen Gesetzesvorlagen bestätigen oder zurückweisen konnte.

47 Dieser ›Test‹ fand wahrscheinlich im Jahr 1547 statt, als die Befestigung nahezu vollendet war. Die Nervosität in Venedig war derart groß, daß tatsächlich einige schwangere Frauen die Stadt verließen.

Bei dieser Anekdote handelt es sich offensichtlich um eine von Vasari mit Bedacht eingefügte Passage, die ihn in literarischer Hinsicht in die Nähe von Bandello und Aretino rückt.

Bibl.: Langenskiöld 1938, S. 28–29; Magagnato 1960, S. 77.

48 Die Nähe Marano Lagunares zur Küste und ihre geographische Lage zwischen den Städten Venedig und Grado verliehen der Stadt eine wichtige Funktion für die Verteidigung Venedigs. Über das Projekt und die Pläne Sanmichelis ist wenig bekannt. Beachtet man aber die detailgetreue Darstellung Vasaris, sollte auch die Befestigung von Marano Lagunare im Œuvre des Architekten berücksichtigt werden. Heute ist fast nichts mehr von dem Bauwerk erhalten. Davies und Hemsoll verweisen auf einen ersten Besuch Sanmichelis in Marano Lagunare im Jahre 1535, kurz bevor er zu seiner Reise nach Zadar aufbrach. Sie datieren den Beginn der Arbeiten an der Befestigung auf das Jahr 1543.

Bibl.: Magagnato 1960, S. 77; Davies/Hemsoll 2004, S. 371.

49 Karl V. (* 1500 Gent – † 1558 beim Kloster San Jerónimo de Yuste, Ex-

tremadura) war seit 1516 König von Spanien. 1519 wurde er zum Kaiser gewählt. Die Krönung durch Papst Clemens VII. zum Kaiser des Heiligen Römischen Reiches Deutscher Nation fand 1530 in Bologna statt. Zwei Jahre vor seinem Tod verzichtete Karl V. zugunsten seines Sohnes Philipp II. auf den spanischen Thron sowie für seinen Bruder Ferdinand I. auf die Kaiserwürde und zog sich auf seinen Landsitz in der Extremadura zurück. Karl V. erhielt seine religiöse Erziehung von Adrian von Utrecht, dem späteren Papst Hadrian VI.

Bibl.: Schorn-Schütte 2000.

50 Franz I. (*1494 Cognac – †1547 Paris), König von Frankreich 1515 bis 1547, gilt als Renaissancefürst par excellence. Weitere Informationen finden sich in der Vita des Jacopo Sansovino in Anmerkung 116.

Bibl.: Knecht 1994; Cox-Rearick 1995.

51 Die Einladungen von Karl V. und Franz I. an Michele Sanmicheli und Giangirolamo entstammen wahrscheinlich der Phantasie Vasaris, um den Leser auf die Treue und Ergebenheit der beiden Architekten aufmerksam zu machen und zugleich auf ihren Rang und Ruf im europäischen Ausland zu verweisen.

Bibl.: Magagnato 1960, S. 77.

52 Die Artilleriereformen der Habsburger Kaiser Maximilian I. und Karl V. hatten unter anderem auch die Standardisierung des Geschützwesens in den europäischen Ländern zur Folge. Durch die nun verwendeten, wesentlich wirkungsvolleren Eisenkugeln mußten viele mittelalterliche Wehrbauten verändert oder mit neuen Befestigungen versehen werden. Aufgrund der zahlreichen Kriege im damaligen Italien erlangte das Befestigungswesen zentrale Bedeutung. Die ersten weitreichenderen Ansätze zu seiner Reform finden sich in Albrecht Dürers 1527 erschienener Schrift *Etliche underricht zu befestigung der Stett, Schloß, und flecken.* In dem kriegsgebeutelten Italien setzten sich Wissenschaftler und Künstler, wie beispielsweise Machiavelli und Leonardo da Vinci, mit der Heeresorganisation (Machiavelli, *Arte della Guerra*) und dem Festungsbau auseinander. Da Vinci stellte Überlegungen an, wie der nachteilige tote Winkel durch Grundriß und Profil einer Festung zu vermeiden und zugleich der Defensivwert der Artillerie zu steigern sei. Die sogenannte altitalienische Festung war das Resultat dieser ersten Bemühungen. Sie bestand aus einem polygonalen Mauerring, deren Bruchpunkte mit Bastionen versehen waren. Sie waren zumeist stumpfwinklig, es gab jedoch auch herzförmige Bastionen. Die gebrochenen Doppelflanken waren um ein Drittel ihrer Länge zurückgezogen. Der dadurch entstandene Raum wurde wegen seiner Form als *orillon* (Ohr) bezeichnet. Nach wie vor problematisch waren dabei die

toten Räume. Die neuitalienische Befestigung konnte diese zwar auch nicht gänzlich beseitigen, ihre Anzahl jedoch stark reduzieren. Der Grundriß war maßgeblich durch die Feuerartillerie bestimmt und orientierte sich an der erwünschten Wechselwirkung zwischen flankierendem und unterstützendem Feuer. Die spitzwinkeligen Bastionen rückten näher zusammen und die Mittelbastion wurde von der Mauer entfernt und in den schmaleren Graben plaziert, was man dann als ›Ravelin‹ bezeichnete.

Bibl.: Schmidtchen 1977, S. 125–139; Adams 2002, S. 546–549.

53 Kavalier: hier kleinere Mittelbastion zur Aufstellung von Geschützen

54 Die Porta Nuova ist in den Jahren 1533 bis 1540 gebaut worden, wie auch der Inschrift auf dem Sockel zu entnehmen ist (dabei ist das Datum der Entstehung auf der Seite eingemeißelt, die dem Umland zugewandt ist, das Datum ihrer Vollendung hingegen ist auf der Stadtseite vermerkt). Sie wurde gebaut, um einerseits die Funktion der Porta della Citadella zu übernehmen, andererseits um die Porta del Calzaro zu ersetzen, die dann auch nach Fertigstellung der Porta Nuova geschlossen wurde. Seit diesem Zeitpunkt führten die großen Überlandstraßen zur Porta Nuova.

Die beiden Fassaden der Porta Nuova unterscheiden sich formal: Die Außenseite ist wie ein Triumphbogen gestaltet, an dem der zentrale Eingangsbogen von einer rustizierten Halbsäule und einem dorischen Halbpilaster flankiert wird. Einzig dieser Mittelrisalit ist mit Rustikamauerwerk verblendet. Links vom Eingangsbogen befand sich ein Gang für das Fußvolk, der aus Gründen der Sicherheit leicht angeschrägt war. Bei dem rechten Bogen hingegen handelt es sich um einen Scheineingang.

Die Stadtseite der Porta Nuova war viel aufwendiger gestaltet. Sie bestand aus insgesamt fünf rundbogenförmigen Zugängen. Zwischen den beiden äußeren Zugängen befanden sich Fenster. Der Mittelrisalit war ähnlich gestaltet wie jener der Außenfront, um die Tor- und Fensteröffnungen zog sich eine Rustizierung. Beide Fronten des Tores wurden 1854 unter österreichischer Herrschaft verändert, wobei der Mittelrisalit der Außenfront am wenigsten umgestaltet wurde.

Bibl.: Kat. Sanmicheli 1960, S. 126–129; Magagnato 1960, S. 78; Puppi 1986, S. 50–55; Zimmermann 1991, S. 131–135; Rowe/Satkowski 2002, S. 279–280.

55 Neben Vasaris überaus lobenden Worten muß auch auf die Selbstsicherheit und Kühnheit des Architekten und Konstrukteurs verwiesen werden, der sich eigenmächtig auf der Porta Nuova verewigte. Dies ist insofern bemerkenswert, da die venezianische Herrschaft üblicher-

weise darauf bedacht war, daß lediglich der Markuslöwe als offizielles Herrschaftssymbol wichtige Gebäude wie die Tore der Stadtbefestigung oder die Befestigungsanlagen zierte. Weitere Insignien durften eigentlich nicht angebracht werden. Diese Verfügung wurde häufig mißachtet, so auch bei der Porta Nuova, auf der die Signatur von Michele Sanmicheli eingelassen ist. Sie befindet sich links auf der Außenseite: ›MICHAELE MICHAELIO VERON. ARCHITECTO MDXXXV‹

Bibl.: Magagnato 1960, S. 78; Burkart 2000, S. 281–282; Davies/Hemsoll 2004, S. 358.

56 Das Besondere an der Porta Nuova ist neben der städtebaulichen Veränderung die Tatsache, daß das Tor auch militärisch zur Verteidigung der Stadt dienen konnte. Der Kavalier ermöglichte die Plazierung von Waffen und Kanonen auf dem höchsten Punkt. Zusätzlich waren an den Ecken des Stadttores Wachtürme errichtet worden, von denen aus die Umgebung beobachtet werden konnte. Im Inneren befanden sich Räumlichkeiten, in denen Kriegsgerät gelagert werden konnte. Möglicherweise gab es dort auch ein kleines Gefängnis. Untereinander waren die Räume durch Gänge und Rampen verbunden.

Der Generalkapitän Francesco Maria della Rovere war am Gesamtentwurf der Befestigungsanlage Veronas beteiligt. In seinen *Discorsi Militari* (1583) listet Della Rovere detaillierte Anforderungen auf, die ein Stadttor zu erfüllen habe, sowohl zu Friedens- als auch zu Kriegszeiten. Zur militärischen Sicherheit sollte das Tor jedoch im offenen Gelände liegen, zwischen zwei Bollwerken plaziert. Gerade Straßen führen die Bürger zum Tor und in die Stadt hinein. Sie erfüllen damit die von Della Rovere geforderte *commodità* für die Passierenden und tragen zudem noch zur *bellezza* der Stadt bei.

Auch literarisch betrachtet ist die Passage von Bedeutung, da Vasari in den seltensten Fällen einem Künstler eine *superatio* innerhalb seines eigenen Werkes attestiert. Erneut ist darin die Hochschätzung Vasaris für Sanmicheli zu erkennen.

Bibl.: Zimmermann 1991, S. 133; Concina 1995, S. 198–199.

57 Mit den Arbeiten an der Porta Palio, dem letzten von Sanmicheli entworfenen Stadttor, wurde nach 1550 begonnen. Man geht davon aus, daß der Entschluß für die Errichtung eines Stadttores auf den Wunsch des Herzogs Francesco Maria della Rovere zurückging, das aus dem Mittelalter stammende Stadttor Palio zu schließen, da es topographisch ungünstig lag und wenig Bedeutung für den Durchgangsverkehr hatte. In der Folge gab er dann auch seine Empfehlung, als Architekten und Konstrukteur Michele und seinen Neffen Giangirolamo zu beauftragen.

In der Planung war vorgesehen, daß die Porta Palio ebenso wie die Porta Nuova sowohl zivile als auch militärische Funktionen erfüllen sollte. Der Gedanke an eine Doppelfunktion als Repräsentations- und Verteidigungsbau war ganz im Sinne des Herzogs, der in einem Gutachten aus dem Jahr 1536 genau diese Aspekte auch für die Befestigungsanlage am Laguneneingang von Venedig einforderte. Das republikanische Venedig sollte zwar stark befestigt sein, zugleich aber von der Offenheit und Friedensbereitschaft der Stadt künden.

Vasaris exakte Beschreibung stützt die Annahme, daß er zumindest Sanmichelis Modell für das Stadttor kannte.

Bibl.: Zimmermann 1991, S. 147–150; Concina 1995, S. 199–203; Davies/Hemsoll 2004, S. 261–269.

58 Die Arkadenreihe der Stadtseite ist auch von beiden Seiten aus zu begehen und bietet somit einen überdachten Schutz. Im Inneren befindet sich ein Raum mit Zugängen zur Außenseite der Porta. Flankiert wird dieser zu beiden Seiten von zwei kleineren Räumen, die jedoch keinen Durchgang zur Außenseite besitzen.

Bibl.: Zimmermann 1991, S. 149.

59 Sforza Pallavicino (*? – †1585 Salò)

60 Eine Inschrift an der Hauptfassade der Porta San Zeno nennt das Jahr 1542 als Baubeginn. Es handelt sich um das dritte Stadttor Veronas, das sich besonders durch die harte farbliche Gegenüberstellung von gebranntem Ziegel und weißem Stein auszeichnet.

61 Ein Bollwerk ist ein zumeist rundes Verteidigungswerk, das dem Hauptwall zu beiden Seiten vorgelagert ist.

Bibl.: Koepf/Binding 1999.

62 Bei den von Vasari erwähnten Bollwerken handelt es sich um San Bernardino, San Zeno und San Francesco. Sanmicheli wurde am 28. Oktober 1530 mit den Arbeiten an der Befestigung von Verona beauftragt, zu der die genannten Bollwerke zählen. 1538 projektierte er die Arbeiten an San Bernardino (zum Teil auch als San Massimo bezeichnet), das heute zerstört ist. Zwei Jahre später wurde San Zeno (oder Correr) realisiert, das heute ebenfalls nicht mehr existiert. Das Bollwerk San Francesco (oder di Acquaro) wurde zuletzt ausgeführt und läßt sich auf das Jahr 1551 datieren. Es ist zwar unzerstört, in seiner originären Form jedoch nicht mehr erhalten.

Bibl.: Magagnato 1960, S. 79; Davies/Hemsoll 2004, S. 358.

63 Sanmicheli erwähnt in einem Schreiben aus dem Jahr 1544, daß er 1532 sämtliche Ortschaften in der Umgebung Paduas besucht habe. In diesem Jahr begann er auch mit der Planung der beiden Bastionen Cornaro und Santa Croce. Die Bastion Cornaro trägt eine Inschrift, auf der

die Jahreszahl 1540 vermerkt ist. Ihren Namen erhielt sie wahrscheinlich von dem damaligen Feldführer Giacomo Cornaro (*1483 Venedig – †1542 ebenda) oder seinem Bruder Girolamo (*um 1485? – †1551 Venedig). Mit den Arbeiten an der Bastion Santa Croce wurde 1548 begonnen, beendet wurden sie 1556 mit der Aushebung der Gräben. Dieser letzte Arbeitsgang wurde von Gabriele da Crema und Paolo da Castello geleitet.

Bibl.: Langenskiöld 1938, S. 29–30; Bresciani Alvarez 1988, S. 104–107; Davies/Hemsoll 2004, S. 360.

64 Francesco di Giorgio stellte in seinen Traktaten (Francesco di Giorgio Martini: *Trattati di Architettura ingegneria e Arte militare*, hg. v. Corrado Maltese) unzählige Varianten von Bastionen vor, die je nach topographischer Gegebenheit einsetzbar waren. Di Giorgio führte damit das Problem der mittelalterlichen Befestigungsanlagen detailliert aus, wie es unter anderem auch Leonardo da Vinci in seinen Untersuchungen zur Ballistik tat. Welcher Architekt Bastionen mit Ecken zum ersten Mal im Bau umsetzte, läßt sich nicht präzise feststellen. Bereits die Befestigung von Poggio Imperiale bei Poggibonsi (zwischen 1487 und 1488 begonnen) von Giuliano da Sangallo zeigt den Versuch, Festung und Stadtmauer mit eckigen Bastionen zu verbinden. Auch die Festung von Nettuno (1503 fertiggestellt), die Antonio da Sangallo d.J. entwarf, weist schon die neuen Befestigungsmerkmale auf, womit evident wird, daß Sanmicheli sicher nicht ihr Erfinder war.

Bibl.: Heydenreich 1954a, S. 93–99; Heydenreich 1954b, S. 102–103; Martini, Ed. Maltese 1967, S. 414–484 und Tav. 242–309; Von Moos 1974, S. 155–156; Adams 2002, S. 546–554.

65 Als Kurtine wird der Wall bezeichnet, der sich zwischen den Bastionen einer Festung befindet. Ihr vorgelagert ist das Außenwerk, das zur Sicherung des Glacis (feindwärts flach geneigte Aufschüttung, die als Schußfeld angelegt ist) der Festung dient.

Bibl.: Koepf/Binding 1999.

66 Unter einer Kasematte versteht man einen Bunkerraum, der durch Erdaufschüttung gegen Beschuß gesichert ist. Teilweise besteht er auch aus mehrgeschossigen Räumen. Kasematten befanden sich in Festungen, Forts und Zitadellen, kamen aber auch freistehend vor; sie konnten Magazin, Munitionslager oder Mannschaftsunterkunft sein. Bautechnisch unterschieden sie sich nach ihrer Anordnung im System der Befestigung: Die Widerlager des Gewölbes einer Parallelkasematte konnten zum Beispiel gleichzeitig die Außenmauer der Festung bilden; bei der Perpendikularkasematte standen die Widerlager senkrecht zur Mauer. Der Vorteil der letzteren war, daß bei einer Zerstörung der Außenmauer das Gewölbe nicht beschädigt wurde.

Bibl.: Koepf/Binding 1999.

[67] Es handelt sich um die Porta di sotto und die Porta San Martino in Legnano. Die Arbeiten an der Porta di sotto begannen wahrscheinlich 1529. Über Struktur und Aussehen dieses zerstörten Stadttors haben sich keinerlei Informationen erhalten. Mit den Arbeiten an der Porta San Martino wurde im Jahr 1530 begonnen, 1535 war das Stadttor vollendet. Leider ist auch dieses Tor nicht erhalten (es wurde 1887 zerstört), Zeichnungen von Luigi Trezza aus dem 18. Jahrhundert geben jedoch Aufschluß über Aussehen und Grundriß. Die Porta San Martino ähnelte der Porta Nuova in Verona, war in ihren Ausmaßen aber kleiner. Ihre Funktion war eher die eines traditionellen gesicherten Stadttors als die eines Kavaliers.

Bibl.: Davies/Hemsoll 2004, S. 252–253.

[68] Sanmicheli erhielt im Jahr 1548 den Auftrag, die Festung von Peschiera zu renovieren und dabei vor allem die topographische Lage der Stadt am Gardasee zu berücksichtigen. Er führte das Projekt jedoch nicht zu Ende, da der neue *Capitano Generale*, Guidobaldo II. della Rovere (*1514 – †1574), den Auftrag für die Festung an den ehemaligen Soldaten und Ingenieur Giovanni Battista Gotti übertrug. Dieser Akt markiert den Höhepunkt der Anfeindungen und Streitigkeiten zwischen Sanmicheli und Guidobaldo II. della Rovere. Letzterer war der Auffassung, daß Heerführer aufgrund ihres berufsbedingten strategischen Denkens und ihrer waffenkundlichen Schulung geeigneter waren, Festungen zu entwerfen. Auch der Senat vertrat mehr und mehr diese Meinung und legte im Jahr 1550 fest, daß der Festungsbau einzig der Verteidigung der Stadt zu dienen habe. Verzierungen und Ornamente seien nur Geldverschwendung.

Bibl.: Puppi 1986, S. 150; Davies/Hemsoll 2004, S. 46–49.

[69] Die Datierung der Festung von Brescia ist umstritten. Puppi nimmt an, daß das Projekt auf das Jahr 1532 zurückzuführen sei, dem Jahr, in dem der damalige Generalkapitän, der Herzog Francesco Maria della Rovere, sich um die Stadt Brescia bemühte. Ein Brief von ihm (vom 9. Mai 1537) besagt, daß keine weiteren Baumaßnahmen in der Stadt zu treffen seien. Das läßt Davies und Hemsoll zu der Vermutung gelangen, daß zu diesem Zeitpunkt die planerischen Arbeiten für die Festung abgeschlossen waren, die Baustelle aber noch nicht eröffnet war. Demnach datieren sie die Planungsarbeiten auf das Jahr 1536, als sich Della Rovere im Juni und Juli in der Stadt befand.

Bibl.: Puppi 1986, S. 59; Davies/Hemsoll 2004, S. 252–253.

[70] Die Festung von Chiusa, einer Stadt nördlich von Verona, ist zerstört. Überliefert ist, daß die Instandsetzungsmaßnahmen im Juli 1551 beginnen sollten und Alvise Brugnoli beauftragt worden war, ein

Modell anzufertigen. Die Arbeiten wurden aber erst 1557 aufgenommen, nachdem Giangirolamo Sanmicheli ein geeignetes Modell entworfen hatte. Aus einem Dokument aus dem Jahr 1571 geht hervor, daß die Fortifikation schon seit zwölf Jahren diesem Ort Schutz gewährte und sie unter Messer Tommaso Contarini entstand.

Bibl.: Magagnato 1960, S. 79; Davies/Hemsoll 2004, S. 372.

71 Messer Giovanni Emo war 1527 Podestà von Verona. Vermutlich kehrte Sanmicheli 1526 oder 1527 nach Verona zurück.

72 Mit den Arbeiten am Ponte Nuovo in Verona wurde in den Jahren 1526/28 begonnen. Während einer Überschwemmung im Jahre 1882 wurde sie zerstört.

73 Auftraggeberin der Cappella Pellegrini war die Adelige Margherita Pellegrini (* um 1493 ? – † ?). Im Alter von fünfzehn Jahren heiratete sie den jungen Edelmann Raimondo de' Guareschi. Mit ihm hatte sie drei Kinder: Der älteste Sohn Niccolò wurde 1510 geboren, Zaccaria im Jahr 1514 oder 1515 und die Tochter Anna 1520. Margheritas Leben ist von Schicksalsschlägen gezeichnet: Zaccaria starb im Kindbett, kurz darauf ihr Schwiegervater Guaresco Raimondi. 1522 starb ihr damals 35jähriger Ehemann und hinterließ seinen Sohn Niccolò als einzigen Erben, der seinerseits im Alter von 18 Jahren starb. Diese tragischen Ereignisse und der Tod des Sohnes veranlaßten Margherita, eine Grabkapelle für die Familie in Auftrag zu geben. Wie Davies und Hemsoll überzeugend argumentieren, stand hinter dem Auftrag ein größeres Anliegen. Die Abwesenheit von Sarkophagen, die ein individuelles Gedenken an den Verstorbenen ermöglichen würden, die im Boden eingelassenen Wappen der Familien Pellegrini (die Figur eines Pilgers) und Raimondi (ein bekrönter Adler, der aus einer Blume emporsteigt) sowie die Größe und luxuriöse Ausstattung der Kapelle weisen auf eine besondere Intention Margheritas hin: Da kein männlicher Nachfolger mehr existierte, wollte sie durch das monumentale Gebäude ihrer Familie ein ›unsterbliches‹ Denkmal setzen.

Bibl.: Davies/Hemsoll 2000, S. 162; Davies/Hemsoll 2004, S. 86–101.

74 In der Künstlerbiographie von Filippo Brunelleschi (* 1377 Florenz – † 1446 ebenda) schreibt Vasari über ein ›bizarres‹ Modell für Santa Maria degli Angeli (»Fece ancora il modello del biz[z]ar[r]issimo tempio degli Angeli per la nobile famiglia degli Scolari«, Bettarini/Barocchi, *Vite*, Bd. III, S. 186), das im Falle einer Fertigstellung durch seine Formensprache eine Seltenheit in Italien gewesen wäre (»egli era delle più rare cose d'Italia«, Bettarini/Barocchi, *Vite*, Bd. III, S. 187). Dieser Eindruck wurde sicherlich auch als Folge der seit 1437 eingestellten Bau-

maßnahmen bestärkt, denn die für die Öffentlichkeit gedachte Westtür des weitgehend frei stehenden Zentralbaus wurde zugemauert, der Torso blieb somit fensterlos. Obschon es unvollendet geblieben ist, wurde das Oratorium Santa Maria degli Angeli in Florenz zum Vorbild für den Kirchenbau mit zentralsymmetrischem Grundriß, der die klassischen Formen der Bauten aus der römischen Kaiserzeit rezipierte. Das Zentrum des Oratoriums bildet ein regelmäßiges Oktogon, das von acht quadratischen Kapellen umgeben ist, die miteinander verbunden sind. Die Tatsache, daß Vasari in der Vita von Filippo Brunelleschi das Modell von Sanmicheli erwähnt, stellt ein großes Lob für den Architekten dar.

Bibl.: Battisti 1979, S. 248–256; Schedler 2004, S. 51–70.

75 Die Arbeiten an der Cappella Pellegrini in San Bernardino in Verona wurden in den Jahren 1528 oder 1529 begonnen und 1538 eingestellt; die Kapelle wurde erst 1559 von anderen Architekten beendet, wie dies auch im Testament der Bauherrin der Kapelle, Donna Margherita Pellegrini, aus dem Jahr 1557 festgehalten wird. Warum Margheritas Wahl auf den damals noch (vor allem in privaten Bauaufträgen) unerfahrenen Sanmicheli fiel, ist nicht gänzlich geklärt. Einige Verwandte der Auftraggeberin, die Brüder Raimondo und Giulio della Torre (Margheritas Mutter entstammte der Della Torre-Familie), und auch ihr Schwiegervater kannten Michele noch aus der Zeit, als er in Verona lebte, so daß zwischen den beiden Familien bereits eine Verbindung bestand.

Sanmichelis Grundriß der Kapelle und die kassettierte Kuppel greifen unter anderem auf die Formen des Pantheons in Rom zurück. Die Fenster liegen im oberen Bereich, wohingegen der untere Teil von drei tiefen Nischen gebildet wird, die mit Altären ausgestattet sind. Zwischen diesen befinden sich kleinere Nischen. Die Gliederung des Altarbereichs wird durch einen Triumphbogenrhythmus erzielt, bei dem Säulen die leicht gebogenen Flachgiebel über den Altären tragen, während die Segmentgiebel über den Nischen auf kleineren Pilastern ruhen, die ringsherum an der Wand stehen. Die linke und rechte Säule einer jeden Altarnische ist kanneliert. Bei der linken Säule verläuft die Windung nach links, bei der rechten in die entgegengesetzte Richtung. Sanmicheli kannte sicherlich Vitruvs Werk *De Architectura* und vor allem das achte Kapitel des vierten Buches über Rundtempel und andere Tempelarten (Vitruv, *De Architectura*, IV, 8). Darin führt Vitruv aus, daß der Scheitel des Gewölbes von einer Blume bekrönt sein soll. Bevor die Cappella Pellegrini 1793 unter Giuliari renoviert wurde, war die Kuppel der Kapelle geschlossen und in der Tat mit einer großen Blume bekrönt.

Bibl.: Murray 1989, S. 142–143; Davies/Hemsoll 2000, S. 161–172; Davies/Hemsoll 2004, S. 87–101.

[76] Während Michele Sanmicheli 1538 die Festungen in Dalmatien inspizierte, übertrug er seinem Cousin Paolo Sanmicheli die Bauleitung für die Cappella Pellegrini. Zwischen Paolo und Margherita Pellegrini muß es zu einem schweren Zerwürfnis gekommen sein, denn sie beendete die Zusammenarbeit mit der Werkstatt Sanmichelis abrupt. Über nähere Details der mutmaßlichen Auseinandersetzung ist nichts bekannt. Die Kapelle wurde erst 1559 fertiggestellt.

Vasaris Verweis auf die Klagen von Sanmicheli, der eben nicht über genügend Geld verfügte, um die Kapelle zu kaufen, verdeutlicht, wie sehr diese als des Architekten eigenes Kunstwerk betrachtet wurde: Obgleich es sich um die Grabkapelle (!) von Margherita Pellegrini handelt, wollte Sanmicheli sie ihr abkaufen, um gewissermaßen ›sein Werk‹ zu retten.

Bibl.: Davies/Hemsoll 2004, S. 90–91.

[77] Der Beginn der Arbeiten an der Kirche Madonna di Campagna in Verona ist auf das Jahr 1559 zu datieren. Nach einer wundersamen Erscheinung der Muttergottes an diesem Ort im April jenes Jahres begannen kurze Zeit später die Arbeiten an dem Projekt. Auftraggeber war der Bischof von Verona, Agostino Lippomano. Der ursprüngliche Plan von Michele Sanmicheli wurde, wie ja auch Vasari anmerkt, an einigen Stellen verändert. So wurde der Hauptaltar in das Seitenschiff der auf einem griechischen Kreuz errichteten Kirche verlegt, anstatt, wie in der Sakralarchitektur des Cinquecento üblich, unter einer der beiden Kuppeln aufgestellt zu werden. Des weiteren wurden Änderungen am Bodenniveau vorgenommen; auch die beiden Sakristeien waren im ursprünglichen Plan Sanmichelis nicht vorhanden. Diese Änderungen fanden zwischen den Jahren 1559 und 1563 statt.

Bibl.: Puppi 1986, S. 182; Davies 1995, S. 118–127.

[78] Mitglieder der Familie Brugnoli arbeiteten schon unter Alvise (Luigi) Brugnoli (*1505/09 Legnano? – †1560 Venedig) als ausführende Architekten, Ingenieure und Bauaufseher für Sanmicheli und seinen Neffen. Alvise war ausschließlich im militärischen Bereich tätig; es sind jedoch kaum Zeichnungen oder eigene Entwürfe von ihm erhalten. Alvises Sohn Bernardino Brugnoli (*1538 oder 1539 Verona – †1583 Mantua) beschäftigte sich eher mit ziviler als mit Militärarchitektur. Bernardino übte zudem den Beruf des Hydraulikers und Kartographen aus. 1555 bis 1569 arbeitete er am Campanile des Doms, der jedoch erst im 20. Jahrhundert vollendet wurde.

Nach dem Tod Sanmichelis betreute Bernardino einige seiner Projekte weiter, woraufhin der Senat von Verona ihm am 7. 11. 1559 sein Gehalt erhöhte.

Bibl.: Barbieri 1972a, S. 498–499; Barbieri 1972b, S. 503–504.

79 Paolo Sanmicheli (*1487 Porlezza – †1559 Verona)

80 Der Abt von Santa Maria in Organo, Cipriano Cipriani (*um 1482?), starb am 16. oder 17. Januar 1548. Der Auftrag für die neue Fassade kann demnach in diesen Zeitraum datiert werden. Cipriani war insgesamt vier Mal zum Abt von Santa Maria in Organo gewählt worden.

81 Im 15. Jahrhundert war die Klostergemeinschaft von San Giorgio in Braida nahezu verlassen, so daß sich der Bischof Francesco Condulmer gezwungen sah, die Ordensangehörigen an eine andere Kongregation zu übergeben. Verona befand sich auch in kirchlichen Belangen in Abhängigkeit von Venedig, das den Bischof von Verona stellte; daher wäre es möglich, daß aktive Orden auf venezianischem Gebiet die Übernahme forcierten. Im Jahr 1442 wurde San Giorgio schließlich dem venezianischen Orden San Giorgio in Alga überlassen.

Bibl.: Zimmermann 1991, S. 187.

82 Die Bauarbeiten an der Kirche San Giorgio begannen bereits 1477, so daß sie schon weit fortgeschritten waren, als Sanmicheli den Auftrag für die Kuppel und den Campanile erhielt. Es ist davon auszugehen, daß bereits eine Kuppel existierte, die baufällig geworden sein könnte. Der Kuppeltambour und der Campanile, der aus Gründen der Verteidigung nicht in seiner ursprünglich geplanten Höhe errichtet wurde, sind mit Marmor und Tuff verkleidet. Das oberste Geschoß des Campaniles ist unvollendet geblieben. Eine Datierung der Arbeiten erweist sich als schwierig; Beltramini verweist auf eine östliche Stadtansicht von Giovanni Caroto, auf der die Kuppel von San Giorgio klar zu erkennen ist. Sie datiert daher die Arbeiten in die dreißiger und vierziger Jahre des 16. Jahrhunderts, was impliziert, daß die Kuppel noch zu Lebzeiten von Michele Sanmicheli vollendet wurde. Anders verhält es sich mit den Arbeiten am Campanile und dem Hochaltar der Kirche, die Brugnoli fertiggestellt hat.

Bibl.: Zimmermann 1991, S. 186–190; Beltramini 1995, S. 106–114; Davies/Hemsoll 2004, S. 375.

83 Luigi (Aloisio, Alvise) Lippomano (*1496 Venedig – †1559 Rom) war seit 1539 Bischof von Metone. 1542 machte er seine erste diplomatische Reise als apostolischer Nuntius nach Portugal, um den dortigen Bischöfen die Einladung Papst Pauls III. für das Konzil in Trient zu überbringen. Als sein Cousin Pietro Lippomano, seit 1543 Bischof von Verona, während eines Aufenthaltes in Schottland 1548 starb, übernahm Luigi sein Amt und zog nach Verona. Seine Amtszeit als Bischof von Verona währte bis ins Jahr 1558. Lippomano unternahm in dieser Zeit viele diplomatische Reisen als Nuntius, die ihn nach Deutschland, Österreich und Polen führten.

Bibl.: Koller 2005, S. 243–246.

84 Domenico Porzio (Lebensdaten unbekannt)

85 Der Ordensbruder Fra Marco de' Medici (*1516 Verona – †1583 Chioggia) diente Vasari als wichtige Informationsquelle, vor allem für die Veroneser Künstler. In der Vita von Fra Giocondo teilt er unmißverständlich mit, was er seinen Informanten, Fra Marco de Medici und Danese Cattaneo, zu verdanken hat und würdigt sie: »Ich wußte bereits manches über die obengenannten ausgezeichneten und edlen Veroneser Künstler, doch hätte ich niemals alles, was ich von ihnen berichtet habe, gewußt, wenn mir durch die große Güte und den Fleiß meiner teuren Freunde – dem hochwürdigen und äußerst gelehrten Fra Marco de' Medici, der in den edelsten Künsten und Wissenschaften sehr bewandert ist, und dem hervorragenden Bildhauer Danese Cattaneo aus Carrara – nicht diese vollständigen und vollkommenen Informationen zuteil geworden wären, die ich oben nach bestem Wissen niedergeschrieben habe, zum Nutzen und zur Annehmlichkeit desjenigen, der unsere Lebensbeschreibungen lesen wird. Die Gefälligkeiten zahlreicher Freunde, die sich mir zuliebe und um die Welt zu erfreuen abgemüht haben, diese Dinge in Erfahrung zu bringen, waren und sind mir dabei von großer Hilfe.« (Bettarini/Barocchi, *Vite*, Bd. IV, S. 599.) Vasari verweist auch in den Viten von Gentile da Fabriano und Pisanello auf den dominikanischen Theologen, Inquisitor in Verona und Venedig sowie zukünftigen Bischof von Chioggia als Informationsquelle (Bettarini/Barocchi, *Vite*, Bd. III, S. 367).

Bibl.: Rubin 1995, S. 216; Le Mollé 1998, S. 110–111.

86 Agostino Lippomano (Lebensdaten unbekannt)

87 Girolamo Trevisan (Lebensdaten unbekannt)

88 Es handelt sich hierbei um Giulio (*1481 Verona – †ca. 1558 ebenda) und Raimondo della Torre (*1487 Verona – †1541 ebenda).

Giulio (di Girolamo) della Torre war der zweite von vier Söhnen der Beatrice di Giovanni Benintendi und des berühmten Physikers Girolamo della Torre. Er begann seine Karriere in Padua, wo er 1503 als Doktor beider Rechte Vorlesungen über Zivilrecht an der dortigen Universität hielt. Mit der Rückkehr in seine Heimatstadt, wo er 1504 Anna Maffei, die Tochter von Guido Antonio Maffei, dem Schwiegervater des berühmten Humanisten Giulio Maffei, heiratete, widmete er sich verstärkt politisch-administrativen Aufgaben und wurde 1520 und 1550 Mitglied des Rates und der Kurie von Verona. 1551 erhielt er zusammen mit seinem Sohn Antonio vom Dogen Francesco Foscarini den erblichen Titel eines *Conte di Cona* verliehen. Neben seinem politischen Engagement richtete sich sein Interesse jedoch auch auf humanistische Gebiete.

Giulio della Torre zeichnete sich sowohl durch seine literarische Produktion aus – außer seinem Hauptwerk *De amicitia* (1526 verfaßt, cod. 1364 Verona, Biblioteca Civica) veröffentlichte er ebenso philosophische Schriften, darunter *De felicitate ad Paulinam sororem* (1531 gedruckt) und *De civitate Dei* (cod. 1492, Verona, Biblioteca Civica) – wie durch seine Aktivität als Antikensammler und Medailleur (neben seiner Familie hat er auch Freunde in Medaillen verewigt, darunter Giovanni Caroto).

Raimondo della Torre pflegte seit seiner Ausbildung in Padua eine enge Freundschaft mit dem Humanisten und vielreisenden Geographen und Kartographen Giovanni Battista Ramusio (*1485 Treviso – †1557 Padua) sowie dem Veroneser Arzt, Botaniker und Philosophen Girolamo Fracastoro. Beide sind in Raimondos Testament (letzte Fassung 1541) als Lehrer seiner minderjährigen Kinder eingesetzt. Zusammen mit seinem Bruder Giambattista della Torre wird er von Fracastoro in seinem Dialog *Naugerius sive de Poetica* (1555 in Venedig publiziert) erwähnt. Auch der Chronist und Dichter Matteo Bandello (*um 1485 Castelnuovo Scrivia – †1561 oder 1566 Agen) setzt in einer seiner Novellen (Teil II, Novelle X) der Freundschaft zwischen Fracastoro und den Brüdern della Torre ein Denkmal. Eine enge Beziehung bestand ebenfalls zwischen Raimondo und Michele Sanmicheli.

Bibl.: Marini 1980, S. 124–134 (Franzoni); Chiappa 1993, S. 65–71; Franzoni 1993, S. 90–94.

89 Mit den Arbeiten an der Kapelle der Villa Della Torre in Fumane wurde wahrscheinlich Mitte der fünfziger Jahre des 16. Jahrhunderts begonnen. In den dazugehörigen Campanile ist die Jahreszahl 1558 eingelassen, vermutlich das Jahr der Fertigstellung der Kapelle. Der von Vasari genannte Hauptaltar befindet sich heutzutage nicht mehr an seinem originären Aufstellungsort in der Mitte der Kapelle, sondern wurde in den hinteren Teil des Oktogons verschoben.

Bibl.: Davies/Hemsoll 2004, S. 125–128.

90 Messer Alessandro Contarini (*1486? – †1553 Padua) stammte aus einer vermögenden Patrizierfamilie, die ihm durch eine großzügige Spende an die Regierung dazu verhalf, am 28. Juni 1538 zum Prokurator von San Marco gewählt zu werden. Seine militärische Laufbahn hatte ihren Höhepunkt im Jahr 1540, als er zum obersten General der venezianischen Flotte ernannt wurde. Contarini lebte zwei Jahre in Padua, bevor er 1553 dort starb. Sein Wunsch war es, in Padua in Sant'Antonio beigesetzt zu werden, worum sich seine Brüder Pandolfo und Piero kümmerten, die auch Sorge dafür trugen, daß Alessandros Liebe zur Stadt Padua in seinem Grabmal zum Ausdruck kam.

Bibl.: Martin 1998, S. 36–37.

91 Dies war wahrscheinlich nicht die erste Begegnung zwischen Sanmicheli und dem Bildhauer und Architekten Alessandro Vittoria (* um 1524/25 Trient – † 1608 Venedig). Die beiden kannten sich aus der Zeit, als Michele mit der Arbeit am Campanile in Verona beschäftigt war. Zu dieser Zeit, 1555, erhielt Vittoria vom Bischof von Verona, Luigi Lippomano, den Auftrag, vier Statuen für den Campanile auszuführen, von denen jedoch nur eine 1561 fertiggestellt wurde. Für das Grabmal Contarini fertigte Vittoria die beiden linken Gebälkträger in Gestalt von Sklaven, die Thetis zur linken der Pyramide und die geflügelte Personifikation des Ruhms auf deren Spitze an. Die Nereide, die rechts von der Pyramide steht, stammt von Pietro Grazioli da Salò. Agostino Zoppo werden die seitlichen Telamoni zugeschrieben.

Bibl.: Finocchi Ghersi 1998, S. 82–88; Martin 1998, S. 37–39.

92 Der Bildhauer Danese Cattaneo (* um 1509 Colonnata, Carrara – † 1572 Padua) stammte aus einer Familie, die einen Marmorhandel betrieb. Cattaneo war ein Schüler Sansovinos und begleitete ihn noch vor dem ›Sacco di Roma‹ (1527) nach Venedig, wo seine ersten unabhängigen Arbeiten entstanden. Cattaneos zweite Leidenschaft galt der Literatur, wovon auch seine Mitgliedschaft in einem literarischen Zirkel in Padua zeugt, zu dem auch die Intellektuellen Pietro Bembo, Alvise Cornaro und Bernardo Tasso, der Vater von Tarquato Tasso, zählten. Auch mit Giorgio Vasari verband ihn eine enge Freundschaft, und so verwundert es kaum, daß auf dessen Empfehlung Cattaneo 1566 als Mitglied in die Florentiner Accademia del Disegno aufgenommen wurde. Cattaneo diente Vasari als Informant für die zweite Edition seiner *Vite*, vor allem für Künstler, die aus dem Veneto stammten, wie beispielsweise Fra Giocondo (Bettarini/Barocchi, *Vite*, Bd. IV, S. 598 – vgl. auch oben Anm. 177 zur Vita Sansovinos).

Bibl.: Macchioni/Gangemi 1979, S. 449–456; Boucher 1996, S. 89–90.

93 Der Entwurf für das Grabmal von Messer Alessandro Contarini in Sant'Antonio in Padua stammt aus dem Jahr 1553. Sanmicheli und Contarini dürften noch vor dessen Tod über die Grabstätte gesprochen haben. Im Testament machte Contarini zudem sehr konkrete Angaben über das Dekor. Das Monument besteht aus zwei horizontal gelagerten Platten, deren Halbreliefs Schiffe auf ruhiger See und kontrastierend dazu Kriegsschauplätze und Kämpfe zeigen. Der Sarkophag befindet sich über der zweiten Platte. Gekrönt wird er von einer Pyramide, in die eine Porträtbüste des Verstorbenen eingelassen ist.

Auch wenn Vasari hier die Innovation von Sanmicheli hinsichtlich der Gestaltung des Grabmals explizit hervorhebt, gibt es doch bereits Vorgängerbauten, bei denen man sich gegen eine Triumphbogenarchitektur entschieden hat. Man denke an die Chigi-Denkmäler in Santa Maria del Popolo in Rom, die Raffael 1513 gestaltete, oder an die Pyramiden in Santa Maria delle Grazie in der Nähe von Mantua von Giulio Romano (circa 1530).

Das Contarini-Grabmal gibt nach wie vor Rätsel auf. Sein Eindruck ist alles andere als harmonisch: so sind die Seiten nicht stimmig an die Front angefügt, die seitlichen Figuren Zoppos überschneiden ausgearbeitete Teile der Eckfiguren, die Seiten des Schiffreliefs sind ebenso unbearbeitet geblieben wie die linke Seite des Waffenfrieses. Es ist Schweikhart zu verdanken, daß die Entstehungsgeschichte des Grabmals inzwischen klarer geworden ist: Er publizierte 2001 eine beschnittene Zeichnung, die den unteren Teil des Grabmals darstellt. Der Vergleich zeigt, daß der ursprüngliche Entwurf den militärischen Aspekt noch viel deutlicher in den Vordergrund gestellt hätte und die Symmetrie durch Bewegung und Anordnung der Atlanten und des Waffenfrieses aufgelockert werden sollte. Dabei läßt die Frontalansicht des Grabmals in der Zeichnung die Vermutung zu, daß es sich ursprünglich um ein Wandgrab handelte. Obgleich der Autor dieser Zeichnung nicht bekannt ist, lassen sich die formalen und inhaltlichen Probleme des Contarini-Grabmals an ihr verdeutlichen.

Bibl.: Finocchi Ghersi 1998, S. 82–88; Martin 1998, S. 37–39; Schweikhart 2001c, S. 79–83; Davies/Hemsoll 2004, S. 372–373.

94 Michele Sanmicheli entwarf um 1555 die Fassade der Kirche Santi Biagio e Cataldo in Venedig, die jedoch erst nach seinem Tod ausgeführt wurde. Aus einem Dokument aus dem Jahr 1561 geht hervor, daß die Prokuratoren von San Marco de Citra den mittellosen Benediktinerinnen 50 Dukaten gaben, um ihren Konvent zu rekonstruieren und zu modernisieren. Die erst 1596 errichtete Fassade wurde 1882 abgetragen, um an anderer Stelle, vor dem Portikus von Sant'Eufemia, wiedererrichtet zu werden. Der ursprüngliche Plan Micheles sah vor, daß der Portikus an seiner Längsseite aus sieben und an seiner Schmalseite aus drei Jochen bestehen sollte und nicht wie heutzutage aus nur einem Joch. Die Fenster im Attikageschoß hingegen fielen in den Plänen viel kleiner aus. Der Abschluß war wahrscheinlich als Giebel geplant.

Obgleich die Fassade nicht unter Sanmicheli entstanden ist, läßt sie erkennen, wie wichtig es für den Architekten war, die venezianische Bautradition, wie beispielsweise den offenen Portikus mit den architravierten Kolonnaden, in seine Pläne zu integrieren und mit Neuerungen zu kombinieren. Den Chor der Nonnen, der sich traditionell im Hauptschiff des Kirchenschiffs befand, plazierte er über dem Portikus, wodurch mehr Raum im Inneren gewonnen wurde, ohne die Nonnen dabei auszuschließen.

Bibl.: Puppi 1986, S. 162; Davies/Hemsoll 2004, S. 148–163.

95 Alvise (Luigi) Brugnoli war der Schwager von Giangirolamo Sanmicheli. Aus seiner Ehe mit Laura Brugnoli gingen zwei Kinder hervor: Bernardino (*1538) und Flaminio (*1544). Beide übten den Beruf des Architekten aus und werden an späterer Stelle in der Vita Sanmichelis durch Vasari namentlich benannt. Für diese Passagen diente Vasari wahrscheinlich Fra Marco de' Medici als Informant, der vor allem die Arbeiten an der Rekonstruktion des Campaniles des Doms verfolgte, an dem Bernardino mitarbeitete.

Bibl.: Magagnato 1960, S. 91; Puppi 1986, S. 180.

96 Das Hospital, das sich fünf Kilometer südöstlich vor der Stadtmauer Veronas befand, ist im Zweiten Weltkrieg vollkommen zerstört worden. Die dazugehörige Kapelle wurde, wenn auch fragmentarisch, wieder aufgebaut. Geweiht war sie dem Heiligen Rochus, dem Schutzheiligen aller an der Pest Erkrankten.

Erstmals 1537 wurden Überlegungen von der Gemeinde Verona angestellt, ein Krankenhaus für den Fall des Ausbruchs von Seuchen bauen zu lassen. Auf einer im selben Jahr abgehaltenen Konferenz berief der Gemeinderat drei Berater (*fabriceri*), die die Projektierung überwachen sollten: Raimondo della Torre, Giovan Francesco Bevilacqua und Gerardo Pellegrini. Aus ungeklärten Gründen verstrichen über elf Jahre, bis die ersten Arbeiten am Hospital, wahrscheinlich 1548 oder 1549, aufgenommen wurden.

Es ist Vasari zu verdanken, daß Sanmicheli die Autorenschaft des Projekts zugeschrieben wird, denn in den Dokumenten taucht der Name des Architekten nicht auf. Eine Rekonstruktion der Datierung ist durch Vasaris Bemerkung möglich, daß einige Edelmänner zu früh gestorben seien und daher das Projekt verstümmelt sei, da Raimondo della Torre 1541 starb und Giovan Francesco Bevilacqua 1549. Da Sanmicheli erst 1540 oder 1541 nach Verona kam, ist eine Datierung für das Projekt auf Ende 1540 oder Anfang 1541 plausibel.

Davies und Hemsoll stellen eine überzeugende These für die Reduktion des ursprünglichen Plans von Sanmicheli auf. Sie gehen davon aus, daß ursprünglich ein quadratischer Grundriß vorgesehen war, der dann von einem rechteckigen abgelöst wurde. Dabei verweisen sie auf die Maße der Anlage, die alles andere als symmetrisch ausgerichtet und deren Kapelle nicht zentriert war, ein für einen Architekten wie Sanmicheli undenkbarer Fauxpas. Möglicherweise hat Sanmicheli als Vorlage das Hospital in Mailand (1488) vor Augen gehabt, das auch auf einem quadratischen Grundriß errichtet wurde und dessen Kapelle sich im Schnittpunkt der beiden Achsen befindet.

Bibl.: Davies/Hemsoll 2004, S. 114–125.

97 Die Familie Canossa stammte ursprünglich aus Reggio Emilia. Seit 1412 war ein Zweig dieser Adelsfamilie in Verona ansässig, nachdem sich Simone Canossa als Heerführer der Republik Venedig ausgezeichnet und um Verona verdient gemacht hatte. Seit 1477 war sie im Stadtrat vertreten, wodurch ihr Einfluß und Ansehen noch gestärkt wurden. 1525 wurde innerhalb der Familie der Entschluß gefaßt, nicht mehr in verschiedenen Vierteln der Stadt zu wohnen, sondern einen angemessenen Palast für sich errichten zu lassen. Man entschied sich für die Contrada San Martino in Aquaro. Die zahlreichen Kaufverträge zeigen, wie stark dieses Gebiet ursprünglich parzelliert war. Das Gelände, auf dem der Palazzo Canossa errichtet wurde, grenzt zum einen an die Via del Corso, zum anderen an das Flußufer der Etsch. Der Auftraggeber war Lodovico di Canossa, Bischof von Bayeux, der sich als Vertrauter der Päpste und Gesandter des Königs von Frankreich auch in der Republik Venedig einen Namen gemacht hatte. In den Kaufverträgen werden hingegen der Neffe Lodovicos, Galeazzo di Canossa, sein Bruder Bartolomeo und der Onkel Simone genannt. Es war damals jedoch nicht ungewöhnlich, den Namen eines Geistlichen auszusparen.

Bibl.: Zimmermann 1991, S. 165–168; Burns 1995, S. 54–57; Davies/Hemsoll 2004, S. 170.

98 Lodovico di Canossa (*1475 Verona – †1532 Grezzano) war mit Literaten wie Pietro Bembo, Bernardo Dovizi und Ludovico Ariosto befeundet. Er galt gemeinhin als diplomatischer Mensch, der strikt nach den Glaubensgrundsätzen der Kirche lebte.

Bibl.: Clough 1975, S. 186–192.

99 Der Baubeginn am Palazzo Canossa in Verona fällt in das Jahr 1530. Sieben Jahre später waren die Arbeiten soweit fortgeschritten, daß das Gebäude bezugsfähig war. Der Ankauf der kleinen Parzellen in der Contrada San Martino in Aquaro war der Grund für den äußerst schleppenden Fortgang der Arbeiten. Teilweise ergaben sich Probleme, wenn beispielsweise ein Eigentümer sein Anwesen nicht räumen wollte. In diesem Fall griff der Doge der Podestà mit richterlichen Beschlüssen ein, die stets zugunsten der Familie Canossa ausfielen. Ab 1533 war der Cousin Sanmichelis, Paolo Sanmicheli, mit der Aufsicht des Projekts betraut. Die Bauarbeiten an dem Palast zogen sich bis ins 17. Jahrhundert hin, jedoch in strenger Einhaltung des Entwurfs von Sanmicheli. Die Attika mit den Figuren auf der zur Via del Corso ausgerichteten Fassade wurde 1761 aufgesetzt, als der Saal im Piano Nobile

erhöht wurde, um Platz für das Deckenfresko Tiepolos zu schaffen.

Sanmichelis Konzeption der Fassade des Palazzo Canossa unterscheidet sich in wesentlichen Stilmerkmalen von römischen und veronesischen Stadtpalästen aus dem 15. Jahrhundert. Es handelt sich nicht mehr um eine geschlossene Fassade mit möglichst wenigen Durchbrüchen und wenig Dekor, vielmehr existiert eine Blickverbindung zum Hof, der unmittelbar an den Fluß angrenzt. Sicherlich kannte Sanmicheli die römischen Villen der Hochrenaissance, deren Einfluß auf den Palazzo Canossa unübersehbar ist. Die rückwärtige Fassadenmitte besteht aus drei Pfeilerarkaden, deren dorische Pilaster auf hohen Piedestalen vorgeblendet sind. Das darüberliegende Gebälk ist unter anderem mit dem Wappentier der Familie Canossa verziert. Abgeleitet von dem Namen, der übersetzt ›Hundeknochen‹ bedeutet, besteht es aus einem kleinen Hund mit einem Knochen im Maul.

Howard Burns stellte 1989 die Hypothese auf, daß der Fassadenentwurf nicht von Sanmicheli stamme, sondern von Giulio Romano. Zum einen sei die Formensprache des Palastes nicht mit dem »reifen Stil Sanmichelis« vereinbar, zum anderen hätte eine enge Verbindung zwischen Lodovico Canossa, Giulio Romano und dem Herrscherhaus der Gonzaga bestanden. Canossa stand mit beiden Architekten in Verbindung, es könnte demnach sein, daß er von ihnen je einen Entwurf angefordert hatte. Allerdings besteht auch die Möglichkeit, daß Sanmicheli nach dem Tod Lodovicos die Anweisung erhielt, einen Fassadenentwurf Romanos in die Planung miteinzubeziehen.

Bibl.: Puppi 1971, S. 44–59; Zimmermann 1991, S. 165–172; Burns 1995, S. 54–60; Davies/Hemsoll 2004, S. 170–182.

100 Die Villa Canossa in Grezzano südlich von Verona wurde zwischen 1526 und 1528 vollendet. Nach einem verheerenden Brand wurde sie von Adriano Cristofali zwischen 1769 und 1776 nach den ursprünglichen Plänen Sanmichelis neu errichtet.

Seit Beginn des 15. Jahrhunderts besaß die Familie Canossa Land in Grezzano. Lodovico Canossa nutzte die Vorgängerbauten ab 1523 oder 1524 als Wohnsitz, wo er sich vornehmlich um die Pflege seines Gartens kümmerte. Wenige Jahre später ließ er dann die aus dem Mittelalter stammenden Bauten durch Sanmicheli erneuern. Eine Karte aus dem Jahr 1622 zeigt das prächtige und großzügige Anwesen, das sich entlang einer Straße erstreckt. Zu erkennen ist ein mit Zinnen bekrönter zweistöckiger Turm, der wohl den Eingang des Gehöfts markierte. Die im 18. Jahrhundert wieder aufgebauten Gebäude sind in ihren Ausmaßen mit den ursprünglichen nicht vergleichbar. Allein die Fassade mißt 66,5 Meter und ist damit doppelt so lang wie die Fassade des Palazzo Canossa.

Bibl.: Hemsoll 1995, S. 92–93; Davies/Hemsoll 2004, S. 219–220.

101 Die Umgestaltung der Fassade des Palazzo Bevilacqua geht auf Gregorio Bevilacqua (*1497 – †1570) und seinen Bruder Antonio (*1492 – †1547) zurück. Der älteste Bruder Giovan Francesco (*1486 – †1549) hingegen kümmerte sich um die Restauration der vorhandenen Bausubstanz. Zwischen der Familie und den Canossa bestand eine enge Verbindung, da die Nichte Lodovico Canossas, Giulia, seit 1526 mit Gregorio verheiratet war. Die Familie Bevilacqua lebte bereits seit dem 13. Jahrhundert in der Contrade San Michele ad Portas. Sie hatte dort auch eine eigene Patronats- und Grabeskirche, Santa Teuteria, die sich in unmittelbarer Nähe befand. Wie die Familie Canossa lebte auch sie von ihren Ländereien. Ein Eintrag in der Familienchronik von Litta vermerkt, daß es Antonio nach 1545 gestattet wurde, eine Manufaktur für Samtstoffe in Venedig aufzubauen. Erst neun Jahre später wurde die Herstellung von Samt auch in Verona gestattet. Antonio übte für einen Adeligen damit einen höchst ungewöhnlichen Beruf aus. Seine Geschäfte florierten und die Familie zahlte mit die höchsten Steuern der Stadt.

Bibl.: Zimmermann 1991, S. 172; Hemsoll 1995, S. 94; Davies/Hemsoll 2004, S. 34.

102 Mit der Umgestaltung des Palazzo Bevilacqua wurde zwischen 1532 und 1534 begonnen. Von den geplanten Umbauten Sanmichelis haben sich die asymmetrische Fassade, eine dahinterliegende Halle, die zum Cortile führt, und zwei Räume zur rechten Seite erhalten. Obwohl die Fassade fast zeitgleich mit dem Palazzo Canossa entstanden ist, unterscheidet sie sich sehr von dieser. Der Palazzo Bevilacqua ist reich geschmückt und sehr plastisch gestaltet. Das rustizierte Sockelgeschoß ist durch bossierte dorische Pilaster gegliedert. Das Wappenemblem der Familie (ein Paar Flügel) ist auf der Brust der Greifen eingemeißelt, die die mit Mäandern verzierten Sohlbänke der Rundbogenfenster tragen. Das Obergeschoß wird durch Triumphbögen gegliedert. In den Zwickeln befinden sich Darstellungen geflügelter Viktorien und von Flußgöttern, die Amphoren ausgießen. Ähnlich wie bei der Familie Canossa wird auch hier wieder auf den Namen des Bauherrn verwiesen, der übersetzt ›Wassertrinker‹ bedeutet. Anfang des 19. Jahrhunderts beschrieb Pinali die städtebaulichen Veränderungen in Verona. Darunter zählten Begradigungen von Häuserzeilen, Pflasterungen von Straßen und die Anlage von Bürgersteigen. Der ursprüngliche Sockel der Fassade, der Passanten zum Verweilen einlud, fiel diesen Maßnahmen zum Opfer.

Die Fassade des Palazzo Bevilacqua zählt zu den ersten in Verona und der Republik Venedig, die ganz aus Stein gefertigt wurden.

Bibl.: Zimmermann 1991, S. 172–177; Hemsoll 1995, S. 94–96; Davies/Hemsoll 2004, S. 182–192.

103 Der Palazzo der Familie Lavezola befindet sich in Ufernähe und liegt westlich vom Ponte Navi in Venedig. Michele Sanmicheli erhielt in diesem Stadtteil noch weitere Aufträge für Projekte, durch die es ihm gelang, eine Anbindung an das Stadtzentrum zu schaffen. Die Lavezola waren eine Familie von niederem Adel. Im Jahr 1434 kaufte Albertino Lavezola das Grundstück an der Etsch, auf dem sich bereits ein Gebäude mit Hof und ein Versorgungshäuschen befanden. Im Laufe des 15. Jahrhunderts wurden einige Baumaßnahmen vorgenommen, bis sich dann Niccolò Lavezola (*um 1499/1500? – †1562?) der Neugestaltung des Palastes annahm. Zu datieren ist das Projekt auf die Jahre nach 1530. Nach Niccolòs Tod erbte das Grundstück sein Neffe Alberto Lavezola (*1532/1533? – †1581?). Dieser wiederum vererbte es an seine einzige Tochter Olimpia, durch die der Besitz in die Familie ihres Ehemanns, des Grafen Alessandro Pompei, überging. Die Familie Pompei war bis zum 19. Jahrhundert Eigentümer des Grundstücks, verkaufte es dann aber an die Stadt. Heute befindet sich dort ein Museum.

Bibl.: Davies/Hemsoll 2004, S. 193–198.

104 Die Arbeiten am Palazzo Cornaro (oder Corner) bei San Polo in Venedig begannen zwischen 1551 und 1552 und endeten im Jahr 1564. Sein Vorgängerbau war 1535 durch ein Feuer zerstört worden. Der Auftraggeber, Giovanni Cornaro, starb bereits ein Jahr nach Baubeginn, so daß seine beiden Söhne Marcantonio und Francesco die Stellung des Bauleiters übernahmen. Am ursprünglichen Plan änderten sie kaum etwas, sie veranlaßten lediglich, daß die Fenster des Erdgeschosses größer gestaltet wurden. Das bossierte Erdgeschoß greift Sebastiano Serlios Hinweis aus dem vierten Buch von *Tutte l'opere d'architettura et prospetiva* auf, wonach das *decorum* der zum Wasser weisenden Fassaden durch die Bossenquader gesteigert werde. Sanmicheli gestaltete die Fassade traditionell dreiteilig und in Korrespondenz mit den dahinterliegenden Zimmern.

Bibl.: Langenskiöld 1938, S. 76–82; Puppi 1986, S. 150–153; Concina 1998, S. 204–206; Rowe/Satkowski 2002, S. 186–188; Davies/Hemsoll 2004, S. 203–210.

105 Giovanni Cornaro oder Corner (*? – †1551 Venedig) stammte aus einer Familie, die zu den zwölf ›apostolischen‹ Gründungsfamilien und den mächtigsten Sippen der Lagunenstadt zählten. Er war einer der fünf Söhne von Giorgio Cornaro (*1454 Venedig – †1527 ebenda), dem Bruder der seit 1468 mit König Jakob II. von Lusignan verheirateten Caterina Cornaro (*1453? – †1510?; vgl. oben, Anm. 31). In der Vita Gior-

giones wird Giovanni auch als Eigentümer eines von der Hand Giorgiones stammenden Porträts der Caterina Cornaro genannt, das jedoch nicht identifiziert ist. Giovanni Cornaro war zeitweise venezianischer Gesandter am Hof Kaiser Maximilians I., der ihn auch zum Pfalzgrafen ernannte.

Bibl.: Romanelli 1993, S. 74–75 und S. 106–108.

106 Giorgio Vasari (*1511 Arezzo – †1574 Florenz)

107 Vasari führte im Jahr 1542 insgesamt neun Ölgemälde für den Palazzo Corner, den heutigen Palazzo Corner-Spinelli, aus, die er auch in seiner Autobiographie erwähnt (Vasari, *Mein Leben*, S. 37). Eine *Caritas* (verloren), eine *Spes* (Öl auf Holz, 79,5 x 178 cm, London, Sammlung Lord Weidenfeld), eine *Fides* (Öl auf Holz, 77,5 x 173 cm, Zürich, Sammlung H. Trainé), eine *Patientia* (Öl auf Holz, 77 x 182 cm, Venedig, Galleria dell'Accademia) und eine *Justitia* (Öl auf Holz, 77 x 184 cm, Venedig, Galleria dell'Accademia). Des weiteren vier Putten mit Schriftbändern (davon zwei ebenfalls in Venedig, Galleria dell'Accademia, einer in einer venezianischen Privatsammlung, der vierte ist verschollen), die jeweils für die Ecken vorgesehen waren. Laut Vasaris Eintrag in seinen *Ricordanze* erhielt er für dieses Werk 120 Goldscudi (Frey 1930, Bd. II, S. 859, *Ricordo* 124).

Bibl.: Schulz 1961; Kat. Arezzo 1981 (McTavish); Güse/Perrig 1997, S. 256–257 (Florian Härb); Pallen 1999, S. 35–37; Romanelli 1999, S. 48–53; Cheney 2002; Cheney 2003.

108 Über die Arbeiten im Palazzo Bragadin in Venedig ist außer Vasaris Ausführungen nichts Näheres bekannt. Auftraggeber war Andrea Bragadin, und es ist anzunehmen, daß die Hochzeit seines Sohnes Antonio mit Maria, der Tochter von Giovanni Cornaro, den Ausschlag dafür gab (1538). Da Sanmicheli sich zu diesem Zeitpunkt noch auf Reisen befand und er erst 1540 oder 1541 zurückkehrte, lassen sich diese Arbeiten in die Zeit seiner Rückkehr datieren.

Bibl.: Davies/Hemsoll 2004, S. 371.

109 Girolamo Grimani (*um 1500 Venedig – †1570 ebenda) wurde 1560 zum Prokurator von San Marco ernannt. Der Palast wurde erst fünf Jahre nach seinem Tod durch den Architekten Giovanni Antonio Rusconi (*um 1520 ? – †1587 Venedig) fertiggestellt.

Bibl.: Law 1996, S. 659.

110 Die Beschreibung des Palazzo Grimani durch Vasari beruht sicherlich auf eigener Kenntnis. Zwischen März und Juni 1566 reiste er durch Italien, um neues Material für die zweite Edition der *Vite* zu sammeln. Im Mai 1566 befand er sich zum zweiten Mal in Venedig und konnte so den Palast, der sich in der Nähe von San Luca befindet, persönlich be-

suchen. Die Arbeiten an dem Palazzo wurden 1556 oder 1557 aufgenommen. Auch Francesco Sansovino (*1521 Rom – †1583 Venedig) hebt den Palazzo Grimani in seinem 1581 publizierten Venedig-Führer *Venetia città nobilissima et singolare descritta* außerordentlich lobend hervor.

Bibl.: Davies/Hemsoll 2004, S. 210–218.

111 Die Familie Soranzo gehörte zum venezianischen Hochadel. 1537 hielt Alvise Soranzo schriftlich fest, daß er Besitztümer mit einem Hof und einem dazugehörigen Obstgarten habe, diese jedoch mit seinem Neffen Piero teile. Ein Jahr später wurde der Besitz geteilt, Alvise konnte nun sukzessive mit der Bebauung beginnen. Die Villa Soranza, die um 1540 zu datieren ist, ging nach Alvises Tod im Jahr 1548 in den Besitz seines Sohnes Benedetto über, der sie wiederum seinem Sohn Alvise vererbte.

Bibl.: Rupprecht 1968, S. 324–325.

112 Von der Villa Sanmichelis existiert heute nur noch ein Wirtschaftsgebäude. Das Herrenhaus wurde im 19. Jahrhundert zerstört. Der Stich einer Bauaufnahme des Architekten Giovanni Battista Berti (1787–1857) aus Vicenza zeigt drei Gebäude. Das mittlere stellt die *casa padronale* dar, die auf der östlichen Seite von einem Stall, auf der westlichen von einer *fattoria*, in der sich die Wohnung des Verwalters befand, flankiert wird. Dieses zuletzt ausgeführte Gebäude ist der einzige Teil der Gesamtanlage, der heute noch erhalten ist. Die Fassade, die aus der Tradition des venezianischen Palastbaus übernommen wurde, besteht aus Backstein. In den Putz sind Fugen eingelassen, die an eine Rustika erinnern. Das Neue an dieser Fassade (die sich nach den klassischen Regeln aufteilt, demnach eine sich öffnende Mittelpartie besitzt, die von geschlossenen Seitenteilen flankiert wird) war, daß die Einlassungen nicht mit dem dahinterliegenden Baukörper übereinstimmten. Dadurch gewinnt die Fassade an sich mehr Eigengewicht.

Bibl.: Rupprecht 1968, S. 329–331.

113 Die Casa Cornara in Piombino Dese wurde von Giacomo Cornaro in Auftrag gegeben. Die Arbeiten begannen wahrscheinlich in den vierziger Jahren des 16. Jahrhunderts. In der zweiten Hälfte des 17. Jahrhunderts wurde die Casa Cornara zerstört.

Bibl.: Davies/Hemsoll 2004, S. 226 und S. 371.

114 Magagnato erkennt in der kryptischen Beschreibung Vasaris den Palazzo Onori in Verona (heute Palazzo Guastaverza) und den Palazzo Roncale in Rovigno. Die Bauarbeiten an dem Palazzo Onori begannen im Jahr 1555 oder kurze Zeit später. Der Palazzo Roncale wurde 1550 geplant, die Arbeiten begannen um das Jahr 1552. Daß Vasari hier die von Sanmicheli entworfenen Wohnhäuser erwähnt, zeugt von dem exem-

plarischen Charakter dieser Lebensbeschreibung. Vasari ist sichtlich darum bemüht, ein weiteres Segment im Œuvre des Architekten, nämlich das der privaten Wohnhäuser, der Vollständigkeit halber zu erwähnen.
Bibl.: Magagnato 1960, S. 89–90; Davies/Hemsoll 2004, S. 371–372 und S. 374.

115 Der Aufftraggeber für das Portal am Palazzo del Capitano (heute Palazzo dei Tribunali) in Verona war Leonardo Giustinian, der in den Jahren 1531 bis 1533 das Amt des *Capitano* bekleidete. In diese Jahre fallen auch die Projektierung und die Ausführung des Portals. Das Portal am Palazzo del Podestà (heute Palazzo della Prefettura) entwarf Sanmicheli 1532. Beide Portale ersetzten einen einfacheren Vorgängerbau.
Bibl.: Davies/Hemsoll 2004, S. 360–361.

116 Giovanni Dolfin (*um 1490 Venedig – †1547 ebenda) begann bereits als Zwanzigjähriger seine politische Laufbahn. 1510 wurde er in den Großen Rat und 1516 in die Quarantia Civil gewählt.
Bibl.: Benzoni 1991, S. 504–511.

117 Es handelt sich hierbei um die Nachricht, daß Micheles Neffe, Giangirolamo Sanmicheli, mit 45 Jahren verstorben war. Einige Jahre zuvor, im Jahr 1552, hatte dieser Ortensia Fracastoro in Verona geheiratet.

118 Michele Sanmicheli wurde am 8. Oktober 1537, kurze Zeit nach der Belagerung und Plünderung von Korfu durch die Türken, von Venedig beauftragt, deren alte Festung zu inspizieren und die Insel stärker zu befestigen. In den Jahren 1544 bis 1548 oblag die Leitung der Arbeiten Giangirolamo Sanmicheli. Dieser stellte 1549 einen modifizierten Plan von Michele Sanmicheli in Venedig vor. Es ist wahrscheinlich, daß die Fassaden der Festung, die heute die barocke Verkleidung aus der zweiten Hälfte des 17. Jahrhunderts zeigt, auf die Pläne von Giangirolamo zurückgehen.
Bibl.: Dimacopoulos 1995, S. 215–216.

119 Der höchste staatliche Würdenträger Venedigs war der Doge, die Bezeichnung eine Dialektform des hochitalienischen *duca* (Herzog). Anfangs wurde der Doge durch eine Volksversammlung gewählt. Später übernahm der Adel die Auswahl. Trotz seiner vornehmlich repräsentativen Tätigkeiten spielte er in den führenden Gremien der Stadt eine machtvolle Rolle und übte im Hintergrund großen Einfluß aus.

120 Daniele Matteo Alvise Barbaro (*1514 Venedig – †1570?), der aus einer venezianischen Adelsfamilie stammte, war ab 1550 gewählter Patriarch von Aquileia. Barbaro erhielt seine Ausbildung an der Universität in Padua. Seine Interessen reichten von der Mathematik über die Astronomie bis zur aristotelischen Philosophie. Als Patriarch von Aquileia stand er dem amtierenden Patriarchen Domenico Grimani zur

Seite und sollte nach dessen Ableben seine Nachfolge antreten. Dazu kam es jedoch nie, da Grimani ihn überlebte.

Barbaro verfaßte unter anderem eine mit Kommentierungen versehene Übersetzung von Vitruvs *Zehn Büchern über die Architektur*, die mit Illustrationen Palladios 1556 veröffentlicht wurde. In einem Porträt Barbaros von Paolo Veronese (Öl auf Leinwand, 121 x 105,5 cm, Amsterdam, Rijksmuseum) kommen die ihn auszeichnenden Eigenschaften des geistlichen Würdenträgers und gelehrten Autors zum Ausdruck. Seine Reise nach Verona ist in die Zeit nach dem Konzil von Trient zu datieren, demnach um das Jahr 1563. Wahrscheinlich diente Vasari auch hier wieder Fra Marco de' Medici als Informant, der als Begleitung des Bischofs Céneda Michele Della Torre kurz zuvor am Konzil von Trient teilgenommen hatte.

Bibl.: Magagnato 1960, S. 91; Alberigo 1964, S. 89–95; Pignatti 1976a, S. 129.

121 Wahrscheinlich erkrankte Michele Sanmicheli im August 1559 an dem tödlichen Fieber.

Bibl.: Magagnato 1960, S. 91.

122 Wie in seinem Testament vom 29. April 1559 vermerkt, wurde Michele Sanmicheli in San Tomaso Cantuariense beigesetzt. Das Grab befand sich ursprünglich vor dem Altar des Heiligen Michael, der jedoch 1603 der Heiligen Maria Magdalena geweiht wurde. Die Grabinschrift ist heute in das seitliche Mauerwerk des Eingangsbereichs eingelassen.

In dem Testament wird weiterhin verfügt, daß die Nachkommen und Erben Sanmichelis für das Grabmal aufzukommen hatten. Ein Streit zwischen den Karmelitermönchen der Kirche San Tomaso und Girolamo Sanmicheli, dem Sohn Nicolòs, belastete jedoch das Verhältnis derart, daß der Altar 1603 an die Familie da Prato überging.

Bibl.: Magagnato 1960, S. 91–92.

123 Gewissermaßen als Dank für die Unterstützung Sanmichelis, der ihm den Auftrag für die neun Ölgemälde im Palazzo Corner (heute Palazzo Corner-Spinelli) verschaffte, fertigte Vasari eine Zeichnung mit dem *Heiligen Michael, der die Dämonen vertreibt* (München, Staatliche Graphische Sammlung, Inv.-Nr. 2272) an und schenkte sie Sanmicheli. Die von Vasari gewählte schmeichelhafte Figur des Heiligen Michael darf sicher in Verbindung mit dem Namen des Architekten verstanden werden.

Bibl.: Barolsky 1996, S. 137–139; Davies/Hemsoll 2004, S. 61–62.

124 Vasari verknüpft durch diese Anekdote nicht nur seine Familie mit der in seinen Augen sehr ehrwürdigen Familie Sanmichelis, sondern ehrt damit auch ganz besonders seine eigene Mutter. Die hier angesprochenen Bande und die Freundschaft unter Künstlern sind wieder-

kehrende Topoi in den *Vite*. Da es sich bei Sanmicheli zudem um einen Künstler aus dem Norden handelt, ist die Freundschaft als um so bedeutender zu werten. Nach der Vorstellung Vasaris sollte nicht Neid und Wetteifer das Verhältnis der Künstler zueinander bestimmen, sondern *concordia*, welche die zahlreichen Künstler idealerweise in einer großen Bruderschaft miteinander verbindet.

Bibl.: Barolsky 1996, S. 137–139; Wood 2005, S. 171–178.

125 Paul III., mit weltlichem Namen Alessandro Farnese (*1468 Canino bei Viterbo – †1549 Rom), Pontifex Maximus von 1534 bis 1549, begann seinen Aufstieg bereits unter Papst Alexander VI. (Rodrigo Borgia, Pontifikat von 1492 bis 1503), da Alessandros Schwester Giulia, die ›La Bella‹ genannt wurde, die Mätresse des Borgia-Papstes war. Alexander ernannte ihn 1492 zum Generalschatzmeister der römischen Kirche, und bereits ein Jahr später erhob er ihn zum Kardinaldiakon von Santi Cosma e Damiano. Paul III. erhielt seine humanistische Ausbildung an der Universität von Pisa und am Hofe Lorenzo de' Medicis, wo er in Kontakt mit den Gelehrten Angelo Poliziano, Marsilio Ficino, Pico della Mirandola und Cristoforo Landino stand. Möglicherweise lernte er dort auch Michelangelo kennen, der während seines Pontifikats das *Jüngste Gericht* in der Sixtinischen Kapelle freskierte sowie den Weiterbau der Peterskirche betreute. Um die Macht der Farnese zu stärken, vergab Paul III. wichtige Ämter meist an Familienmitglieder.

126 Michelangelo Buonarroti (*1475 Caprese – †1564 Rom)

127 Domenico Brusasorzi, auch Brusasorci, Ricci de Brusasorzi, (del) Riccio oder Rizzo (*um 1516 Verona – †1567 ebenda)

128 Fiorio della Seta (*? – 1562 Verona?) galt als tüchtiger Tuchhändler, der es in kürzester Zeit zu großem Reichtum gebracht hatte. Noch 1545 lebte er bescheiden im Armutsviertel von San Stefano in Verona und verdiente sich sein Geld durch den Handel mit Seide. Nur dreizehn Jahre später kaufte er sich den großen Stadtpalast Palazzo Murai direkt an der Etsch, den er aufwendig renovieren ließ.

129 Der Legende nach soll es die blauhaarige Nymphe Engardina und nicht eine der Chariten gewesen sein, die sich mit Benacus vermählte und so dem See seine blaue Farbe gab.

130 Als im Jahr 1882 die Etsch besonders stark über die Ufer getreten war, beschloß die Stadt Verona, das Flußbett zu verbreitern, um solchen verheerenden Überschwemmungen vorzubeugen. Als Konsequenz dieses Beschlusses wurde angeordnet, sämtliche Stadtpaläste (darunter auch der Palazzo Murai des Fiorio della Seta), die sich direkt am Fluß befanden, abtragen zu lassen. Die Fassadendekorationen und die Malereien im Inneren wurden glücklicherweise zuvor abgenommen. Letz-

tere sind jedoch durch einen Bombenangriff im Jahr 1944 vollständig zerstört worden, und da keine Abbildungen überliefert sind, fällt eine Rekonstruktion der Saalausstattung schwer. Schweikhart verweist diesbezüglich auf eine Kopie der Fresken, die wahrscheinlich aus der ersten Hälfte des 19. Jahrhunderts stammen. Zwar gibt die Zeichnung keinerlei Hinweise auf die ursprüngliche Anordnung, läßt aber zumindest eine thematische Rekonstruktion als Darstellung des *Triumphes des Lucius Aemilius Paulus* zu. Diese antike Thematik, die unter anderem auch von Plutarch beschrieben wurde, erfreute sich insbesondere in der Frühen Neuzeit großer Beliebtheit. Domenico Brusasorzi erhielt vermutlich den Auftrag um das Jahr 1552.

Bibl.: Schweikhart 2001e, S. 45–51.

131 Das Fresko mit dem *Einzug Clemens' VII. und Karls V. in Bologna* befindet sich noch im Veroneser Palazzo Da Lisca. Entstanden ist das Gemälde vor 1566. Insbesondere die historische Detailtreue und die exakte Wiedergabe militärischer Waffen verhalfen Brusasorzi schon zu Lebzeiten zu großem Ansehen.

Bibl.: Brenzoni 1959, S. 272–276.

132 Das *Martyrium der Heiligen Barbara* befindet sich noch *in situ* in der Kirche Santa Barbara in Mantua. Domenico Brusasorzi fertigte es im Jahr 1564 an. Als *spiritus rector* des Altarbildes gilt der Architekt, Maler und Gelehrte Giovanni Battista Bertani (*um 1516 Mantua – †1576 ebenda), der von 1561 bis 1572 die Kirche im Auftrag von Guglielmo Gonzaga innerhalb des Areals des Palazzo Ducale errichtete.

Die unteren zwei Drittel des Altarbildes Brusasorzis befinden sich noch im originalen Zustand, wohingegen das obere Drittel später verändert wurde.

Bibl.: Marani/Perina 1965, Tv. 231; Perina 1965, S. 345; AKL 1995, Bd. X, S. 38–40.

133 Paolino da Verona, eigentlich Paolo Caliari, genannt Paolo Veronese (*1528 Verona – †1588 Venedig)

134 1552 erhielt Paolo Veronese von Kardinal Ercole Gonzaga den Auftrag, die *Versuchung des Heiligen Antonius* (Öl auf Leinwand, 198 x 151 cm, Caen, Musée des Beaux-Arts) für den Dom in Mantua als eines der vier Altarbilder anzufertigen. Nach Angaben Vasaris beauftragte Gonzaga des weiteren unter anderem die vier Veroneser Künstler Domenico Brusasorzi, Paolo Farinati und Battista del Moro. An anderer Stelle, in der Vita des Benvenuto Garofalo und Girolamo da Carpi und anderer Künstler aus der Lombardei, berichtet er hingegen, daß die Altargemälde von dem *Prefetto delle Fabbriche Ducali* Giovanni Battista Bertani in Auftrag gegeben worden waren (Bettarini/Barocchi, *Vite*, Bd. V,

S. 422–423). Inwieweit Bertani konzeptionell die Arbeiten dieser Künstler mitbestimmte, läßt sich kaum mehr nachvollziehen.

Die *Versuchung des Heiligen Antonius* gelangte 1797 durch die französischen Truppen unter Napoleon nach Paris. Das Altarbild vergegenwärtigt eine Episode aus dem Leben des Heiligen, der gegen Ende des 3. Jahrhunderts als Einsiedler in der Wüste bei Theben lebte und dort dem Teufel und dessen dämonischen Versuchungen ausgesetzt war.

Bibl.: Kat. Veronese 2004, S. 74–75.

135 Paolo Farinati oder Farinato (*1524 Verona – †1606 ebenda)

136 Kardinal Ercole Gonzaga lud insgesamt acht verschiedene Künstler ein, um am *Concorso mantovano*, dem Ausstattungsprogramm des Kardinals für den Dom in Mantua teilzunehmen. Farinati bekam den Auftrag, für den Altar der zweiten, auf der rechten Seite befindlichen Kapelle ein Bildnis mit dem *Heiligen Martin* (Mantua, Dom 1552) anzufertigen. Es ist das früheste erhaltene Gemälde Farinatis. Im Louvre in Paris befindet sich eine Vorzeichnung für das Altarbild.

Bibl.: Marinelli 2000, S. 21–26; Baldissin Molli 2005, S. 9–11; Kat. Farinati 2005, S. 250.

137 Battista dell'Angolo del Moro (*um 1515 Verona – †1573? Verona?) verbrachte seine ersten Studienjahre in der Werkstatt seines Schwiegervaters Francesco (di Marco India) Torbido, genannt il Moro (*1482–1485 Venedig – †1561–1562 Verona).

Bibl.: Turner 1996, Bd. II, S. 88.

138 Das Altargemälde mit der Darstellung der *Heiligen Magdalena* stammt ungefähr aus dem Jahr 1552 und befindet sich *in situ*.

Bibl.: Kiefer 1987, S. 36.

139 Giulio Romano, eigentlich Giulio Pippi (*1492 oder 1499 Rom – †1546 Mantua)

140 Giulio Romano überwachte seit 1545 die Renovierungsarbeiten an der Kathedrale San Pietro in Mantua. Kardinal Gonzaga, der auch ein aktives Mitglied des Konzils von Trient war, hatte es sich zum Ziel gemacht, die Kathedrale von Mantua im Sinne der kirchlichen Reformbewegungen umzugestalten. Weitere Kirchen und Klöster aus der Diözese Mantua sollten folgen (Vasari, *Giulio Romano*, Anm. 108, S. 81).

141 Domenico Brusasorzi firmierte 1543 als Mitbegründer der Veroneser Accademia Filarmonica, der er zeitlebens eng verbunden blieb.

142 Felice Brusasorzi, auch Brusasorci, Ricci de Brusasorzi, (del) Riccio, Rizzo (*um 1539/40 Verona – †1605 ebenda), avancierte in der Nachfolge seines Vaters Domenico Brusasorzi zum bevorzugten Maler der Accademia Filarmonica, in die er 1564 aufgenommen wurde. Dies sicherte Felice vor allem einen engen Kontakt zu adeligen Gönnern.

Brusasorzi zählt zu den jüngsten von Vasari zitierten Künstlern in den *Vite*. Es ist davon auszugehen, daß der Künstlerbiograph im allerletzten Moment die Erwähnung des Sohnes in die Druckfahnen der zweiten Ausgabe der Lebensbeschreibungen eingefügt hat, da dieser erst nach dem Tod seines Vaters im Jahr 1567 nach Florenz reiste.

Bibl.: Magagnato 1966, S. 93.

143 Das Gemälde Felice Brusasorzis mit der *Madonna mit Kind, Johannesknaben, den Heiligen Magdalena, Lucia, Cäcilie* (?), *Ursula und vier weiteren weiblichen Heiligen mit Gottvater* ist vor 1566 entstanden und befindet sich noch immer in der Kirche Santissima Trinità in Mantua.

144 Bernardo Canigiani war in den Jahren 1547 bis 1550 Mitglied der Accademia Filarmonica in Verona und seitdem mit dem Vater Felices, Domenico Brusasorzi, befreundet. Vasari, der keine Gelegenheit ausläßt, auf die Stadt Florenz und die aus ihr hervorgegangenen Künstler aufmerksam zu machen, gelingt es durch Erwähnen der florentinischen Ausbildung, sein spezifisch florentinisches Begriffssystem in die Biographie einzubringen.

145 Bernardino India (*1528 Verona – †1590 ebenda) war der Sohn von Cristoforo di Mandello del Gazzo. Als dieser im Jahr 1545 starb und seine Mutter ein zweites Mal heiratete, kam Bernardino zu seinen Großeltern, deren Nachnamen India er annahm. Seine Ehe mit Anna degli Stivieri blieb kinderlos, jedoch wuchsen in ihrem Haus die Kinder ihrer Schwester, Tullio und Francesco, auf. Um eine Verwechslung mit Tullio zu vermeiden, wird Bernardino häufig auch als ›India der Ältere‹ bezeichnet.

Das Ansehen, das Bernardino India von den Zeitgenossen entgegengebracht wurde, war so groß, daß es ein bemerkenswertes Bilddokument von ihm gibt: Der Bildhauer Alessandro Vittoria hat das Porträt Indias mit der Inschrift ›BERNARDINVS INDIVS PICTOR V‹ auf einer Medaille verewigt, die auf der anderen Seite Vittorias Bildnis zeigt. Vermutlich ist die Medaille gegen Ende ihrer gemeinsamen Arbeit am Palazzo Thiene entstanden. Interessant ist die Medaille auch im Hinblick auf die *paragone*-Debatte, verbindet sie doch auch die beiden Künste *pittura* und *scultura* miteinander.

Bibl.: Schweikhart 2001d, S. 260–261; Serafini 2004, S. 323–326.

146 Über Marcantonio del Thiene ist nichts Näheres bekannt.

147 Bernardino India freskierte im Palazzo Thiene in Vicenza mehrere Säle. Bei dem hier von Vasari angesprochenen Raum handelt es sich um die Sala di Psiche. Dargestellt ist die Geschichte der Psyche, die an der Decke in der himmlischen Hochzeit zwischen Psyche und Amor kulminiert. Literarische Vorlage sind die Metamorphosen des römischen

Schriftstellers Apuleius, die er im 2. Jahrhundert nach Christus anfertigte. Darüber hinaus freskierte Bernardino India auch die Sala delle Metamorfosi, die häufig auch wegen ihrer Form ›La Rotonda‹ genannt wird. Dargestellt ist die Geschichte des Perseus aus den Metamorphosen des Ovid. Die Sala di Proserpina stattete er hingegen mit Götterdarstellungen aus, die ebenfalls aus dem ovidschen Mythos stammen. Die Arbeiten am Palazzo Thiene sind um das Jahr 1547 zu datieren.

Bibl.: Magagnato 1966, S. 53–106.

148 Eliodoro Forbicini (*um 1533 Verona – †um 1590 ebenda)

149 In der Forschung wurde lange angenommen, daß es sich bei den von Vasari erwähnten Grotesken von Eliodoro Forbicini um jene in der Sala delle Metamorfosi handelt. Wie jedoch Magagnato überzeugend argumentiert, weisen sie die Handschrift von Bernardino India auf. Möglicherweise schuf Forbicini die Grotesken für den angrenzenden Raum.

Bibl.: Magagnato 1966, S. 106.

150 In der Vita von Battista Franco nennt Vasari Battista da Verona noch bei seinem eigentlichen Nachnamen Battista Zelotti (*um 1526 Verona – †1578 Mantua). In der Vita von Jacopo Sansovino bezeichnet er ihn als Battista Farinato. In den Büchern der Baubehörde, der *Procuratia de Supra*, wird er bereits vor der Veröffentlichung der zweiten Edition der *Vite* Vasaris als Battista da Verona bezeichnet, welcher damit sicherlich der übliche Rufname des Künstlers war.

Bibl.: Magagnato 1960, S. 94.

151 Tizian, eigentlich Tiziano Vecellio (*um 1488/1490 Pieve di Cadore – †1576 Venedig)

152 Es handelt sich um die Villa da Porto Colleoni der Familie Da Porto. Diese besaß seit dem 14. Jahrhundert Land in Thiene. Die Villa ist auf 1476 zu datieren, das Jahr also, in dem die zum Haus gehörende Kapelle geweiht wurde. Die Da Porto gehörten zu den wohlhabendsten Familien in Vicenza, die sich auch militärisch um die Republik Venedig verdient machten.

Am Karnevalssonntag 1539 wurde im Innenhof der Villa eine Komödie für die Bürger Vicenzas aufgeführt. Um welches Stück es sich dabei handelte, ist nicht bekannt, man weiß aber, daß Sebastiano Serlio die mobile Bühnenarchitektur entworfen hat.

Zelotti und Veronese freskierten im Salon des Piano Nobile 1551 Darstellungen mit Karyatiden, die sich heute in einem schlechten Zustand befinden. Ihr Auftraggeber war Francesco Da Porto, der kurze Zeit später, am 1. Januar 1555, starb. Die Fresken des zweiten Raumes thematisieren den Gegensatz zwischen Treue und Verrat.

Bibl.: Morresi 1985, S. 180–191; Brugnolo Meloncelli 1992, S. 119.

153 Die Fresken aus der Villa Soranza, die zum Frühwerk Veroneses zählen, konnten glücklicherweise gerettet werden, als das Gebäude 1817 zerstört wurde. Der Besitzer der Villa, Filippo Balbi, trug die Fresken in über hundert Teilen ab und zog sie auf Leinwand. Balbi mußte unter größtem Zeitdruck die Kunst des sogenannten Strappoverfahrens erlernen, das er zunächst an weniger bedeutenden Fresken erprobte. Sein Verdienst wurde auch von der *Premj d'Industria* anerkannt, die ihm dafür im Februar 1817 feierlich eine Goldmedaille verlieh.

Das größte erhaltene Fragment stellt Veroneses Personifikationen von Zeit und Ruhm dar (353 x 168 cm, Castelfranco Veneto, Dom), die 1551 entstanden. Die drei Personifikationen der Gerechtigkeit (200 x 100 cm, Castelfranco Veneto, Dom), der Bedächtigkeit (200 x 100 cm, Castelfranco Veneto, Dom) und des Ruhmes (122 x 175 cm, Seminario Patriarcale, Venedig) waren wohl für den Platz oberhalb der Türen gedacht, was ihre Größe und perspektivische Ansicht nahelegt. Die Darstellung des Ruhmes ist heute in einem schlechten konservatorischen Zustand, und es läßt sich schwer erkennen, ob es sich bei der angebrachten Signatur tatsächlich um ›Paulus‹ handelt, weshalb ihre Zuschreibung an Veronese sehr umstritten ist. Gisolfi Pechukas schreibt sie Anselmo Canneri zu.

Lange blieb der Aufbewahrungsort der übrigen Fragmente aus der Villa Soranza in der Veronese-Forschung ungeklärt. 1830 vermerkte Cicogna, daß sich der größte Teil der Fresken in England befinde, und in der Tat erschien 1825 in der englischen Zeitung *The Literary Gazette* ein detaillierter Bericht über 21 Stücke aus der Villa, die bereits in London angekommen seien, mit dem Hinweis, daß weitere auf dem Weg wären. Der abenteuerlich anmutende Weg dieser Fresken läßt sich bis zu einer Ausstellung in einer Londoner Galerie 1825 verfolgen. Es bleibt jedoch ungeklärt, welche Stücke die Galerie gezeigt hat und wo die restlichen abgenommenen Fresken verblieben sind. Schweikhart äußerte die hoffnungsvolle Vermutung, daß die Werke Veroneses bis dato an unzugänglicher Stelle vorhanden sein könnten.

Bibl.: Gisolfi Pechukas 1987, S. 67–108; Gisolfi Pechukas 1990, S. 25–35; Schweikhart 2001a; Schweikhart 2001b.

154 Die Fassadenmalerei des Hauses von Messer Antonio Cappello (heute Casa Cappello-Layard-Carnelutti) ist bei einem Feuer 1627 zerstört worden.

Bibl.: Magagnato 1960, S. 94.

155 Der Zehnerrat (Consiglio dei Dieci) existierte seit 1311 und gewann nach und nach immer mehr an Bedeutung. Er war vor allem mit der Wahrung der Staatssicherheit beauftragt. Seine Kompetenzen wurden

im Jahr 1468 durch den Maggior Consiglio festgelegt. Zu seinen Aufgaben gehörten unter anderem die Kontrolle von Sekten, die Verfolgung von Unruhestiftern und das Ahnden von Betrug und Sodomie.

Bibl.: Zorzi/Bassi/Pignatti/Semenzato 1971, S. 299; Wolters 1983, S. 247.

156 Veronese arbeitete zwischen 1554 und 1556 an der Dekoration der Amtsräume des Consiglio dei Dieci (Rat der Zehn) im Dogenpalast, zusammen mit Giovanni Battista Zelotti und dem Maler und Kleriker Giovanni Battista Ponchino (* um 1500 ? – † 1570 ?). Ponchino war zwar von Daniele Barbaro zum Leiter der Arbeiten gewählt worden, das ikonographische Programm der Dekorationen stammte aber, wie Francesco Sansovino (* 1521 Rom – † 1583 Venedig) in seinem 1581 publizierten Venedig-Führer *Venetia città nobilissima et singolare descritta* überliefert, von Barbaro selbst. Das zentrale Deckengemälde der Sala delle Udienze, *Jupiter, der Blitze gegen die Laster schleudert* (Öl auf Leinwand, 560 x 330 cm, Paris, Musée du Louvre), ist in Analogie zu der Funktion des Raumes zu lesen, nämlich der Sicherheitsüberwachung des Staates durch den Rat der Zehn. Das Jupiterbild wird von vier kleineren Gemälden eingefaßt, darunter die von Veronese gemalte *Juno, die Gaben über Venezia ausschüttet* (Öl auf Leinwand, 365 x 147 cm, Venedig, Palazzo Ducale, Sala delle Udienze del Consiglio dei Dieci), die *Freiheit mit Merkur* (Öl auf Leinwand, 147 x 365 cm) sowie das im selben Raum befindliche Gemälde *Jugend und Alter* (Öl auf Leinwand, 286 x 150 cm). Im kleineren Format befinden sich von Veronese dort noch die Darstellungen von Kreta (Öl auf Leinwand, 200 x 130 cm), von Zypern (Öl auf Leinwand, 200 x 130 cm) und drei Nudi (jedes Öl auf Leinwand, 120 x 70 cm).

In den vier Deckenfeldern in der Mitte des Saales sind *Merkur und der Frieden* von Ponchino, *Venezia mit Neptun und Mars* von Zelotti und *Juno, die der Venezia ihre Gaben darbietet* ebenfalls von Zelotti dargestellt. In den Ovalbildern sieht man *Neptun* (Ponchino), *Janus und Juno* sowie *Venezia auf der Weltkugel* (beide von Zelotti).

In der Stanza dei Tre Capi, dem Raum für die drei obersten Mitglieder des Rats der Zehn, haben Veronese, Zelotti und Ponchino ebenfalls zusammengearbeitet, und auch hier handelt die Ikonographie vom Triumph des Guten über das Böse: In dem zentralen Oktogon freskierte Zelotti die *Zeit, Wahrheit und Unschuld, die vom Bösen und vom Neid befreit werden*. In den Deckenfeldern befinden sich an den Seiten der *Triumph der Gerechtigkeit über die Auflehnung* und der *Sieg des Glaubens über die Häresie* von Ponchino. Veronese fügte dem Raum noch zwei Darstellungen hinzu: den *Triumph des Sieges über das Böse* (Öl auf Leinwand, 295 x 165 cm) und den *Triumph der Nemesis über die Sünde* (Öl auf Leinwand, 295 x 195 cm). Die Grisaillen stammen von Zelotti.

Wolfgang Wolters verweist bei seiner Beschreibung der Triumphszenen Veroneses darauf, daß der Künstler hier das Thema der Psychomachie wiederaufgegriffen habe. Entgegen der konventionellen Darstellung des Sieges, zumeist gekennzeichnet durch das Schwert und die überlegene Position gegenüber dem Besiegten, ließ Veronese durch die Macht des Blickes das Böse unterliegen und manifestierte dies in den ausdrucksstarken Gebärden.

In der Mitte der Stanza della Bussola, die ausschließlich von Veronese dekoriert wurde, befindet sich das viereckige Gemälde mit dem *Heiligen Markus, der die Tugenden krönt* (Öl auf Leinwand, 300 x 317 cm, *in situ*). Stilistische Vergleiche mit den Ausführungen in der Sala delle Udienze haben ergeben, daß die Arbeiten ungefähr zeitgleich entstanden sein müssen. Thematisch sind sie immer mit den Allegorien der Tugenden verknüpft, die Eigenschaften der guten venezianischen Regierung sind. Rings um den *Heiligen Markus* befinden sich Darstellungen aus der römischen Geschichte (Öl auf Leinwand, 80 x 50 cm, *in situ*).

Bibl.: Zorzi/Bassi/Pignatti/Semenzato 1971, S. 319–320; Pignatti 1976a, S. 107–108; Pignatti 1976b, Fig. 35, 37–46; Wolters 1983, S. 251; Pignatti/Pedrocco 1991, S. 50–58; Brugnolo Meloncelli 1992, S. 14–15, 86–87, 169–182.

157 Die Fassadendekoration des Monte di Pietà in Vicenza ist auf das Jahr 1556 zu datieren; Veronese erhielt dafür letzte Zahlungen im Jahr 1562. Die Fresken existieren nicht mehr.

158 Die Angabe Vasaris, Caroto (* 1488 Verona – † zwischen 1563 und 1566 ebenda) sei der erste Lehrmeister Veroneses gewesen, ist nicht korrekt. Wahrscheinlich trat Paolo Veronese um 1539 in die Werkstatt des ebenfalls aus Verona stammenden Malers Antonio Badile ein. In einem Dokument aus dem Jahr 1541 wird er erstmals als dessen Schüler und Gehilfe genannt. Im April 1566 heiratete er Badiles Tochter Elena. Giovanni Caroto hat sich vor allem um die Dokumentation antiker Veroneser Bauten verdient gemacht, als er für die Holzschnittfolge des Traktats von Torello Saraina *De origine et amplitudine civitatis Veronae* zahlreiche Ansichten und Rekonstruktionszeichnungen lieferte. Vasari, der den Künstler während seiner zweiten Romreise persönlich kennenlernte, erhielt von Caroto ein Exemplar, auf das er in der Lebensbeschreibung von Fra Giocondo eingeht (Bettarini/Barocchi, *Vite*, Bd. IV, S. 573–574).

Bibl.: Gould 1973, S. 702–708; Safarik 1977, S. 563–564.

159 Vasari schreibt den Arbeiten Veroneses eine *maniera bella* zu. In der Vorrede zum dritten Teil der *Vite* definiert er diese als das Zusammenfü-

gen der schönsten Körperteile, die es in der Natur zu finden und durch häufiges Abzeichnen zu perfektionieren gelte: »Durch die Gewohnheit des ständigen Wiedergebens der allerschönsten Dinge – seien es nun Hände oder Köpfe, Körper oder Beine – entstand schließlich dieser schönste der Stile, wobei durch das Zusammenfügen all dieser schönen Teile die schönstmögliche Figur geschaffen wird, die dann in allen Werken und für jede Figur zu verwenden ist: Dies ist der Grund, warum man ihn den schönen Stil nennt.« (Bettarini/Barocchi, *Vite*, Bd. IV, S. 4.)

160 Die Auftraggeber der Villa Barbaro in Maser waren die Brüder Daniele und Marcantonio Barbaro (1518–1595). Der *spiritus rector* des Unternehmens war vermutlich Daniele, der Veronese die Themen für die Ausmalung vorschlug. Bereits in seiner 1535 verfaßten Abhandlung *Dell'Eloquenza* (*Über die Beredsamkeit*) und später in seinem Vitruv-Kommentar äußerte sich Daniele mehrfach zur ästhetischen Wirkung von Wandmalereien und deren emotionaler wie rationaler Wirkung auf den Betrachter. Er differenzierte dabei zwischen dem sinnlichen Vergnügen eines unwissenden Betrachters und dem Staunen eines Kunstverständigen. Die sechs von Veronese dekorierten Räume der Villa Barbaro lassen erkennen, daß es neben den dargestellten Historien auch darum ging, die vorbildliche Rolle der römischen Antike und ihrer Architektur hervorzuheben und sie zeitgenössischen Villenbauten gegenüberzustellen, darunter auch der Villa Barbaro selbst in der Sala dell'Olimpo. Alle Räumen sind gleich aufgeteilt: Fingierte Marmorsäulen oder Marmorpilaster gliedern die Wände, dazwischen befinden sich niedrige Brüstungen, über die hinweg man in Landschaften blickt. Bereits Plinius beschrieb die Wandmalereien antiker Villen und deren Inhalte, die von einem Maler namens Studius erfunden worden sein sollen (*Naturalis historiae*, XXXV, 116).

Die Arbeiten an der Villa Barbaro lassen sich auf die Jahre 1560 und 1561 datieren.

Bibl.: Murano/Marton 1996, S. 150–171; Priever 2000, S. 64–75; Kliemann 2004, S. 410–431.

161 Das Gemälde *Gastmahl im Haus des Simon* (Öl auf Leinwand, 315 x 451 cm, Turin, Galleria Sabauda) wurde für das Refektorium des Konvents Santi Nazaro e Celso bereits 1556 von dem Benediktinerabt Mauro bei Paolo Veronese in Auftrag gegeben; er fertigte es jedoch wahrscheinlich erst um 1560 an.

Bibl.: Smirnova 1990, S. 359–364; Badt 1981, S. 156–158; Pignatti/Pedrocco 1991, S. 94; Cocke 2001, S. 167–168 und S. 189; Huber 2005, S. 291–295.

162 Auch in der Lebensbeschreibung des Battista Franco geht Vasari auf

die Ausstattung des Palazzo Ducale ein und beurteilt Paolo Veroneses Arbeiten als die besten: »Et ancora che tutti e tre costoro si portassono bene, meglio di tutti si portò Paolo Veronese [...]« (Bettarini/Barocchi, *Vite*, Bd. V, S. 472–473).

[163] Anfang 1555 begann Veronese zusammen mit einem Benedetto, wahrscheinlich Veroneses Bruder Benedetto Caliari (*1538 Verona – †1598 Venedig), und einem Antonio, vielleicht Giovanni Antonio Fasolo (*1530 Mandello del Lario – †1572 Vicenza), die hölzerne Kassettendecke des Kirchenschiffs von San Sebastiano zu dekorieren, die dort bereits seit 1543 eingezogen war. Von der einstigen Wirkung des plastischen Dekorationssystems und der malerischen Ausschmückungen kann man sich nur schwer eine Vorstellung machen, da die Fresken Veroneses stark nachgedunkelt sind und sich die Holzdecke schlecht erhalten hat.

Die literarische Quelle für die drei Hauptszenen der Decke ist das Buch Esther. Das erste Längsoval zeigt die *Königin Vaschti beim Verlassen ihres Palastes* (500 x 370 cm). Das folgende rechteckige Feld zeigt *Esther vor Ahasver* (450 x 370 cm), das auf Vers 17 Kapitel zwei im Buch Esther zurückgeht: »Der König gewann Esther mehr als alle Frauen lieb, und sie erwarb seine Huld und Gnade mehr als alle Jungfrauen. Er setzte eine Königskrone auf ihr Haupt und erhob sie an Stelle Vaschtis zur Königin«. Das abschließende Längsoval zeigt den *Triumphzug des Mordechai* (500 x 370 cm).

An den Wänden tragen mächtige gedrehte fingierte Säulen die Decke, dazwischen finden Erzählungen aus dem Leben des Titelheiligen Platz, wie *Sebastian vor Diokletian* (350 x 480 cm), *Sebastian, von Pfeilen durchbohrt* (270 x 130 cm) und das *Martyrium des Heiligen Sebastian* (350 x 480 cm). Wolters verweist zu Recht darauf, daß diese Fresken als Bilder und nicht als Durchblicke von Veronese konzipiert waren, wie die zusätzlich vorhandenen fingierten Durchblicke schlußfolgern lassen.

Der Entwurf der Kassettendecke könnte auf ein *modello* von Veronese zurückgegangen sein, das dem Holzschnitzer als Grundlage für seine Arbeit diente. Da die Rahmenarchitektur des Orgelgehäuses und des Hochaltars in San Sebastiano belegtermaßen nach Entwürfen Veroneses gestaltet worden sind, bekräftigt dies die These, daß er auch die Decke entworfen hat.

Bibl.: Badt 1981, S. 55–61; Pignatti/Pedrocco 1991, S. 73–75 und S. 84–87; Wolters 1990, S. 183–188; Wolters 2000, S. 190–192; Huber 2005, S. 144.

[164] Vermutlich war der ikonographische Berater für die Gemälde der Sakristei in San Sebastiano der Prior der Kirche, Bernardo Torlioni

(†1572). Das Mittelbild in der Kapelle zeigt die *Krönung der Jungfrau Maria* (200 x 170 cm), die im Jahr 1555 entstanden ist. Es ist davon auszugehen, daß der damals 27jährige Veronese im Zuge des Erfolges, das er mit diesem Bild hatte, nach Venedig zog.

Die Decke der Sakristei enthält zudem zahlreiche kleinere Werke von Veronese, wie die Darstellungen der vier Evangelisten *Lukas* (85 x 200 cm), *Matthäus* (85 x 240 cm), *Johannes* (85 x 240 cm) und *Markus* (85 x 200 cm).

Bibl.: Badt 1981, S. 52–55; Pignatti/Pedrocco 1991, S. 59–65; Cocke 2001, S. 83–84.

165 Die Zwickel der Orgelumfassung in San Sebastiano in Venedig stammen wahrscheinlich aus dem Jahr 1560, nachdem dort im April desselben Jahres die Orgel angebracht worden war. Dargestellt sind der *König David* (260 x 100 cm), *Jesaja* (260 x 100 cm), die Sibyllen *Eritrea* (230 x 300 cm), *Samia* (230 x 300 cm), *Cumana* (230 x 300 cm) und *Tiburtina* (230 x 300 cm) sowie acht *Apostel* (jede 250 x 300 cm). Die mit Temperafarben direkt auf das Mauerwerk gemalten Darstellungen befinden sich *in situ*.

Das Orgelgehäuse gestaltete der Tischler Domenico nach den Zeichnungen von Veronese. In Venedig war es strikt verboten, daß sich die Zünfte untereinander vermischten. Daher war es einem Maler nicht gestattet, Schnitzarbeiten oder Vergoldungen selbst auszuführen, doch lieferten der Künstler oder sein Atelier häufig die Entwurfszeichnung, an die sich der ausführende Steinmetz oder Schreiner halten mußte.

Bibl.: Pignatti/Pedrocco 1991, S. 97–99; Huber 2005, S. 144.

166 Friedrich I. Barbarossa (*1122 Waiblingen ? – †1190 Saleph, heute Göksu) wurde 1152 in Frankfurt am Main einstimmig zum König gewählt und am 9. März in Aachen gekrönt. Barbarossas Ziel war es, die ursprüngliche Größe des römischen Kaisertums wiederherzustellen. Mit Papst Eugen III. verständigte er sich über eine gemeinsame Italienpolitik.

1176 unterlag das kaiserliche Heer dem italienischen in der Schlacht bei Legnano, und obgleich Friedrich Barbarossa nicht gänzlich geschlagen worden war, erklärte er sich zu Verhandlungen mit Papst Alexander III. bereit. Diese führten dann zum Frieden von Venedig.

167 Das Gemälde *Friedrich Barbarossa küßt dem Schisma-Papst Victor IV. die Hand* ist bei einem Brand 1577 in der Sala del Maggior Consiglio im Palazzo Ducale in Venedig zerstört worden. Den Auftrag erhielt Veronese 1562, erste Zahlungen erfolgten zwei Jahre später.

Abermals in der Vita des Battista Franco geht Vasari unter anderem auch auf das Porträt Barbarossas ein. Nach seiner Beschreibung küßt

Friedrich darauf Papst Ottaviano die Hand: »appresentatosi alla corte, bacia la mano a papa Ottaviano in pregiudizio di papa Alessandro Terzo [...].« (Bettarini/Barocchi, *Vite*, Bd. V, S. 469.)

Bibl.: Piovene 1968, S. 84 und S. 104; Badt 1981, S. 43; Cocke 1984, S. 218–219.

168 siehe Anm. 156.

169 Das hier beschriebene Haus gehörte dem Kaufmann Dionisio Bellavite. Die Fresken der Fassade aus den Jahren 1564 und 1565 sind verlorengegangen.

Das Erscheinungsbild Venedigs im 16. Jahrhundert war, wie das zahlreicher anderer italienischer Städte, sehr bunt. Die Stadt hatte allerdings schon damals mit dem allgegenwärtigen Taubendreck und der aggressiven salzhaltigen Luft zu kämpfen, die die Fresken mit der Zeit zerstörten. In seinem Traktat über die Architektur behandelt Sebastiano Serlio auch das Thema der Fassadenbemalung und stellt Regeln auf, die die innere Ordnung der Fassade gewährleisten sollen. Dem Architekten wird dabei die Rolle des Ordnungbewahrenden zuteil, der verhindern sollte, daß beispielsweise fingierte Durchblicke auf der Fassade ausgeführt würden. Erstaunlicherweise nimmt die Fassadengestaltung in den Architekturtraktaten des 16. Jahrhunderts eine marginale Stellung ein. Zwar wird sie auch in Vasaris »Technischer Einleitung zur Malerei« erwähnt, jedoch in erster Linie, um die anzuwendenden Maltechniken für Fassaden, Triumphbögen oder Theateraufführungen zu erläutern (Bettarini/Barocchi, *Vite*, Bd. I, S. 139–141; vgl. auch Vasari, *Einführung*).

Bibl.: Wolters 2000, S. 73–83.

170 Die Wanddekorationen des Palazzo Camillo Trevisani entstanden zwischen 1564 und 1565 und sind nur noch fragmentarisch erhalten.

Bibl.: Magagnato 1960, S. 96.

171 Das Benediktinerkloster San Giorgio Maggiore beherbergte seit dem 13. Jahrhundert geistliche Persönlichkeiten mit Rang und Namen. So nahmen die Mönche im Jahr 1443 den verbannten Cosimo de' Medici den Älteren auf. Der Konvent avancierte zu den wohlhabendsten der Stadt. In den Bildungsreiseberichten aus dem frühen 17. Jahrhundert wird auf die Schönheit des Klosters verwiesen, das eine Hauptsehenswürdigkeit der Stadt war. Gefördert wurde die Attraktion auch durch Veroneses gigantisches Gemälde mit der *Hochzeit zu Kana*. Laut der Klosterchronik des Don Fortunato Olmo wurde dieses Werk als so außergewöhnlich aufgefaßt, daß Könige und Fürsten nach einer Kopie verlangten.

Bibl.: Honour 2000, S. 184–185; Priever 2000, S. 76.

172 Den Auftrag für die circa 67 Quadratmeter große *Hochzeit zu Kana* (Öl auf Leinwand, 677 x 994 cm, Paris, Musée du Louvre) erhielt Vero-

nese im Jahr 1562. Im Vertrag wurde explizit hervorgehoben, daß der Künstler nur mit den besten Farbrohstoffen zu arbeiten und insbesondere auf die Verwendung von feinstem Ultramarin zu achten habe (weil das aus Lapislazuli gewonnene Ultramarin sehr teuer war, verwendeten manche Künstler das günstigere Azurblau, das aus Kupfererz gewonnen wurde).

Die literarische Grundlage des Bildes ist das Johannes-Evangelium (Johannes 2, 1–12). Berichtet wird dort von einer Hochzeit, die in einem Dorf namens Kana stattfand. Als der Gesellschaft der Wein ausging, verwandelte Christus auf Geheiß seiner Mutter Wasser in Wein.

Die detaillierte Darstellung der Hochzeitsgesellschaft, der kostümierten Knechte und Zuschauer spiegelt unter anderem auch die Bibelexegese des Literaten Pietro Aretino, der in seiner Abhandlung *L'humanità di Cristo* aus dem Jahr 1551 die Hochzeit prachtvoll inszeniert. Lomazzo verwies einige Jahre später auf die Überzeugungskraft der Affekte in der Hochzeit zu Kana. Eine in der linken Bildhälfte sitzende Frau, die eine kleine goldene Gabel als Zahnstocher verwendet, diente ihm in seiner Abhandlung über die Malerei als Paradebeispiel für die Fähigkeit Veroneses, unterschiedliche Gemütsverfassungen in den Gesichtern von Personen darzustellen.

Priever verweist im Zusammenhang mit Vasaris Hervorhebung der *varietà* auf die »Technische Einführung in die Malerei«, in der der Künstlerbiograph eben die Merkmale hervorhebt, die ein gutes Gemälde ausmachen: »Eine Szene sei reich an mannigfaltigen Elementen, die voneinander verschieden sein können, aber immer zu dem gewählten Thema passen müssen und zu dem, was der Künstler nach und nach darstellt. Dieser muß die Gesten und Haltungen unterscheiden [...], daß jedes Detail mit dem Werk als Ganzem im Einklang steht [...].« (Bettarini/Barocchi, *Vite*, Bd. I, S. 115–116; hier zit. nach Vasari, *Einführung*, S. 103.) In Vasaris großformatigem Werk mit der *Hochzeit von Esther und Ahasverus* (Öl auf Holz, 298 x 745 cm, Arezzo, Museo Statale di Arte Medievale e Moderna), das er 1548 begonnen hat, sieht Priever zu Recht eine vorbereitende Studie für die großen Gastmahl-Darstellungen Veroneses, in dem eben das Prinzip der *varietà* in den Physiognomien und Gestalten angewendet wurde (vgl. Vasari, *Mein Leben*, S. 59–60 und S. 132).

Veronese brauchte zusammen mit seinem mutmaßlichen Gehilfen Benedetto Caliari insgesamt 17 Monate, um das Bild zu vollenden. Unter der französischen Belagerung gelangte es dann über den Seeweg nach Paris.

Bibl.: Badt 1981, S. 128–130; Smirnova 1990, S. 359–364; Kat. Veronese 1992, S. 122–125; Priever 1997, S. 13–21; Priever 2000, S. 76–83.

[173] Kardinal Giovanni Bessarione (*1403 Trebisonda – †1472 Ravenna) machte seine berühmte, aus zahlreichen griechischen und lateinischen Handschriften bestehende Bibliothek 1468 der Serenissima zum Geschenk. Das nun erforderliche Projekt für ein öffentliches Bibliotheksgebäude sollte jedoch erst 1536 an Sansovino vergeben werden, dessen Entwurf mit antiker Säulenordnung großen Anklang in Venedig fand. Vom ursprünglichen Entwurf Sansovinos weichen die Arkaden der Fassadenfront ab, die von 17 auf insgesamt 21 vermehrt und bis auf Höhe der Fassade der staatlichen Münze hin verlängert wurden. In den Jahren von 1545 bis 1564 wurde der Bau mit den Büchern Bessariones bestückt, vollendet war die Libreria Marciana 1556.

Bibl.: Labowsky 1967, S. 686–696; Morresi 2000, S. 191–213.

[174] Die *Musik* (Öl auf Leinwand, ∅ 230 cm, Venedig, Biblioteca Marciana) entstand zwischen 1556 und 1557. Den Auftrag erhielt Veronese möglicherweise durch den damaligen *Provveditore della Fabbrica* (Bauinspektor) Antonio Giustinian (†1565). Dieser verhalf Veronese 1551 zu seinem ersten offiziellen Auftritt als Altarbildmaler in Venedig, als er ihm für die Franziskanerkirche den Auftrag für ein Gemälde mit der *Heiligen Familie und den Heiligen Antonius Abbas und Katharina mit dem Johannesknaben* (Öl auf Leinwand, 313 x 190 cm, Venedig, San Francesco della Vigna) vermittelte, gemeinhin unter dem Namen *Pala Giustinian* bekannt. Die Allegorie der *Musik* gehört zu insgesamt einundzwanzig Rundbildern, die auf der Decke des großen Saals der Libreria Vecchia angebracht sind. Bis heute ungeklärt ist die Frage, ob die Dekorationen im Saal einem bestimmten Programm und einer Leserichtung folgen. Hope sieht in der detaillierten Beschreibung der *Musik* durch Vasari einen Hinweis darauf, daß der Wettbewerb der teilnehmenden Künstler nicht nur anhand der von ihnen gewählten Ikonographie, sondern aufgrund der stilistischen Ausführung entschieden wurde.

Bibl.: Hope 1990, S. 293; Priever 2000, S. 24–25 und S. 43.

[175] Vasaris Beschreibung des zentralen Tondo ist nicht korrekt. Dargestellt sind drei Figuren, die als *Allegorien der Musik, Astronomie und Lüge* gedeutet werden (Öl auf Leinwand, ∅ 230 cm, Venedig, Biblioteca Marciana). Die Verkörperung der Astronomie studiert in einem Buch, das sie in der linken Hand hält. Ihre Rechte hält sie sich ans Ohr, als lausche sie den Klängen des Himmels. Daher steht sie auch auf einem geöffneten Notenblatt. Die Lüge (*Menzogna*) ist als eine Frau dargestellt, die ein Buch mit geometrischen Diagrammen in der Hand hält. Sie dreht dem Betrachter den Rücken zu, wodurch die den Hinterkopf verdeckende Maske in Form eines alten Mannes sichtbar wird. Die Identifizierung der Figur stammt von Hope, der anhand des ikonographischen Hand-

buchs von Francesco Marcolini *Le sorti intitolate giardino di Pens[ieri]* (Venedig 1540) die Figuren in folgendem Zusammenhang sieht: Das Studium des Universums eröffnet den Zugang zur göttlichen Harmonie. Da sie den irdischen Schöpfungen überlegen ist, kann sie nicht mit den Trugschlüssen der irdischen Wissenschaft vereinbart werden, die höhere Weisheiten leugnet.

Bibl.: Hope 1990, S. 297; Priever 2000, S. 42.

[176] Vasari deutet den thronenden Mann als *Personifikation der Ehre* (Öl auf Leinwand, ∅ 230 cm, Venedig, Libreria Marciana). Um ihn herum befinden sich mehrere Personen; darunter eine Frau mit einem Kind, die möglicherweise eine *Caritas* verkörpert, sowie ein bärtiger alter Mann, der in seinen Händen einen Lorbeerkranz hält. Vor ihm kniet ein weiterer Mann, der im Begriff ist, ein Tieropfer darzubringen.

[177] Vasari sagt zwar an dieser Stelle nichts Weiteres über Paolo Veronese, in der Vita des Battista Franco erwähnt er aber erneut einige Werke des Künstlers, wie die Dekorationen für den Zehnerrat. Wie schon in der Vita von Sanmicheli lobt er die Arbeiten Veroneses und attestiert ihm gegenüber seinem Kollegen Battista Farinato die bessere Ausführung: »[...] meglio di tutti si portò Paulo Veronese [...]«. (»[...] besser als alle verhielt sich Paulo Veronese [...]«) (Bettarini/Barocchi, *Vite*, Bd. V, S. 473.) Es ist erstaunlich, daß Vasari auf identische Werke in zwei unterschiedlichen Lebensbeschreibungen eingeht, zumal er bereits in der Vita Sanmichelis die Arbeiten für den Zehnerrat zweimal anführt. Bibl.: Badt 1981, S. 23–24.

[178] Der hier von Vasari genannte vermeintliche Lehrer von Paolo Farinati war nicht Nicolò Ursino, sondern der Freskomaler Nicolò Giolfino (1476–1555). Baldissin Molli vertritt nach einer Stilanalyse Giolfinos die Auffassung, daß Farinati keineswegs bei diesem ausgebildet wurde. Viel eher sieht sie im Vater den ersten Lehrer in der eigenen Werkstatt, was durchaus plausibel erscheint.

Paolo Farinati war Freund und Trauzeuge Paolo Veroneses. Im Jahr 1554 heiratete er Bonassunta Volpini, mit der er vier Kinder hatte. Seine durchweg positive Beurteilung durch Vasari mag unter anderem damit zu begründen sein, daß Farinati trotz seiner Veroneser Herkunft dem *disegno* den Vorrang vor dem *colore* einräumte.

Bibl.: Dal Forno 1965, S. 19–26; Baldissin Molli 1995, S. 10–18.

[179] Über die Familie Fumanelli ist nichts Näheres bekannt.

[180] Der Raum existiert nicht mehr.

[181] Der *Bethlehemitische Kindermord* befindet sich noch in Santa Maria in Organo. Das Bild stammt aus dem Jahr 1556.

[182] Das großformatige Gemälde mit *Kaiser Constantius, der das Massaker*

*befiehlt*, stammt aus dem Jahr 1556 und befindet sich im Presbyterium von Santa Maria in Organo.

Bibl.: Touring Club 1992, S. 180.

183 Das Altarbild mit *Christus auf dem Wasser* stammt aus dem Jahr 1558 und ist signiert.

184 Die Gregormesse (*in situ*) entstand im Jahr 1552 und ist signiert.

185 Das Altarbild mit dem *Heiligen Martin* (Öl auf Holz, 200 x 151 cm) befindet sich *in situ*. Das Bild, das mit ›PAULUS FARINATUS VERONENSIS P. 1552‹ signiert und datiert ist, ist das früheste erhaltene Gemälde Farinatis. Es wurde für den sogenannten ›Concorso mantovano‹ gemalt, einen Ausstattungswettbewerb des Kardinals Ercole Gonzaga für den Dom in Mantua, an dem auch Paolo Veronese beteiligt war. Im Cabinet des Dessins im Louvre in Paris befindet sich eine Entwurfszeichnung aus dem gleichen Jahr (368 x 278 mm, Inv.-Nr. 4874).

Bibl.: Marinelli 2000, S. 341–345; Baldissin Molli 2005, S. 10–13.

# Bibliographie zum Leben des Michele Sanmicheli


AKL

*Allgemeines Künstlerlexikon: Die bildenden Künstler aller Zeiten und Völker*, begründet und mithg. v. Günter Meißner, München 1992–2006, 52 Bde.

Bettarini/Barocchi, *Vite*

Bettarini, Rosanna/Barocchi, Paola (Hgg.): *Giorgio Vasari. Le vite de' più eccellenti pittori, scultori e architettori nelle redazioni del 1550 e 1568*, Florenz 1966–1987, 6 Bde.

DBI

*Dizionario Biografico degli Italiani*, hg. v. Istituto della Enciclopedia Italiana, Rom 1960–2006, 67 Bde.

Frey

Frey, Hermann-Walther/Frey, Karl (Hgg.): *Der literarische Nachlaß Giorgio Vasaris*, München 1923–1940, 3 Bde.

Martini, Ed. Maltese 1967

Di Giorgio Martini, Francesco: *Trattati di Architettura ingegneria e Arte militare*, hg. v. Corrado Maltese, Bd. II, Mailand 1967.

Serlio, *On Architecture*

*Sebastiano Serlio on Architecture. Volume one. Books I–V of 'Tutte l'opere d'architettura et prospetiva'*, übersetzt und kommentiert v. Vaughan Hart und Peter Hicks, New Haven/London 1996.

Turner 1996

Turner, Jane (Hg.): *The Dictionary of Art*, London/New York 1996, 34 Bde.

Turner 2000

Turner, Jane (Hg.): *Encyclopedia of Italian Renaissance and Mannerist Art*, London/New York 2000, 2 Bde.

Vasari, *Einführung*

*Giorgio Vasari. Einführung in die Künste der Architektur, Bildhauerei und Malerei*, kommentiert und hg. v. Matteo Burioni, Berlin 2006.

Vasari, *Giulio Romano*

*Giorgio Vasari. Das Leben des Giulio Romano*, kommentiert und hg. v. Matteo Burioni, Berlin 2005.

Vasari, *Kunsttheorie*
*Giorgio Vasari. Kunsttheorie und Kunstgeschichte. Eine Einführung in die Lebensbeschreibungen berühmter Künstler*, kommentiert und hg. v. Matteo Burioni und Sabine Feser, Berlin 2004.

Vasari, *Mein Leben*
*Giorgio Vasari. Mein Leben*, kommentiert und hg. v. Sabine Feser, Berlin 2005.

Vitruv
Vitruv: *De Architectura Libri Decem. Zehn Bücher über Architektur*, hg. v. Franz von Reber, Wiesbaden 2004.

Adams 2002
Adams, Nicholas: ›L'architettura militare in Italia nella prima metà del Cinquecento‹, in: Arnaldo Bruschi (Hg.): *Storia dell'architettura italiana. Il primo cinquecento*, Mailand 2002, S. 546–561.

Alberigo 1964
Alberigo, Giuseppe: ›Daniele Matteo Alvise Barbaro‹, in: DBI, 1964, Bd. VI, S. 89–95.

Badt 1981
Badt, Kurt: *Paolo Veronese*, Köln 1981.

Baldissin Molli 1995
Baldissin Molli, Giovanna: ›Paolo Farinati‹, in: DBI, 1995, Bd. XLV, S. 13–18.

Baldissin Molli 2005
Baldissin Molli, Giovanna: ›Paolo Farinati (1524–1606). Una carriera lunga una vita‹, in: *Paolo Farinati 1524–1606, dipinti, incisioni e disegni per l'architettura*, Ausst.-Kat., Verona 2005–2006, Venedig 2005.

Barbieri 1972a
Barbieri, Franco: ›Alvise Brugnoli‹, in: DBI, 1972, Bd. XIV, S. 498–499.

Barbieri 1972b
Barbieri, Franco: ›Bernardino Brugnoli‹, in: DBI, 1972, Bd. XIV, S. 503–504.

Barolsky 1996
Barolsky, Paul: *Giottos Vater. Vasaris Familiengeschichten*, Berlin 1996.

Battisti 1979
Battisti, Eugenio: *Filippo Brunelleschi. Das Gesamtwerk*, Stuttgart/Zürich/Mailand 1979.

Beltramini 1995
Beltramini, Maria: ›Sanmicheli e la chiesa di San Giorgio in Braida a

Verona‹, in: Howard Burns/Christoph Luitpold Frommel/Lionello Puppi (Hgg.): *Michele Sanmicheli. Architettura, linguaggio e cultura artistica nel Cinquecento*, Mailand 1995, S. 106–117.

Benzoni 1991
Benzoni, Gino: ›Giovanni Dolfin‹, in: DBI, 1991, Bd. XL, S. 504–511.

Boucher 1996
Boucher, Bruce: ›Danese Cattaneo‹, in: Turner 1996, Bd. VI, S. 89–90.

Brenzoni 1959
Brenzoni, Raffaello: ›M. Domenico Riccio Brusasorzi pittore veronese del Cinquecento e la sua origine lombarda‹, in: *Arte Lombarda*, 1959, Bd. II, S. 272–276.

Bresciani Alvarez 1988
Bresciani Alvarez, Giulio: ›Gli interventi cinquecenteschi nella cinta muraria di Padova‹, in: André Chastel/Antonio Corazzin (Hgg.): *L'architettura militare veneta del Cinquecento*, Mailand 1988, S. 100–109.

Brugnolo Meloncelli 1992
Brugnolo Meloncelli, Katja: *Battista Zelotti*, Mailand 1992.

Burkart 2000
Burkart, Lucas: *Die Stadt der Bilder. Familiale und kommunale Bildinvestition im spätmittelalterlichen Verona*, München 2000.

Burns 1995
Burns, Howard: ›'Vasti desiderij e gran pensieri': i palazzi veronesi di Michele Sanmicheli‹, in: Howard Burns/Christoph Luitpold Frommel/Lionello Puppi (Hgg.): *Michele Sanmicheli. Architettura, linguaggio e cultura artistica nel Cinquecento*, Mailand 1995, S. 54–79.

Cheney 2002
Cheney, Liana De Girolami: ›Vasari's Early Decorative Cycles: The Venetian Commissions. Part I‹, in: *Explorations in Renaissance Culture*, 2002, Bd. XXVIII, S. 239–284.

Cheney 2003
Cheney, Liana De Girolami: ›Vasari's Early Decorative Cycles: The Venetian Commissions. Part II‹, in: *Explorations in Renaissance Culture*, 2003, Bd. XXIX, S. 25–58.

Chiappa 1993
Chiappa, Bruno: ›I Della Torre fra Cinquecento e Settecento‹, in: Arturo Mandrini (Hg.): *Villa Della Torre a Fumane*, Verona 1993, S. 65– 84.

Clough 1975
Clough, Cecil: ›Ludovico di Canossa‹, in: DBI, 1975, Bd. XVIII, S. 186–192.

Cocke 1984
Cocke, Richard: *Veronese's Drawings*, London 1984.

Cocke 2001
Cocke, Richard: *Paolo Veronese. Piety and Display in an Age of Religious Reform*, Aldershot 2001.
Concina 1995
Concina, Ennio: ›'Munire et ornare': Sanmicheli e le porte di Verona‹, in: Howard Burns/Christoph Luitpold Frommel/Lionello Puppi (Hgg.): *Michele Sanmicheli. Architettura, linguaggio e cultura artistica nel Cinquecento*, Mailand 1995, S. 196–203.
Concina 1998
Concina, Ennio: *A History of Venetian Architecture*, Cambridge 1998.
Cox-Rearick 1995
Cox-Rearick, Janet: *The Collection of Francis I. Royal Treasures*, Antwerpen 1995.
Dal Forno 1965
Dal Forno, Federico: *Paolo Farinati 1524–1606*, Verona 1965.
Davies 1995
Davies, Paul: ›La Madonna di Campagna di Sanmicheli: il progetto originario‹, in: Howard Burns/Christoph Luitpold Frommel/Lionello Puppi (Hgg.): *Michele Sanmicheli. Architettura, linguaggio e cultura artistica nel Cinquecento*, Mailand 1995, S. 118–127.
Davies/Hemsoll 2000
Davies, Paul/Hemsoll, David: ›Sanmicheli and His Patrons: Planning for Posterity‹, in: Guido Beltramini/Adriano Ghisetti Giavarina/Paola Marini (Hgg.): *Studi in onore di Renato Cevese*, Vicenza 2000, S. 161–188.
Davies/Hemsoll 2004
Davies, Paul/Hemsoll, David: *Michele Sanmicheli*, Mailand 2004.
Deanovic 1988
Deanovic, Ana: ›Architetti veneti del Cinquecento impegnati nella fortificazione della costa dalmata‹, in: Sergio Polano (Hg.): *L'architettura militare veneta del Cinquecento*, Mailand 1988, S. 125–134.
Dimacopoulos 1995
Dimacopoulos, Jordan: ›Sanmicheli nei territori veneziani del Mediterraneo orientale‹, in: Howard Burns/Christoph Luitpold Frommel/Lionello Puppi (Hgg.): *Michele Sanmicheli. Architettura, linguaggio e cultura artistica nel Cinquecento*, Mailand 1995, S. 210–221.
Finocchi Ghersi 1998
Finocchi Ghersi, Lorenzo: *Alessandro Vittoria*, Udine 1998.
Franci 2002
Franci, Andrea: ›La decorazione della parte superiore della facciata‹, in: Dario Cimorelli (Hg.): *La facciata del duomo di Orvieto. Teologia in figura*, Mailand 2002, S. 26–33.

Franzoni 1993
Franzoni, Lanfranco: ›I Della Torre di S. Egidio e Fumane nel quadro del collezionismo veronese‹, in: Arturo Mandrini (Hg.): *Villa Della Torre a Fumane*, Verona 1993, S. 85–107.

Gabrielli 1935
Gabrielli, Noemi: *L'Arte a Casale Monferrato. Dal XI al XVIII secolo*, Turin 1935.

Gisolfi Pechukas 1987
Gisolfi Pechukas, Diana: ›Veronese and His Collaborators at 'La Soranz'‹, in: *Artibus et Historiae*, 1987, Bd. XV, S. 67–108.

Gisolfi Pechukas 1990
Gisolfi Pechukas, Diana: ›Paolo Veronese e i suoi primi collaboratori‹, in: Massimo Gemin (Hg.): *Nuovi studi su Paolo Veronese*, Venedig 1990, S. 25–35.

Gould 1973
Gould, Cecil: ›Paolo Caliari‹, in: DBI, 1973, Bd. XVI, S. 702–708.

Güse/Perrig 1997
Güse, Ernst-Gerhard/Perrig, Alexander (Hgg.): *Zeichnungen aus der Toskana. Das Zeitalter Michelangelos*, Ausst.-Kat., Saarbrücken 1997, München/New York 1997.

Hemsoll 1995
Hemsoll, David: ›Le ville di Sanmicheli‹, in: Howard Burns/Christoph Luitpold Frommel/Lionello Puppi (Hgg.): *Michele Sanmicheli. Architettura, linguaggio e cultura artistica nel Cinquecento*, Mailand 1995, S. 92–99.

Heydenreich 1954a
Heydenreich, Ludwig H.: *Leonardo da Vinci* (Textband), Basel 1954.

Heydenreich 1954b
Heydenreich, Ludwig H.: *Leonardo da Vinci* (Bildband), Basel 1954.

Honour 2000
Honour, Hugh: *Venedig*, München 2000.

Hope 1990
Hope, Charles: ›The Ceiling Paintings in the Libreria Marciana‹, in: Massimo Gemin (Hg.): *Nuovi studi su Paolo Veronese*, Venedig 1990, S. 290–298.

Howard 2002
Howard, Deborah: *The Architectural History of Venice*, New Haven/London 2002.

Huber 2005
Huber, Hans Dieter: *Paolo Veronese. Kunst als soziales System*, München 2005.

Kat. Arezzo 1981
*La Toscana nel'500. Giorgio Vasari*, Ausst.-Kat., Arezzo 1981, Florenz 1981.

Kat. Della Rovere 2004
*I Della Rovere: Piero della Francesca, Raffaello, Tiziano*, Ausst.-Kat., Senigallia, Urbino, Pesaro und Urbania 2004, Mailand 2004.

Kat. Farinati 2005
*Paolo Farinati 1524–1606, dipinti, incisioni e disegni per l'architettura*, Ausst.-Kat., Verona 2005–2006, Venedig 2005.

Kat. Sanmicheli 1960
*Michele Sanmicheli*, Ausst.-Kat., Verona 1960, Venedig 1960.

Kat. Veronese 1992
*Les Noces de Cana de Véronèse. Une œuvre et sa restauration*, Ausst.-Kat., Paris 1992–1993, Paris 1992.

Kat. Veronese 2004
*Veronese. Gods, Heroes and Allegories*, Ausst.-Kat., Paris 2004–2005, Venedig 2005, Mailand 2004.

Kiefer 1987
Kiefer, Geraldine A. Wojno: ›Mid-Sixteenth Century Veronese Painting in the Duomo of Mantua‹, in: *Antichità Viva*, 1987, Bd. 26, Nr. 2, S. 34–43.

Kliemann 2004
Kliemann, Julian: ›Maser, Villa Barbaro‹, in: Julian Kliemann / Michael Rohlmann (Hgg.): *Wandmalerei in Italien*, München 2004, S. 410–431.

Knecht 1994
Knecht, Robert J.: *Renaissance Warrior and Patron: The Reign of Francis I*, Cambridge 1994.

Koepf / Binding 1999
Koepf, Hans / Binding, Günther: *Bildwörterbuch der Architektur*, 3. Auflage, Stuttgart 1999.

Koller 2005
Koller, Alexander: ›Luigi (Aloisio, Alvise) Lippomano‹, in: DBI, 2005, Bd. LXV, S. 243–246.

Labowsky 1967
Labowsky, Lotte: ›Giovanni Bessarione‹, in: DBI, 1967, Bd. IX, S. 686–696.

Langenskiöld 1938
Langenskiöld, Eric: *Michele Sanmicheli. The Architect of Verona. His Life and Works*, Uppsala 1938.

Law 1996
Law, John: ›Gerolamo Grimani II‹, in: Turner 1996, Bd. XIII, S. 659.

Le Mollé 1998
Le Mollé, Roland: *Giorgio Vasari. Im Dienst der Medici*, Stuttgart 1998.
Macchioni/Gangemi 1979
Macchioni, Silvana/Gangemi, Giuseppe: ›Danese Cattaneo‹, in: DBI, 1979, Bd. XXII, S. 449–456.
Magagnato 1960
Magagnato, Licisco: *Giorgio Vasari. Michele Sanmicheli, Architetto Veronese*, Verona 1960.
Magagnato 1966
Magagnato, Licisco: *Palazzo Thiene. Sede della Banca Popolare di Vicenza*, Vicenza 1966.
Marani/Perina 1965
Marani, Ercolano/Perina, Chiara (Hgg.): *Mantova. Le Arti. Dalla metà del secolo XVI ai nostri giorni*, Bd. III: Tavole, Verona 1965.
Marinelli 2000
Marinelli, Sergio: ›Di Cinquecento Veronese‹, in: *Venezia Arti (2000)*, Venedig 2003, S. 21–26.
Marini 1980
Marini, Paola (Hg.): *Palladio e Verona*, Ausst.-Kat., Verona 1980, Verona 1980.
Martin 1998
Martin, Thomas: *Alessandro Vittoria and the Portrait Bust in Renaissance Venice*, Oxford 1998.
Morresi 1985
Morresi, Manuela: ›La famiglia Da Porto e la villa da Porto-Colleoni a Thiene‹, in: *Arte Veneta*, 1985, Bd. XXXIX, S. 180–191.
Morresi 2000
Morresi, Manuela: *Jacopo Sansovino*, Mailand 2000.
Murano/Marton 1996
Murano, Michelangelo/Marton, Paolo: *Villen in Venetien*, Köln 1996.
Murray 1989
Murray, Peter: *Weltgeschichte der Architektur. Renaissance*, Stuttgart 1989.
Pallen 1999
Pallen, Thomas A.: *Vasari on Theatre*, Carbondale/Edwardsville 1999.
Perina 1965
Perina, Chiara: ›La prima generazione degli scolari di Giulio Romano‹, in: Ercolano Marani/Chiara Perina (Hgg.): *Mantova. Le Arti. Dalla metà del secolo XVI ai nostri giorni*, Bd. III, Verona 1965, S. 325–360.
Pignatti 1976a
Pignatti, Terisio: *Veronese* (Textband), Venedig 1976.

Pignatti 1976b
Pignatti, Terisio: *Veronese* (Bildband), Venedig 1976.
Pignatti/Pedrocco 1991
Pignatti, Terisio/Pedrocco, Filippo (Hgg.): *Veronese. Catalogo completo dei dipinti*, Florenz 1991.
Piovene 1968
Piovene, Guido: *L'opera completa del Veronese*, Mailand 1968.
Praloran 1995
Praloran, Marco: ›La lingua di Sanmicheli‹, in: Howard Burns/Christoph Luitpold Frommel/Lionello Puppi (Hgg.): *Michele Sanmicheli. Architettura, linguaggio e cultura artistica nel Cinquecento*, Mailand 1995, S. 160–169.
Priever 1997
Priever, Andreas: *Vorbild und Mythos. Die Wirkungsgeschichte der 'Hochzeit zu Kana' Paolo Veroneses*, Sigmaringen 1997.
Priever 2000
Priever, Andreas: *Paolo Caliari, genannt Veronese. 1528–1588*, Köln 2000.
Prijatelj 1995
Prijatelj, Kruno: ›Sanmicheli e la Dalmazia‹, in: Howard Burns/Christoph Luitpold Frommel/Lionello Puppi (Hgg.): *Michele Sanmicheli. Architettura, linguaggio e cultura artistica nel Cinquecento*, Mailand 1995, S. 222–227.
Puppi 1971
Puppi, Lionello: *Michele Sanmicheli. Architetto di Verona*, Padua 1971.
Puppi 1986
Puppi, Lionello: *Michele Sanmicheli Architetto. Opera Completa*, Rom 1986.
Reiss 1999
Reiss, Sheryl E.: ›Clemens VII.‹, in: *Hochrenaissance im Vatikan: Kunst und Kultur im Rom der Päpste*, Ausst.-Kat., Bonn 1998–1999, Ostfildern 1999, S. 55–69.
Robertson 1992
Robertson, Claire: *Il Gran Cardinale: The Artistic Patronage of Alessandro Farnese*, New Haven/London 1992.
Romanelli 1993
Romanelli, Giandomenico: *Ca' Corner della Ca' Granda*, Venedig 1993.
Romanelli 1999
Romanelli, Giandomenico: ›Giorgio Vasari a Venezia‹, in: Giuseppe M. Pilo (Hg.): *Pittura veneziana dal Quattrocento al Settecento*, Mailand 1999, S. 48–53.
Rowe/Satkowski 2002
Rowe, Colin/Satkowski, Leon: *Italian Architecture of the 16th Century*, New York 2002.

Rubin 1995
Rubin, Patricia L.: *Giorgio Vasari. Art and History*, New Haven/London 1995.
Rupprecht 1968
Rupprecht, Bernhard: ›Sanmichelis Villa Soranza‹, in: Antje Kosegarten/Peter Tigler (Hgg.): *Festschrift Ulrich Middeldorf*, Berlin 1968, S. 324–332.
Safarik 1977
Safarik, Eduard: ›Giovanni Caroto‹, in: DBI, 1977, Bd. XX, S. 563–564.
Schedler 2004
Schedler, Uta: *Filippo Brunelleschi. Synthese von Antike und Mittelalter in der Renaissance*, Petersberg 2004.
Schmidtchen 1977
Schmidtchen, Volker: *Bombarden, Befestigungen, Büchsenmeister*, Düsseldorf 1977.
Schorn-Schütte 2000
Schorn-Schütte, Luise: *Karl V.: Kaiser zwischen Mittelalter und Neuzeit* (C. H. Beck Wissen in der Beck'schen Reihe, Bd. MMCXXX), München 2000.
Schulz 1961
Schulz, Jürgen: ›Vasari at Venice‹, in: *The Burlington Magazine*, 1961, Bd. DCCV, S. 500–511.
Schweikhart 2001 a
Schweikhart, Gunther: ›Paolo Veronese in der Villa Soranza‹, in: Ulrich Rehm/Andreas Tönnesmann (Hgg.): *Die Kunst der Renaissance*, Köln 2001, S. 62–74.
Schweikhart 2001 b
Schweikhart, Gunther: ›Die Fresken der Villa Soranza in England‹, in: Ulrich Rehm/Andreas Tönnesmann (Hgg.): *Die Kunst der Renaissance*, Köln 2001, S. 75–78.
Schweikhart 2001 c
Schweikhart, Gunther: ›Ein unbekannter Entwurf für das Grabmal des Alessandro Contarini in S. Antonio in Padua‹, in: Ulrich Rehm/Andreas Tönnesmann (Hgg.): *Die Kunst der Renaissance*, Köln 2001, S. 79–83.
Schweikhart 2001 d
Schweikhart, Gunther: ›Bernardino India und die Idee des Künstlermuseums im 16. Jahrhundert‹, in: Ulrich Rehm/Andreas Tönnesmann (Hgg.): *Die Kunst der Renaissance*, Köln 2001, S. 256–265.
Schweikhart 2001 e
Schweikhart, Gunther: ›Der Triumphzug des Lucius Aemilius Paullus

von Domenico Brusasorzi im Palazzo Murai in Verona‹, in: Ulrich Rehm/Andreas Tönnesmann (Hgg.): *Die Kunst der Renaissance*, Köln 2001, S. 45–51.

Seidlmayer 1989
Seidlmayer, Michael: *Geschichte Italiens*, Stuttgart 1989.
Serafini 2004
Serafini, Alessandro: ›Bernardino India‹, in: DBI, 2004, Bd. LXII, S. 323–326.
Smirnova 1990
Smirnova, Irina: ›Le cene Veronesiane. Problemi iconografici‹, in: Massimo Gemin (Hg.): *Nuovi studi su Paolo Veronese*, Venedig 1990, S. 359–364.
Touring Club 1992
Touring Club Italiano (Hg.): *Veneto*, Mailand 1992.
Turner 1996
Turner, S.: ›Battista dell'Angolo del Moro‹, in: Turner 1996, Bd. II, S. 88.
Von Moos 1974
Von Moos, Stanislaus: *Turm und Bollwerk. Beiträge zu einer Ikonographie der italienischen Renaissancearchitektur*, Zürich 1974.
Wolters 1983
Wolters, Wolfgang: *Der Bilderschmuck des Dogenpalastes. Untersuchungen zur Selbstdarstellung der Republik Venedig im 16. Jahrhundert*, Wiesbaden 1983.
Wolters 1990
Wolters, Wolfgang: ›Paolo Veronese e l'architettura di S. Sebastiano‹, in: Massimo Gemin (Hg.): *Nuovi studi su Paolo Veronese*, Venedig 1990, S. 183–188.
Wolters 2000
Wolters, Wolfgang: *Architektur und Ornament. Venezianischer Bauschmuck der Renaissance*, München 2000.
Wood 2005
Wood, Jeryldene M.: ›Vasari's Mothers‹, in: Anne B. Barriaul/Andrew Ladis/Norman E. Land/Jeryldene M. Wood: *Reading Vasari*, London 2005, S. 171–178.
Zimmermann 1991
Zimmermann, Petra Sophia: *Urbanistik der Hochrenaissance – Leitideen in Theorie und Praxis – das Beispiel Verona*, Köln 1991.
Zorzi/Bassi/Pignatti/Semenzato 1971
Zorzi, Alvise/Bassi, Elena/Pignatti, Terisio/Semenzato, Camillo (Hgg.): *Il Palazzo Ducale di Venezia*, Turin 1971.

# Daten zu Leben und Werk Sanmichelis

1487/88 Michele Sanmicheli kommt als Sohn von Giovanni Sanmicheli in Verona zur Welt. Sein Vater, der aus Porlezza am Comer-See stammte, arbeitet zusammen mit seinem Bruder Bartolomeo als Steinmetz im wirtschaftlich florierenden Verona.

um 1497 Tod des Vaters. Sanmicheli ist Vollwaise, seine Mutter verstarb bereits kurz nach seiner Geburt. In dem Testament des Vaters veranlaßt dieser, daß seinem ältesten Sohn Jacopo die Vormundschaft über die beiden jüngeren Söhne Michele und Alessandro übertragen wird.

1505 Mit Zustimmung seiner beiden Brüder verkauft Sanmicheli Landeigentum in Azzano. Wahrscheinlich führte ihn, wie auch Vasari berichtet, seine erste Reise nach Rom.

1512 Sanmichelis Name taucht erstmals wieder in Dokumenten auf. Er befindet sich in Rieti, einer Stadt ca. 80 km nordöstlich von Rom. Der Grund seines Aufenthalts ist nicht gänzlich geklärt. Wahrscheinlich lebte er dort zusammen mit seinem Bildhauer-Freund Federico di Filippo Ubaldo, der zu jener Zeit an der Sakramentskapelle des Doms arbeitete.

Im selben Jahr wird Sanmicheli zum *capomaestro* des Domes in Orvieto ernannt. Er tritt dieses Amt als Nachfolger berühmter Bildhauer und Architekten wie Lorenzo Maitani, Andrea Pisano und Orcagna an.

1512–13 Nach Plänen Sanmichelis wird der obere Teil der Fassade des Doms in Orvieto ausgeführt.

1514 Sanmicheli beginnt mit den Arbeiten an der Cappella dei Magi im Dom von Orvieto. Nach mehreren Unterbrechungen wird die Kapelle erst 1528 von anderen Architekten vollendet.

1515–16 Der Sieneser Girolamo Petrucci gibt Sanmicheli den Auftrag, eine zweistöckige Grabkapelle in San Domenico in Orvieto zu planen. Die Arbeiten dauern bis 1524.

um 1519 Sanmicheli beginnt mit den Arbeiten am Dom von Montefiascone. Die Arbeiten kommen 1526 zum Stillstand und werden in den folgenden Jahren von anderen Architekten abgeschlossen. Nach einem verheerenden Feuer rekonstruiert Carlo Fontana in den Jahren 1670 bis 1674 den Dom.

1521 Einer der größten Bewunderer und Auftraggeber Sanmichelis, Papst Leo X. (Papst seit 1513), stirbt in Rom.

1523 Sanmichelis Mäzen Francesco Maria I. della Rovere tritt das Amt des Generalgouverneurs der venezianischen Verteidigung an.

1526 Zusammen mit Antonio da Sangallo dem Jüngeren inspiziert Sanmicheli im Auftrag Papst Clemens' VII. die Festungen des Kirchenstaates.

1526–27 Im Winter kehrt Sanmicheli nach Verona zurück und läßt sich dort nieder.

1526–28 Die Arbeiten an der Villa Canossa in Grezzano südlich von Verona werden beendet. Der Auftraggeber, Lodovico Canossa, war Bischof von Bayeux und hatte sich als Vertrauter der Päpste und Gesandter des Königs von Frankreich auch in der Republik Venedig einen Namen gemacht. Er war ein großer Bewunderer Sanmichelis.

1528–29 Die Arbeiten an der Cappella Pellegrini in San Bernardino in Verona beginnen. Die Kapelle, deren Bauherrin Donna Margherita Pellegrini war, gehört zu den bekanntesten sakralen Arbeiten Sanmichelis, obgleich sie nicht unter seiner Leitung beendet wurde.

1529 Unter Francesco Maria I. della Rovere beginnt Sanmicheli mit den Entwürfen für die Befestigung der Stadt Legnano.

um 1530 Baubeginn am Palazzo Canossa in Verona. Auftraggeber war erneut Lodovico Canossa.

Sanmicheli wird beauftragt, seine Heimatstadt Verona zu befestigen. Die Stadtbefestigung ist größtenteils zerstört. Zu diesem Zeitpunkt entwirft Sanmicheli auch die Porta Nuova in Verona, das als erstes rustiziertes und befestigtes Stadttor gilt.

1532–33 Sanmicheli beginnt mit den Entwürfen zur Umgestaltung des Veroneser Doms. Dazu zählen der Chorbereich und das Presbyterium. Die Arbeiten werden erst nach 1541 beendet.

1532–34 Sanmicheli erhält von der Brüdern Gregorio und Antonio Bevilacqua den Auftrag, die mittelalterliche Fassade ihres Veroneser Stadtpalastes umzugestalten. Sie zählt zu den ersten, gänzlich aus Stein bestehenden Fassaden in Verona.

1534 Zusammen mit dem Generalkapitän Francesco Maria I. della Rovere bricht Sanmicheli nach Dalmatien auf, um die dortigen Befestigungen zu inspizieren.

1535 Sanmicheli wird offizieller Militärarchitekten Venedigs

1536 Die von der Klostergemeinschaft San Giorgio in Braida bei Sanmicheli in Auftrag gegebenen Arbeiten an ihrer Kirche in Verona beginnen. Nach seinen Plänen entstehen Trommel, Kuppel und Glockenturm, der jedoch unvollendet blieb.

1537–40 Sanmicheli besichtigt die Festungen an der adriatischen Küste, in Dalmatien und auf Kreta.

um 1540 Die Arbeiten an der Villa Soranza in Treville beginnen. Sanmicheli erhält dafür den Auftrag von Alvise Soranzo, der zur venezianischen Hocharistokratie zählte.
Die ansteigende Zahl der an Epidemien Erkrankten veranlaßt die Gemeinde Veronas, ein Krankenhaus zu bauen. Sie vergibt den Auftrag dafür an Sanmicheli. Aus bis heute ungeklärten Gründen wird erst gut acht Jahre später mit den Arbeiten begonnen. Das Krankenhaus, das vor den Stadttoren Veronas liegt, wurde im Zweiten Weltkrieg fast vollständig zerstört.

ab 1542 Sanmicheli erhält in Venedig die ersten privaten Aufträge. Der venezianische Patrizier Giovanni Cornaro beauftragt ihn, die Eingangshalle seines Palasts Corner-Spinelli umzugestalten. Giorgio Vasari erhält durch Vermittlung Sanmichelis von Giovanni Cornaro den Auftrag, in einem der Räume seines Palastes die Holzdecke mit neun Ölgemälden auszustatten.

1543 Sanmicheli entwirft die Festung Sant'Andrea in Venedig.

um 1547 Sanmicheli erhält von dem Abt Cipriano Cipriani den Auftrag, eine steinerne Fassade für Santa Maria in Organo in Verona zu gestalten. Mit den Arbeiten an der oktogonalen Kapelle in der Villa della Torre in Fumane wird begonnen.
Sanmicheli entwirft die Porta Palio in Verona.

1553 Der aus einer edlen Patrizierfamilie stammende Messer Alessandro Contarini vergibt an Sanmicheli den Auftrag, sein Grabmal in Sant'Antonio in Padua zu entwerfen. Der Auftraggeber verstirbt vor der Fertigstellung.

1556–57 Mit den Arbeiten an dem herrschaftlichen Stadtpalast Grimani in Venedig wird begonnen. Sanmicheli erhielt dafür den Auftrag von Girolamo Grimani.

1559 Der Bischof von Verona erteilt Sanmicheli den Auftrag, die Kirche Madonna di Campagna zu entwerfen.
Am 29. April setzt Sanmicheli sein Testament auf, in dem er seinen Willen bekundet, in San Tomaso Cantuariense beigesetzt zu werden.
Ende August verstirbt Sanmicheli und wird seinem Wunsch gemäß in San Tomaso Cantuariense beigesetzt.

Die Angaben sind der Vita selbst und folgender Publikation entnommen: Davies/Hemsoll 2004.

# Bedeutende Werke Sanmichelis in Verona

- Capella Pellegrini, San Bernardino
- Chorbereich und Presbyterium im Dom
- Grabmal für Francesco Sambonifacio in Santa Maria della Scala
- Grabmal für Giovan Francesco, Antonio und Gregorio Bevilacqua in Santa Teuteria (Santi Apostoli)
- Grabmal für Tommaso Lavagnoli in Sant'Eufemia
- Madonna di Campagna
- Palazzo Bevilacqua
- Palazzo del Capitano (heute Palazzo dei Tribunali)
- Palazzo della Ragione
- Palazzo della Torre a San Fermo
- Palazzo Onori (heute Palazzo Gustaverza)
- Porta Nuova
- Porta Palio
- Porta San Zeno
- Santa Maria in Organo
- Trommel, Kuppel und Glockenturm (zerstört) von San Giorgio in Braida

# Befestigungen Sanmichelis

- Brescia
- Chania auf Kreta
- Heraklion auf Kreta
- Hierapetra auf Kreta
- Kerkira auf Korfu
- Legnano
- Mirabellou auf Kreta
- Nauplion in Griechenland
- Padua
- Piacenza
- Rethimnon auf Kreta
- Sant'Andrea in Venedig
- Souda auf Kreta
- Zadar in Dalmatien

# Bedeutende Werke Sanmichelis in anderen Teilen Italiens

Fumane
- Kapelle der Villa della Torre

Legnano
- Porta ›di sotto‹
- Porta San Martino (oder ›di sopra‹)

Orvieto, Dom
- Dreikönigsaltar
- Grabmal für Orsino und Rodolfo di Marsciano (beendet von Simone Mosca)

Orvieto, Palazzo Comunale

Orvieto, San Domenico
- Cappella Petrucci

Padua, Sant'Antonio
- Denkmal für Pietro Bembo
- Grabmal für Alessandro Contarini

Venedig
- Palazzo Bragadin bei Santa Marina
- Palazzo Cornaro oder Corner (San Polo)
- Palazzo Corner-Spinelli am Canale Grande (San Marco)
- Palazzo Ducale (San Marco)
- Palazzo Grimani am Canale Grande (San Marco)
- Santi Biagio e Cataldo

# Daten zu Leben und Werk Veroneses

1528 Paolo Caliari, genannt Veronese, kommt als Sohn des Steinmetzen Gabriele di Piero und seiner Frau Caterina in Verona im Viertel von San Paolo zur Welt.

um 1540 Veronese tritt in die Werkstatt des Veroneser Malers Antonio Badile ein.

1541 Der vierzehnjährige Veronese wird im Einwohnerregister von Santa Cecilia in Verona offiziell als Schüler und Lehrling des Malers Badile genannt.

1546 Veronese fertigt sein erstes bezeugtes und eigenständiges Werk, das Ölgemälde *Die Heilung der Tochter des Jairus* für die Avanzi-Kapelle in San Bernardino (Verona) an.

1551 Vermutlich auf Vermittlung des Architekten Michele Sanmicheli erhält Veronese, zusammen mit Battista Zelotti und wahrscheinlich Anselmo Canneri, den Auftrag, Räume und Wände in der Villa Soranza in Sant'Andrea di Castelfranco zu freskieren.

1552 Veronese erhält vermutlich von Kardinal Ercole Gonzaga den Auftrag für das Altargemälde mit der *Versuchung des Heiligen Antonius* für den Dom in Mantua.

1554 Möglicherweise reist Veronese zusammen mit Daniele Barbaro und Andrea Palladio nach Rom.

1554–56 Veronese arbeitet an der Dekoration der Sala del Consiglio dei Dieci im Palazzo Ducale (Venedig), zusammen mit Giovanni Battista Zelotti und dem Maler und Kleriker Giovanni Battista Ponchino.

1555 Ein auf den 3. Juni 1555 datierter Vertrag bezeugt die Auftragsvergabe für das Hochaltarbild im Dom zu Montagnana mit der *Auferstehung Christi* an Veronese.

Veronese erhält von dem Prior von San Sebastian (Venedig), Bernardo Torlioni, den Auftrag zur Ausführung des Deckengewölbes der Sakristei. Der Vertrag umfaßt die Anfertigung von drei mittleren Hauptbildern, acht Längsovalbildern, vier Ecktondi sowie aller dort umlaufenden Konsolen (*in situ*).

Veronese läßt sich in Venedig nieder und zieht in eine Wohnung im Viertel von Santi Apostoli.

1557 Für sein Gemälde mit der Darstellung der *Allegorie der Musik* in der Libreria Marciana (Venedig) erhält Veronese einen Preis in Form einer Goldkette. Das Urteil fällten Tizian und Sansovino.

um 1557 An der Seite des Bildhauers Alessandro Vittoria freskiert Veronese den Palazzo Trevisan in Murano. Die Arbeiten im Inneren des Palazzo sind größtenteils zerstört.

1560 Laut den Ausführungen des Künstlerbiographen Carlo Ridolfi (1648) reist Veronese zusammen mit dem venezianischen Botschafter Girolamo Grimani nach Rom.

1560–61 Veronese beginnt mit der Ausmalung der von Andrea Palladio entworfenen Villa Barbaro in Maser (*in situ*).

1562 Am 7. Januar erhält Veronese den Auftrag, ein Gemälde mit der Darstellung *Friedrich Barbarossas, der dem Schisma-Papst Victor IV. die Hand küßt* anzufertigen (im Jahr 1577, beim Brand des Dogenpalastes in Venedig, zerstört).

Am 6. Juni unterzeichnet Veronese den Vertrag über die *Hochzeit zu Kana* für das Refektorium des Klosters San Giorgio Maggiore in Venedig (Paris, Musée du Louvre). Das Bild soll bis zum Fest der Madonna im September des folgenden Jahres fertiggestellt sein.

um 1564 Veronese setzt seine Arbeiten in San Sebastian in Venedig fort. Er fertigt das Altarbild mit der *Thronenden Muttergottes mit den Heiligen Sebastian, Petrus, Johannes, Franziskus, Katharina und Elisabeth* an (*in situ*).

1565 *Wunderheilung des Heiligen Barnabas* (Rouen, Musée des Beaux-Arts).

um 1565 *Martyrium des Heiligen Sebastian* und *Martyrium der Heiligen Markus und Marcellianus* (Venedig, San Sebastian).

1566 Veronese heiratet am 17. April in Verona die Tochter seines ehemaligen Lehrmeisters, Elena Badile.

1567 Geburt seines ersten Sohnes Gabriele Caliari.

1570 Geburt seines zweiten Sohnes Carletto Caliari.

um 1569–71 Veronese fertigt das Gemälde mit der Darstellung der *Familie des Darius vor Alexander dem Großen* an (London, The National Gallery).

1572 In Venedig zieht Veronese mit seiner Familie in die Calle di Ca'Mocenigo um.

1573 Im Auftrag der Dominikaner von Santi Giovanni e Paolo in Venedig fertigt Veronese das *Gastmahl im Hause des Levi* an (Venedig, Galleria d'Accademia).

| | |
|---|---|
| 1575 | Zusammen mit Benedetto Caliari hält sich Veronese in Padua auf. Dort vollendet er das *Martyrium der Heiligen Giustina* für den Hochaltar der gleichnamigen Basilika (*in situ*). |
| 1575–82 | Veronese arbeitet an Gemälden für die 1574 und 1577 durch den Brand im Dogenpalast in Venedig zerstörten Decken und Wände der Sala del Collegio und der Sala del Maggior Consiglio. |
| 1581 | Veronese malt für die Kirche von Santi Giovanni e Paolo in Venedig einen *Toten Christus, von Maria und Engel gestützt* (St. Petersburg, Staatliche Eremitage). |
| um 1582 | *Kreuzigung* (Paris, Musée du Louvre). |
| 1587 | Im Auftrag von Bartolomeo Borghi ensteht das Altargemälde *Wunder des Heiligen Pantaleon* für die gleichnamige venezianische Kirche (*in situ*). |
| 1588 | In der Nacht vom 19. auf den 20. April verstirbt Veronese an einer mit Fieber verbundenen Brustfellentzündung. Er wird in der Kirche San Sebastiano beigesetzt. |

Die Angaben sind der Vita selbst oder folgenden Publikationen entnommen: Pignatti 1976a+b; Priever 2000; Huber 2005.

## Bedeutende Werke Veroneses in Italien

(eine Auswahl)

Florenz, Palazzo Pitti, Galleria Palatina
- *Iseppo und Adriano da Porto*

Padua, Museo Civico
- *Martyrium der Heiligen Giustina*

Turin, Galleria Sabauda
- *Gastmahl im Hause des Simon*

Venedig, Biblioteca Marciana
- *Ehre*
- *Personifikation der Musik*

- *Musik, Astronomie und Lüge*

Venedig, Galleria dell'Accademia
- *Gastmahl im Hause des Levi*

Venedig, Palazzo Ducale, Sala del Collegio
- *Neptun und Mars*
- *Religio und Fides*
- *Triumph der Venezia*
- *Venezia zwischen Justitia und Pax*
- *Votivbild des Dogen Sebastiano Venier*

Venedig, Palazzo Ducale, Sala delle Udienze del Consiglio dei Dieci
- *Freiheit mit Merkur*
- *Jugend und Alter*
- *Juno, die Gaben über Venezia ausschüttet*
- *Jupiter, der Blitze gegen die Laster schleudert*

Venedig, San Francesco della Vigna
- *Die Heilige Familie mit den Heiligen Antonius Abbas und Katharina mit dem Johannesknaben (Pala Giustinian)*

Venedig, San Sebastiano
- *Darstellung Christi im Tempel*
- *Die Heilung des Lahmen am Teich von Bethesda*
- *Die Krönung der Esther*
- *Die Krönung der Jungfrau Maria*
- *Der Triumphzug des Mordechai*
- *Esther vor Ahasver*
- *Königin Vaschti beim Verlassen ihres Palastes*
- Die vier Evangelisten *Johannes, Lukas, Matthäus* und *Markus*
- *Martyrium der Heiligen Markus und Marcellianus*
- *Martyrium des Heiligen Sebastian*
- *Thronende Muttergottes mit den Heiligen Sebastian, Petrus, Johannes, Franziskus, Katharina und Elisabeth*

Verona, Museo Civico di Castelvecchio
- *Die Beweinung Christi*
- *Thronende Madonna mit Kind, den Heiligen Johannes, Ludwig von Toulouse und Stiftern (Pala Bevilacqua-Lazise)*

# Bedeutende Werke Veroneses in europäischen und amerikanischen Sammlungen

Caen, Musée des Beaux-Arts
- *Versuchung des Heiligen Antonius*

Dresden, Staatliche Kunstsammlungen, Gemäldegalerie Alte Meister
- *Hochzeit zu Kana*

London, The National Gallery
- *Die Bekehrung der Maria Magdalena*
- *Die Familie des Darius vor Alexander dem Großen*
- *Traum der Heiligen Helena*

Mailand, Pinacoteca di Brera
- *Gastmahl im Hause des Simon*

New Haven, Yale University Art Gallery
- *Mystische Vermählung der Heiligen Katharina*

New York, The Metropolitan Museum of Art
- *Bildnis des Alessandro Vittoria*

Paris, Musée du Louvre
- *Die Auferweckung der Tochter des Jairus*
- *Hochzeit zu Kana*
- *Isabella Guerrieri Gonzaga Canossa*
- *Jupiter, der Blitze gegen die Laster schleudert*
- *Kreuzigung*

St. Petersburg, Staatliche Eremitage
- *Toter Christus, von Maria und Engel gestützt*

Versailles, Musée National du Château
- *Gastmahl im Hause des Simon*

*Veronese: Musik. Venedig, Libreria Marciana*

Wenn Sie mehr über den Verlag und seine Bücher wissen möchten, schreiben Sie uns eine Postkarte (mit Anschrift und ggf. e-mail). Wir verschicken immer im Herbst die *Zwiebel*, unseren Westentaschenalmanach mit Gesamtverzeichnis, Lesetexten aus unseren Büchern und Photos. *Kostenlos!*

Verlag Klaus Wagenbach Emser Straße 40/41 10719 Berlin
www.wagenbach.de

Die Übersetzung und Kommentierung des dritten Teils der *Vite* Vasaris entstand im Rahmen eines Forschungsprojekts an der Johann Wolfgang Goethe-Universität unter der Leitung von Prof. Dr. Alessandro Nova, das von der Deutschen Forschungsgemeinschaft (DFG) und der Gerda Henkel-Stiftung gefördert wurde.

Wir danken dem Ministero degli Affari Esteri und dem Istituto Italiano di Cultura in Frankfurt für die freundliche Unterstützung dieses Buches.

EDITION GIORGIO VASARI
Deutsche Erstausgabe


Verlag Klaus Wagenbach, Emser Straße 40/41, 10719 Berlin
Umschlaggestaltung unter Verwendung einer Ansicht der Cappella Petrucci in San Domenico (Orvieto) von Michele Sanmicheli: Julie August. Gesetzt aus der Bembo von der Offizin Götz Gorissen, Berlin. Reproduktionen: MEDIEN PROFIS, Leipzig. Vorsatzpapier von Schabert, Strullendorf. Gedruckt auf chlor- und säurefreiem Papier (Schleipen) und gebunden bei Pustet, Regensburg.


ISBN 978 3 8031 5035 6